城市基础设施投融资理论与实践

丁向阳　编著

中国建筑工业出版社

图书在版编目（CIP）数据

城市基础设施投融资理论与实践／丁向阳编著. —北京：中国建筑工业出版社，2015.7
ISBN 978-7-112-18246-6

Ⅰ. ①城… Ⅱ. ①丁… Ⅲ. ①城市－基础设施－投资－研究－世界 ②城市－基础设施－融资－研究－世界 Ⅳ. ①F294

中国版本图书馆CIP数据核字（2015）第149392号

本书重点介绍了多年来北京市和国内城市基础设施投融资改革所做的探索与实践案例，系统地总结了城市基础设施市场化改革的方向、途径和做法，理论与实践并重。对于从事PPP模式探索，以及基础设施、公共服务设施投融资、建设和运营研究与实践者极具参考价值。并附近年来国务院以及相关部门在推进城市基础设施建设，尤其是PPP方面的政策文件，以帮助读者更好地了解国家政策。

责任编辑：咸大庆　赵晓菲
责任校对：姜小莲　刘梦然

城市基础设施投融资理论与实践
丁向阳　编著
*
中国建筑工业出版社出版、发行（北京西郊百万庄）
各地新华书店、建筑书店经销
北京锋尚制版有限公司制版
北京京华铭诚商贸有限公司印刷
*
开本：787×1092毫米　1/16　印张：19　字数：350千字
2015年12月第一版　2015年12月第一次印刷
定价：55.00元
ISBN 978－7－112－18246－6
（27430）

《城市基础设施投融资理论与实践》

编写委员会

主编 丁向阳

编委 仇保兴 柴晓钟 屠行健 周伟东
谢建华 刘印春 任雪丹 郑拴虎
刘秀如 雷来国

前言

水、电、气、热、路、通信等城市基础设施和公共服务设施是城市正常运行与健康发展的物质基础，对于改善人居环境、增强城市综合承载能力、提高城市运行效率具有重要作用。随着国家新型城镇化的推进，在未来一段时间，城市基础设施投资、建设、运营将是城市运行和发展的重要方面，面临的任务十分艰巨。

城市基础设施和公共服务设施投资规模大、建设周期长、使用期限长、投资回报率低。与城市基础设施建设、经营所需的大量资金相比，财政投入仍显不足，传统的以政府投入为主的城市基础设施投融资模式已经难以满足社会经济快速发展的需要。2013年以来，国家已先后出台政策措施，鼓励社会资本进入该领域。因此，必须加快推进城市PPP模式探索和基础设施、公共服务设施投融资体制改革，通过市场化的途径，大力吸引社会资本，参与城市基础设施、公共服务设施建设和运营，彻底转变主要靠政府背债投入的局面，以促进城市基础设施可持续发展。

著者结合工作实践，于2005年撰写了《城市基础设施市场化理论与实践》一书，系统总结了国内外城市基础设施投融资实践，着重阐述了城市基础设施市场化改革的方向、途径和做法，介绍了国内外城市基础设施市场化改革的实践案例，为城市基础设施和公共服务设施建设提供了很好的指导，颇受广大读者和工作实践者欢迎。该书早已脱销。应广大读者要求，结合当前我国基础设施和公共服务设施建设发展需要，按照最近国务院关于PPP模式探索和基础设施投融资、建设、运营改革意见精神，著者决定在《城市基础设施市场化理论与实践》的基础上，进一步完善，编撰出版本书。

本书重点是增加了近年来国内城市基础设施投融资改革所做的探索和实践。投融资改革的实践也是伴随着经济体制改革的相关政策法规的修改、完善、调整、创新而不断深化的，为便于读者对我国改革实践全过程的系统把握，在保留原有改革文件的基础上，补充了近年来国务院以及相关部门在推进城市基础设施建设、尤其是PPP模式方面的政策文件，以帮助读者更好地了解国家政策。

目录

第一章

城市基础设施投资

城市基础设施投资是指国家、企事业单位及个人等经济主体投入一定的资金或实物，建设和经营城市基础设施，并取得某种预期收益的一种经济活动，它涉及四个方面的内容：投资对象、投资主体、投资决策和投资的行为过程。

第一节 城市基础设施

一、城市基础设施的界定和构成

1. 城市基础设施的界定

城市基础设施作为投资对象目前在国际上并没有统一的标准定义，但一般认为，城市基础设施包括生产性基础设施和社会性基础设施两大类。生产性基础设施是为城市物质生产过程服务的各种资产的综合，而社会性基础设施则是为居民生活和文化提供服务的各类设施。

在我国，城市基础设施被定义为既为物质生产又为人民生活提供一般公共条件的公共设施，是城市赖以生存和发展的基础[1]。城市基础设施总体上可分为两大类，即工程性基础设施和社会基础设施。工程性基础设施包括城市的能源、供排水、交通、通信、环境和防灾等系统。而社会基础设施则包括文化娱乐、教育科研、医疗卫生、体育运动、行政管理、金融保险、商业服务和公共住房等领域。

在建设和投资领域，城市基础设施主要是指工程性基础设施，即为城市居民提供生产和生活所必需的最基本的公用设施，它们是城市存在、运转和发展的物质基础条件，是城市经济和社会发展的重要前提。

2. 城市基础设施的构成

按照承担功能的不同，城市基础设施主要分六大系统，即能源动力系统、

---

1 1983年，中共中央、国务院在《关于对北京市城市建设总体规划方案的批复》中，首次在正式文件中肯定和应用了“城市基础设施”一词。1985年7月，原城乡建设环境保护部在北京召开的“城市基础设施学术讨论”上把城市基础设施定义为：“城市基础设施是既为物质生产又为人民生活提供一般条件的公共设施，是城市赖以生存和发展的基础”（余池明，张海荣：《城市基础设施投融资》，中国计划出版社2004年版）。

供排水系统、交通运输系统、通信信息系统、生态环境系统和防灾保障系统。

城市能源动力系统主要有城市电力的生产、供应子系统；城市的燃气生产供应子系统，包括天然气、人工煤气、液化石油气等；城市的供热生产与供应子系统，以及燃煤等其他城市生活用能源子系统。

城市供排水系统主要有城市取水子系统，包括地表水、地下水、城市专供水库、输水管线等；城市净水生产子系统，包括城市自来水厂、清水库、输送净水的管网等；以及城市排水子系统，包括雨水排放系统、污水处理与排放系统等。

城市交通运输系统主要有城市航空交通子系统，包括城市航空港、市内直升机场以及军用机场等设施；城市水运交通子系统，包括海上以及（或）内河港口、码头；城市轨道交通子系统，包括城际铁路系统和市内轨道交通系统两部分，它们通常是大城市公共交通的主体系统；以及城市道路交通子系统，包括长途汽车站、高速公路、公交站场、市内加油站、停车场、城区道路以及桥涵、隧道等，它们承担着城区陆上日常客货交通运输的主体功能。

城市通信信息系统主要有邮政子系统，包括邮政局所、邮政通信枢纽、报刊销售；电信子系统，包括有线和无线通信两部分；广播子系统，包括无线电和有线广播两部分；以及电视子系统，包括无线电视和有线电视台等。

城市生态环境系统主要有城市园林子系统，包括公园、动物园、植物园等；城市绿地子系统，包括草坪、林带、行道树、公共绿地等；城市环卫子系统，包括城市垃圾收集、处理场所（站），公共厕所，主要公共场所保洁等。

城市防灾系统主要有城市消防子系统，包括消防站、队，消防给水管网、消火栓等；防洪、排涝子系统，包括各类防洪（潮、汛）设施；抗震、防震子系统，以及城市人防（战备）子系统等。

城市交通、给水、排水、供电、燃气、供热、通信、生态环境、防灾等各系统相互联系、相互配合共同构成城市经济、社会发展的物质支撑体系。发展滞后或配置不合理的城市基础设施将严重阻碍城市的发展，而适应发展需要，配置合理的城市基础设施不仅能满足城市各项活动的要求，而且还有利于带动城市建设和城市经济发展，保障城市健康持续发展。因此，建设完备健全的城市基础设施工程系统是城市建设最重要的任务。

3. 城市基础设施的分类

按照经济特性，城市基础设施可分别按三种标准进行分类。

第一种，按不同城市基础设施的公共性程度进行分类，包括纯公共产品、准公共产品和私人产品。所谓公共产品是指具有非排他性和非竞争性的产品，也就是某个消费者对该产品的消费不能排斥其他消费者的消费，或者实现这种排斥的成本会很高；一个消费者对该产品的消费也不会降低其他消费者对该产品的消费量。

纯公共物品的产品或服务表现为明显的非排他性和非竞争性特点，包括生态环境、城市防灾以及城市绿化等。准公共物品或服务，是介于公共物品和私人物品之间的产品或服务，基本特征是单独消费，具有外部利益，但供应易于排除；有非排他性和非竞争性特点，但并不完全，在给定供给下，这些产品的供给会出现拥挤而降低产品的非竞争性，包括公交、污水处理、垃圾处理等。私人物品是个别主体使用和消费的产品和服务，该物品具有效用可以分割、消费的竞争性和排他性。基本特征是单独消费，没有外部利益，供应易于排除，包括电力、自来水、电信等。

第二种，按照产品是否能够进入市场，是否能够以盈利为目的、以市场交换的方式获得投资回报，或者说，按产品和服务是否可以进行市场销售而分为经营性城市基础设施、准经营性城市基础设施和非经营性城市基础设施。

城市基础设施的非经营性项目，主要指无收费机制、无资金流入的项目，如敞开式城市道路等。

城市基础设施的经营性项目，是指有收费机制、有资金流入的项目。经营性项目以其有无收益（利润）又可分为纯经营性项目和准经营性项目两类。纯经营性项目（营利性项目），可通过市场进行有效配置，其动机与目的是利润的最大化，其投资形成是价值增值过程，如收费高速公路、收费桥梁、废弃物的高收益资源利用等。

准经营性项目即为有收费机制和资金流入，具有潜在的利润，但因其政策及收费价格没有到位等因素，无法收回成本的项目，如煤气、地铁、轻轨、收费不到位的公路等。经营性和非经营性的分类是产品或服务公共物品特性分类的延伸。

第三种，按城市基础设施行业的市场结构，根据市场集中度将其分为自然垄断的基础设施和竞争性城市基础设施。前者主要是指由于经济技术原因而只能有一家或很少几家企业提供产品和服务，呈现出垄断或者寡头垄断的特点，比如电力输送、供排水、集中供热等。而竞争性行业则是市场集中度相对较低，产品或服务可以由彼此竞争的不同企业提供，比如燃煤制作、出租汽车、公共汽车等。电力系统的某些环节，比如电厂传统上和输配线一起被认为是自然垄断行业，但现在一般认为，电厂和自来水厂都可以是竞争性行业。

无论按照什么标准进行划分，城市基础设施的分类都不是固定不变的，都是根据认识的深化、技术的进步和发展的需要而不断变化。

二、城市基础设施的特征和作用

1. 城市基础设施的主要特征

构成城市基础设施的各个系统在生产上有各自不同的技术方式，向社会提供不同的产品，在城市运转和发展上承担不同的功能。但从整体上讲，城市基础设施和一般意义上的经济基础设施一样，具有某些共同的特征，它们分别是空间特性、时间特性、规模特性和低边际使用成本特性。

空间特性是指城市基础设施一般都具有空间上的不可移动性，投资一旦形成，便对空间形成极强的依附性，不会在空间内任意移动。而且设施的功能具有强烈的专项性，一般不能移作他用。因此，它们的投资具有较大沉淀性，容易形成很高的埋没成本，但它们基本没有残值。所以，城市基础设施投资一旦形成，必须按照既定用途使用下去，否则巨额投资将无法收回。

时间特性是指城市基础设施在时间上都有很长的存续周期，使用寿命短的十几年，长的超过50年，国外100年以前建造的地铁有的目前还在正常运行之中。因此，投资建设城市基础设施时，必须要有适当的超前意识，包括规划上的超前性和建设时间上的超前性。否则，随着城市的发展，很容易出现基础设施功能滞后的问题。

规模特性是指城市基础设施从产业经济属性上看，具有典型的规模经济特点。一方面，城市基础设施在功能实现上必须达到足够的生产规模或者空间规模才能实现最低经济效果；另一方面，城市基础设施也因此而表现为投资规模大、建设周期长、投资回收慢的特点。与规模性相联系的则是城市基础设施中的一些行业又具有网络特性，即它们必须通过固定的节点和管线相互连接形成有一定规模的网络来实现相应的功能，比如供电、供排水和轨道交通等。网络性的另一面是由于用户使用同样的产品而具有的网络规模效应，比如同一个无线电讯网络的共同用户等。这两种网络效应的原理并不相同，但都要求具备一定的规模性。

低边际使用成本特性是指，增加城市基础设施的一个使用者几乎不会增加城市基础设施的边际使用成本，或者由此增加的边际使用成本很低，这是基础设施通常具有的特征。这一特征在基础设施的运营成本中主要表现为固定成本，如城市地铁，产品生命周期很长，项目建成投入以后，运营成本相对固定，客流量增加会提高项目的经济效益，但每增加一个乘客的边际成本趋向于零。

2. 城市基础设施的主要作用

（1）城市基础设施是城市生存和发展的基础。城市基础设施作为社会生产和再生产的必要条件，直接参与了城市中各行业的物质生产和社会生活全过程。城市基础设施各系统纵向延伸，横向扩展，与城市经济社会各方面需求相互联结，为城市中的一切政府机构、企事业单位和个人提供赖以生存和各种社会活动所必需的产品和服务。离开了城市基础设施，城市中的一切活动都将无法顺利进行。

城市基础设施的建设水平直接决定着城市生产和生活的发展水平。城市基础设施作为城市运转的共同承载体，其承载力与城市经济规模和质量之间存在着一个动态的平衡关系。若城市基础设施供给不足，城市经济的运转效率和效益将出现显著的下降。城市基础设施必须在数量、质量和结构上与城市的发展保持一致或超前发展。

（2）城市基础设施对城市社会经济发展可以产生重大的推动作用。城市基础设施投资规模大、建设周期长，具有固定资产投资典型的特点，即在投资的即期形成需求，在未来形成供给。因此，城市基础设施的投资建设，能够直接产生对资本、材料和劳动力的市场需求，拉动国民经济增长。能够为城市提供更好的生产生活条件和投资环境，不仅可以吸引和刺激各方投资的增加，还会间接地促进城市多方面消费的增长，从而能够促进许多行业的发展。因此，城市基础设施建设对城市经济发展具有巨大的直接促进作用，也是刺激经济发展的重要推动力。

（3）城市基础设施是城市形象和投资环境的重要构成。城市基础设施的状况直接体现一个城市、一个地区乃至一个国家的经济、文化发展水平，直接代表一个城市的形象，也直接反映一个城市大的兴衰、记录一个城市的发展历史。同时，完善健全的城市基础设施是一个城市经济发展的重要物质基础保障和前提条件，直接构成城市投资环境，成为投资者进行投资决策的重要参考。完善的城市基础设施能够为该地区带来良好的声誉和形象，形成良好的投资环境，为城市社会经济的发展吸引需要的资金和人才。

（4）城市基础设施发展水平直接影响城市的区域竞争力。一方面城市基础设施产业的竞争力是城市总体产业竞争力的重要组成部分，城市基础设施产业竞争力的强弱直接影响一个城市总体产业竞争力的存在基础。另一方面，在提高城市竞争力中，城市基础设施的技术能力也对城市总体产业的技术发展起着越来越重要的作用，基础设施的技术状况也影响一个城市产业的技术水平。拥有发达的高技术的基础设施，可以吸引和培育高技术高附加的产业（包括金融业），创造和持续创造更多的价值，提高城市竞争力。

（5）城市基础设施的发展水平是实现城市集聚效应的重要保证。在城市不断发展的过程中，城市各部门、各行业实现了高度专业化，高度的分工必须以紧密的协作为前提。城市基础设施的存在和发展，一方面促进了这种社会化分工的高度发展；另一方面又把高度专业化分工以后的各种生产、生活活动紧密地联系起来。它在各生产单位和生活单位之间，迅速而及时地传送人流、物流和信息流，以道路和各类地上地下管线为纽带，把城市地域空间内的各要素，连接成为一个按着一定规律高速运转的有机整体，从而使城市能够产生集聚的整体效益。

三、城市基础设施的需求和供给

1. 城市基础设施的需求

从宏观上，城市基础设施需求的增加主要来自城市化率的不断提高。而从城市本身来讲，决定城市基础设施需求的根本因素是城市自身规模扩大和水平的提高，是城市物质生产发展和居民生活需要的不断提高。因此，关于城市基础设施的需求可以分作两大类，一是来自城市化发展引起的城市规模的扩大所带来的新增需求。这部分需求对城市基础设施的投资产生规模扩大的要求，在投资表现上就是新增项目和原有设施规模的不断扩大。二是来自城市发展水平的提高和城市居民生活水平提高而引起的关于基础设施产品以及服务质量和品质的提升需求。这部分需求对城市基础设施投资的要求表现在既有规模基础上的技术进步投资，也就是更新改造投资。当然，还有一部分需求来自基础设施本身的物质磨损和设备老化的更新改造，这部分需求既和规模的扩大联系在一起，又可能与城市基础设施的技术改造相连。因此，我们把它归在上述两部分当中，而不单独作为一类需求列出。

世界各国经济的发展都是不断工业化和城市化的过程。衡量城市化率的重要标志是城市人口的数量，而衡量城市化发展水平的重要标志则是人均城市基础设施的占有。在世界各国城市化的进程中，基础设施的投资占GDP的比率都在不断上升。就中国的情况而言，20世纪80年代，基础设施投资占GDP的比重大概仅仅在4.4%，到90年代迅速上升到7.5%，21世纪初在8%～9%左右，目前在17%左右。城市化率不断提高的过程，也是对城市基础设施的需求不断增加的过程。

随着城市经济社会的发展和进步，城市居民对居住环境、交通便利和生活的舒适程度要求越来越高。人们需要更充足、更稳定和更高效的生产保证，需要更安全、更清洁、更便利的生活环境。这种要求也会对城市基础设施在规模上提出新的要求，从而对城市基础设施的投资规模产生要求。但是，这种要求更多地对城市基础设施提供的产品和服务产生持续、稳定的品质需求。比如饮用水，在我国城市自来水的卫生标准1985年以前一直都只有四大类35个指标[1]，而世界卫生组织的《饮用水水质准则》要求则有152项。从2012年7月1日起，中国实行新的饮用水标准，指标增加到106项[2]。随着饮用水标准的改变，城市供水系统虽然整体规模没有发生重大变化，但是相应的设备和工艺却必须有重大改善，必须有相应的技术改造投资。因此，即使在城市规模保持不变的条件下，城市居民生活水平的不断提高也对城市基础设施产生持续稳定的需求。

此外，当城市发生一些临时性、一次性的重大事件时，也会对城市基础设施的改善和发展产生集中需求。比如当一个城市举办大型运动会、大型博览会等大型经济社会活动，或者遭遇重大灾害性事件等的时候，会对城市原有基础设施在较短时间内提出新的规模上的或更高品质上的要求，从而在短时间内对城市基础设施形成集中需求。

2. 城市基础设施的供给

城市基础设施的供给机制长期以来靠政府而不是靠市场。在城市基础设施被当作公共物品的理论指导下，世界各国城市基础设施的供给长期都是依赖政府，而不是通过市场实现。即，城市基础设施的投资主体是政府，投资资金来自财政，运营管理由政府主管的公营部门（在中国则是公用事业单位）承担。其结果不仅对财政造成较大的压力，同时也导致了资源配置和经营管理的低效，城市基础设施建设步伐缓慢。这种现象在发达市场经济国家也很普遍，在发展中国家尤为严重。

以中国为例，由于城市基础设施长期投资不足，城市基础设施功能一直处于较低的水平。特别是改革开放以来，随着城市人口增长和工业发展的加速，城市道路交通设施滞后于经济发展，车辆经常堵塞、运输效率十分低下，已经成为制约城市经济发展和社会进步的“瓶颈”；城市能源供应形势严峻，能源供应方式落后、能源利用率低和由此造成的大气污染严重；环境

1 《生活饮用水卫生标准》（GB5749-85）。
2 《生活饮用水卫生标准》（GB5749-2006）。

保护设施建设起步晚，设施不足。全国每天排放的废水，绝大部分未经处理就排入水体或渗入地下，造成全国流经城市水域的80%、城市地下水的40%受到不同程度的污染。目前我国很多城市还没有城市垃圾无害化处理设施。大量的垃圾长期露天堆放，不仅占用了城市发展的空间面积，还会造成二次污染。我国大中城市约有45%位于地震带上，但是我国城市建筑物的抗震、减震措施却十分薄弱，抵御地震灾害的能力弱；城市建筑物和旧城区的防火设施太少，防火能力弱，火灾隐患大；城市防洪防汛设施陈旧落后，能力低下，遭遇大雨便会造成城市交通局部瘫痪，生活不便。

从20世纪70年代末开始，随着城市基础设施供给的严重短缺，以及人们对城市基础设施认识在理论上的深化，世界各国开始在城市基础设施领域进行改革。目前，大多数国家城市基础设施的供给都朝着市场化方向演进，逐步出现了由政府、企业乃至个人分别独自，或者相互合作进行城市基础设施产品供给的多元化体系。我国从90年代末开始也逐步进行城市基础设施供给多元化和市场化改革，并在新世纪进行了探索和实践，取得重大突破。但总体上讲，目前世界上任何一个国家城市基础设施的供给都不是完全由市场调节，而是在城市发展规划指导下、在政府的监管下实现；表现为明显的、强烈的计划性或者规划性。也就是说，城市基础设施的投资主体表现为多元性，但是投资行为本身，城市基础设施的供给本身还是在政府的主导下完成和实现。

第二节
城市基础设施的投资主体

投资主体一般是指具有独立投资决策权的经济主体，不同投资主体的投资动机、投资激励和约束因素不尽相同，筹集和运作投资要素的方式及各种主客观条件也不尽相同。

从城市基础设施出现的早期阶段以来，城市基础设施的投资一直以公共产品和自然垄断理论为基础，城市基础设施的投资主体一直都是政府。近年来，随着技术的进步和人们认识的深化，人们逐渐认识到，不同的城市基础设施工程，其生产技术要求和经济学特征各不相同。因此，城市基础设施的投资主体也应该可以是多元的。

目前世界各国城市基础设施的投资主体主要有：政府、公有企业、私营企业、个人投资者和专业投资机构。在城市基础设施的投资中，它们既相互独立，又相互作用。不同的投资主体可以单独进行投资，也可以多个投资主体结合，采取联合投资，构成多元化投资主体结构。

就我国目前的情况，各类投资主体在城市基础设施投资中的地位、投资的动机和作用分别如下：

一、政府作为投资主体

各级政府（包括中央政府和地方政府）仍是当前城市基础设施最主要的投资主体。

中央政府的投资动机从根本上讲是为了实现其政治、经济、文化各方面的统治职能，其投资更多地考虑维护政治秩序和社会秩序，促进经济增长，实现社会公平，体现国家的长远发展利益。在投资方向上主要是依据国民经济和社会发展计划安排，在资金来源上主要由国家财力安排，更多地追求较好的社会效益、宏观效益和长期效益。中央政府长期以来对地方政府投资安排的一些城市基础设施项目给予补助。

地方政府的投资则更多地考虑维护本地区的经济利益和社会利益，促进本地区的经济增长和社会发展，体现本地区的发展利益。在投资方向上主要是根据地方国民经济和社会发展计划安排，在资金来源上主要依靠地方财力。

在传统计划经济条件下，政府（包括中央和地方）成为主要的甚至是唯一的投资主体，投资运作严格按照政府计划执行，资源配置缺乏有效的竞争，难以保证理想的投资效益。在目前社会主义市场经济条件下，政府投资主体仍是起主导作用的投资主体，其行为缺陷同样存在。首先是政府所有者主体缺位，国有资产运营呈现出多元分散管理格局，各部门难以协调配合，没有人对国有资产的投资效益负责。其次是缺乏对政府投资行为的约束机制，以致出现只注意对其他投资主体的投资行为控制而忽视或放松对政府自身投资行为的约束问题。

二、公有企业作为投资主体

企业投资以利润为导向进行，投资动机在于追求项目本身的利润，投资激励来自预付资本预期收益最大化的投资目标，投资要受到自身财力和未来市场容量因素的影响，投资行为是围绕项目的近期直接经济效益进行的，而不太关注项目的社会效益、宏观效益和长远效益。为保障城市基础设施的发展能够适应城市建设和发展的需要，世界各国都设立有一定数量的公有企业从事城市基础设施的建设和运营。它们以财政资金为资本，在特定的领域和行业按照企业的原则进行经营、从事投资。

在我国目前的经济转轨过程中，我国的公有企业主要是国有企业，包括国有独资企业、国有控股或参股企业。但是我国的国有企业还不是真正独立的投资主体，其主体地位不明确，缺乏有效的约束和激励。一方面，投资缺乏风险约束，许多企业敢于不计成本大量借款搞投资，从而助长了盲目投资之风，投资效益受到忽视；另一方面，企业投资很多时候不是从经济方面的实际需要出发，而是隐含扩大规模等多种错综复杂的目的，竭力争取上项目，表现出强烈的投资饥渴与冲动，自然不会有好的投资效益。

国有独资企业是指由国家授权投资的机构或部门单独投资设立的企业。目前，国有独资企业在城市基础设施建设领域中，占有很大比例，处于主导地位。国有独资企业作为我国当前经济中最强大的一个企业群体，具有参与城市基础设施建设的资金实力，也具有追求长期稳定收益的参与热情，因而能够向城市基础设施行业提供资金支持。再从经营管理水平看，虽然国有独资企业依然是由国家控制所有权，但是在经营管理上完全具有市场化企业的特点——即以利润最大化为追求目标，以市场化的形象和行为成为市场中的自然组成部分。国有独资企业参与城市基础设施建设，更能满足基础设施经营管理方面的要求。

三、混合所有制企业作为投资主体

混合所有制企业是指由国家授权的投资机构或部门与私营部门共同投资设立的企业。

在我国，随着我国企业所有制改革的不断推进，混合所有制企业的实力已经变得比较壮大。与私营企业相比，混合所有制企业往往具有更为强大的资金实力；而与国有独资企业相比，其在经营机制上又显得更加灵活，一般而言更具有竞争力和活力。它们自主经营，按照市场规律进行投资和运营的自主性更强。但相应地，它们追求利润的目标也更为突出，承担社会性义务的意愿和能力相对较弱。

四、私营企业作为投资主体

私营企业是指由私人独资或私人集资而投资设立的企业，它们是市场经济体制下的企业主体，以利润最大化为企业存在和发展的主要目标。一般而言，私营企业很少主动进入非经营性城市基础设施领域。

在我国，随着我国社会主义市场经济的发展，私营企业的数量和规模不断壮大，在经济中的地位也日渐提高。目前，私营企业已经成为国民经济中非常富有活力的单位。私人企业积累起来的资本已经具有十分庞大的规模，市场意识和市场经营能力有了很大提高。随着经济体制改革的深入，特别是投资体制改革的深入，它们对进入可经营性城市基础设施的愿望不断增强。吸引私营企业进入城市基础设施建设，可以将其在经营管理方面的优势带入到城市基础设施领域。随着私营企业资金实力的进一步壮大，必将在管理权和所有权上实现对城市基础设施建设的更大规模和更深层次的参与。

五、个人作为投资主体

个人作为投资主体往往通过间接投资的方式，即通过资本市场使其私有资本进入城市基础设施投资当中，比如购买市政债券、购买股票、购买基金等，这在国际上是比较通行的做法。

随着经济的发展，个人资金在我国是一股庞大的力量，但是如何加以合理利用却一直是一个未能很好解决的问题。实际中，个人几乎不能将资金直接投资到城市基础设施，只能通过中介机构或投资于与城市基础设施相关的金融产品，来实现对城市基础设施的投资。例如通过组成投资基金或直接购买城市基础设施企业债券。虽然这种方式不如直接参与显得方便，但实际上却是一种相当市场化的参与方式，并且同样能够为城市基础设施筹集大量的建设资金。

六、专业投资机构

专业投资机构是指专门通过投资金融产品或进行产业投资获取收益的机构。专业投资机构将社会各部门的资金集合在一起，并依照一定的投资策略由专业人员进行投资。由于城市基础设施建设具有收益的长期性和稳定性，因而在国内外都是专业投资机构的重点投资方向。

在我国，专业投资机构目前主要包括商业银行、各类型投资基金和专业投资公司。专业投资机构的资金较为雄厚，如果能够充分利用专业投资机构投资城市基础设施，将会对城市基础设施长期稳定发展提供更大的保证。但是，专业投资机构追求的是资本利润最大化，其经营的主要对象是资本而不是资产。因此，在城市基础设施投资领域，专业机构所能提供的只能是资本，而很少有经营。

第三节 城市基础设施的投资决策

投资决策在投资活动中具有先导性作用，直接决定投资实施和回收的方式以及效果，城市基础设施的投资决策也是如此。

一、城市基础设施投资的决策依据

一般的投资决策依据主要是投资机会可能带来的预期回报，而城市基础设施投资的直接依据是城市发展的总体规划和城市阶段性经济社会发展规划，虽然城市发展的需要是城市基础设施投资的根本依据，但这种需要是通过政府的规划来规范，而不是市场价格的调节。因此，规划性或者计划性，是城市基础设施投资决策依据上的最大特点。

虽然城市基础设施从分类上可以分成公共产品、准公共产品和私人产品，或者分成经营设施和非经营性设施。按照市场规律，对于经营性资产和私人产品，它们的投资决策主要依据市场需求。但是在城市基础设施的投资决策中，无论其是不是公共产品或者私人产品，也无论其是否为经营性设施，它们投资决策的直接依据并不直接来自市场的需求变化，而主要来自城市的发展规划。即，依据城市总体规划、城市阶段性经济社会发展规划的总体要求和发展目标而进行投资决策，即便是经营性私人产品的城市基础设施投资决策，也要在规划或者计划的指导下做出。因为城市基础设施的投资虽然在各个不同的系统或者领域中进行，但其服务的对象却是城市整体。只有服从整体的需要，城市各个基础设施的独立运转才能保证城市整体运转的协调。因此，服务城市整体发展的需要是城市基础设施各个系统投资决策的最直接依据。也正因为这个原因，有人提出在城市基础设施建设中“投资占三分、管理占七分、经营占十分，而规划则占十二分”[1]。

城市总体规划和阶段性社会经济发展规划的制定依据则是城市发展不同阶段在空间布局、结构调整、经济发展、社会进步、对外交往等方面的特定需要，也是国家整体宏观政治经济形势发展在特定阶段的需要。但是从根本上讲，都是为了满足城市人民生产、生活不断发展进步的需要，都是为了城市能够可持续、稳定、和谐发展的需要。所以，在城市基础设施投资决策上，比起市场调节的作用，政府的作用更直接、更明显。

因此，虽然随着市场机制在城市建设领域的引入，城市基础设施建设已打破了完全由政府包办一切的体制，有收益的基础设施的具体投资和运营可以交给企业运作，政府只需对公益性基础设施承担投资责任，但实际上，不论是企业投资还是政府投资，具体建什么项目、项目规模的大小、项目的服务范围等规划决策还都是由政府做出。这也是政府在市场经济环境下主导作用的体现和要求。

二、城市基础设施投资的决策程序

不同的投资主体，在城市基础设施投资决策中采取的程序不尽相同，但大体上都要经过选择、评估、审批的过程。选择主要是投资机会的选择，投资机会就是城市基础设施需求的变化，包括市场需求的变化和城市建设发展需要的变化而产生的投资需要。和一般投资者一样，首先要对产生的城市基础设施投资机会进行初步的选择和辨别，决定是否利用投资机会或者是否满足投资要求。然后，对投资项目进行可行性研究，并由企业内部或者独立的、有资质的研究部门做出相应的可行性研究报告。在可行性研究报告之后，由独立的、有资质的和权威的单位或者专家对可行性研究报告进行评估。最后，决策部门对可行性研究报告进行审批。

在投资制度安排上，政府作为城市基础设施的投资者，其投资决策程序在各国也不一样，但一般都按照一定的法律程序进行。大体上讲，各国政府在进行城市基础设施投资建设的时候，都和政府进行其他公共投资一样，先由负责城市基础设施管理和运营的职能部门或者委员会提出建议，经市政府讨论决策后，由行政主管或代理人（一般是城市基础设施管理部门的负责人）向市立法

1　余池明，张海荣：《城市基础设施投融资》，中国计划出版社2004年版。

机关（议会）进行预算报告，经议会讨论批准后，再由政府组织实施。

而企业的投资决策程序则分为两部分。企业进行基础设施投资的内部决策和外部程序。企业的内部决策程序完全按照市场规律要求，根据企业的章程要求，由投资决策部门进行投资评估之后，经过董事会的讨论进行投资决策。外部程序，则按照各地的政府管理制度，通过法律规定的招投标程序和（或）申报程序完成投资的决策。

在我国，政府作为城市基础设施的投资者，其投资决策和政府的一般建设投资决策大体相同，主要是：主管职能部门根据实际需求提出项目建议，组织编写项目可行性研究报告，报建设主管和（或）宏观综合经济管理部门（现在一般为各个城市的发展和改革委员会）审批立项。然后城市基础设施主管职能部门组织项目的实施。发展和改革委员会在每年一次的人民代表大会上把相关建设项目统一向人民代表大会汇报，审议之后实施。我国的投资决策程序中还有一项重要内容就是审批权限的设置与投资项目的规模直接联系。即城市基础设施的投资决策权限同时受到建设规模和行政级别的限制。对于超过一定投资规模的投资决策需要报上一级政府审批。

在我国，企业作为投资者，其决策程序和一般市场国家企业的投资决策程序一样，都是首先经过市场调研，然后编制可行性研究报告，经过企业内部的董事会讨论通过之后，报政府建设主管部门和（或）宏观综合经济管理部门审批立项之后，由企业组织投资实施。

国务院2004年7月16日做出的《关于投资体制改革的决定》提出，要简化和规范政府投资项目审批程序，合理划分审批权限。按照项目性质、资金来源和事权划分，合理确定中央政府与地方政府之间、国务院投资主管部门与有关部门之间的项目审批权限。对于政府投资项目，采用直接投资和资本金注入方式的，从投资决策角度只审批项目建议书和可行性研究报告，除特殊情况外不再审批开工报告，同时应严格政府投资项目的初步设计、概算审批工作；采用投资补助、转贷和贷款贴息方式的，只审批资金申请报告。具体的权限划分和审批程序由国务院投资主管部门会同有关方面研究制定，报国务院批准后颁布实施。

十八大以来，党的十八大和十八届二中、三中、四中全会对全面深化改革、加快转变政府职能提出了要求。国务院把简政放权作为全面深化改革的“先手棋”和转变政府职能的“当头炮”，采取了一系列重大改革措施，有效释放了市场活力，激发了社会创造力，扩大了就业，促进了对外开放，推动了政府管理创新，取得了积极成效。国务院在《2015年推进简政放权放管结合转变政府职能工作方案》中提出，深入推进行政审批改革，全面清理和取消国务院部门非行政许可审批事项，不再保留“非行政许可审批”这一审批类别。严格落实规范行政审批行为的有关法规、文件要求，逐项公开审批流程，压缩并明确审批时限，约束自由裁量权，以标准化促进规范化。深入推进投资审批改革，进一步取消下放投资审批权限。制定并公开企业投资项目核准及强制性中介服务事项目录清单，简化投资项目报建手续，大幅减少申报材料，压缩前置审批环节并公开审批时限，制订《政府核准和备案投资项目管理条例》。

三、城市基础设施投资的决策内容

城市基础设施投资的决策内容和一般投资决策内容大体相同，都要对投资环境、需求分析、投资规模、经济分析、融资方案和投资风险等进行评估和分析。但是对于城市基础设施中一些公共产品性较强的一些投资项目，在决策内容上会略有调整。比如，在投资回报和市场风险分析上，对纯公共产品的公用设施的投资，就无法进行市场价格的敏感性分析，也不再强调投资的财务回报。

1. 投资环境分析

和一般投资项目的投资环境分析一样，城市基础设施的投资环境分析，也要考虑政治环境、宏观经济、社会人文、技术条件等几方面环境条件的影响。

政治环境对城市基础设施投资的影响要比对一般投资项目的影响大一些，因为城市基础设施项目投资与政府行为密切相关。特别是基础设施项目的招商人一般都是政府或政府性公司，政治气候及相关的政府信用度直接影响投资者的信心和判断。所以投资者需要特别考虑国家以及投资项目所在地的政治环境变动趋势，以及政府运作机制的变化趋势。

宏观经济因素直接影响城市基础设施项目的投资成本和投资收益，主要通过项目产品或服务的市场需求变化、经济增长率、社会基准折现率和融资成本等来影响城市基础设施项目的投资决策。

社会人文因素主要是指当地社会公众的消费心理和文化习惯对城市基础设施项目选择的影响，主要包括公众对基础设施项目服务、方式途径以及价格组合的偏好等因素。社会人文因素一般通过市场需求的变化来影响城市基础设施投资项目的选择。

技术条件主要考虑项目拟采用技术的成熟度、新技术应用的可行性和竞争性。对城市基础设施而言，由于其使用周期的要求，一般要尽可能选择有一定超前性的先进技术。但并不是最先进的技术就是投资中优先考虑选择的技术。为保证稳定性和安全性，尽量降低投资风险，城市基础设施项目还是要以较为成熟的技术为基础。

2. 需求和建设规模分析

主要包括对需求现状的评估和预测，包括现有设施规模、能力的评估和需求量预测；现有供给预测，包括在建的规模和能力预测，由此判断供需差额，以及市场的变动影响。在此基础上进行投资建设规模的分析和决定，包括建设规模和方案比较以及建设规模的确定。

3. 经济分析

城市基础设施投资的经济分析一般包括财务分析和国民经济分析两大类。

（1）财务分析主要包括收入测算、成本估算、税费估算，资金筹措方案和成本，以及在项目财务现金流测算基础上，对项目盈利能力、清偿能力所进行的分析。

财务盈利能力的评价指标一般分别采用全部投资内部收益率、自有资金内部收益率和资本金利润率三个指标来衡量，分别从项目本身、不同资金来源等角度进行盈利能力评估。

全部投资内部收益率。主要衡量项目本身的盈利能力，反映的是各类资金组成的项目总投资盈利能力，计算指标是计算期内各年累计净现金流现值等于零时的折现率，将该折现率与行业基准收益率进行比较，如果内部收益率大于行业基准折现率，则该项目在财务上是可以接受的。

自有资金内部收益率。自有资金内部收益率，反映的是项目投资者投入的资本金的盈利能力。如果自有资金内部收益率大于投资者其他风险水平相当的项目收益率，则该项目对投资者是有吸引力的。自有资金内部收益率实际上反映的是自有资金的机会成本。

资本金利润率。这个指标主要衡量项目资本金的可能收益情况。它是一个静态盈利指标，计算方法等于年利润/资本金。

另外，财务盈利能力的指标还有静态和动态的投资回收期、总投资利润率等，根据需要选择应用。

财务清偿能力分析是经过财务盈利能力分析之后，对资金来源与运用平衡、资产负债情况、债务清偿能力指标进行的计算和分析，考察项目能否按照筹资安排及时、足额偿还债务融资资金。

财务清偿能力自然是融资银行或其他债权人非常关心的财务因素，但是投资人为了能够顺利实现融资，并且对项目的盈利水平有确切的把握，自身也要对项目的财务清偿能力进行测算。

一般来讲，如果贷款偿还期或债权保障系数等财务指标不能满足债权人的要求，项目投资者就要在资本金结构、利润分配等方面进行调整。

（2）国民经济分析是城市基础设施投资经济分析的另外一项内容。国民经济分析不同于财务分析之处在于，它是按照资源合理配置原则，即以微观经济学的边际成本和资源配置的帕累托最优为理论基础[1]，从国民经济整体、从全社会整体或者从整个城市整体的角度考察项目效益和费用。计算主要采用影子价格、影子工资、影子汇率和社会折现率等经济参数，评价项目对国民经济的净贡献，评价项目的国民经济合理性[2]。

由于城市基础设施所具有的公益性，通过国民经济分析可以更全面和准确地评价城市基础设施投资项目的经济效益，了解项目可能的正效益外溢现象。如果财务指标不理想，投资者通过国民经济分析可以为自己向政府寻求补贴提供有力的支持。但对非政府投资者而言，国民经济分析一般仅仅起参考作用，项目财务分析结果才是决定其投资决策的最根本基础。

4. 不确定性和风险分析

由于建设期和投产生产期间各种不确定性因素的存在，无论是需求预测、成本测算还是资金筹措，都存在不确定性。因此相对准确的投资决策分析还必须考虑这些不确定性的影响。不确定性财务分析方法主要包括盈亏平衡分析、敏感性分析和概率分析等。

城市基础设施项目投资分析常用的主要是敏感性分析。即选取建设投资、运营成本、产品/服务价格、客流量/车流量等作为自变量，考察这些变量的变动方向以及变动程度对项目投资经济分析结果可能的影响程度，评估经济分析结果随变量变化而发生的变动是否在可接受的程度以内。

项目投资的风险分析是对项目整体面临的风险所做的评估和预防措施设计，根据风险管理的一般要求，对项目投资可能遭遇的各种风险进行必要的分析，找出在项目计算期内可能影响项目生产和发展的关键性风险因素。在对这些因素进行专项分析之后，设计出规避风险的具体方法。风险分析通常包括风险识别、风险属性分析、风险值估算以及风险规避措施设计等。

1　相关理论可参阅有关投资项目评估的教材。

2　有关影子价格的计算参数一般由国家或者行业组织研究制定，定期发布。

5. 融资方案的分析比较

包括融资组织形式选择（既有项目法人融资形式或者新设项目法人融资形式）、资金来源选择（自有资金、财政资金、信贷资金、资本市场、专业机构、个人或者国外资金等）、资金的筹措方式（资本金或者债务资金）以及各类融资方案的比较分析。

第四节
城市基础设施投资的实施

一、城市基础设施投资实施的过程

和一般固定资产投资实施过程一样，城市基础设施的投资实施一般经历项目前期、项目实施和项目验收与交付营运三个主要阶段。

项目前期阶段也就是项目的决策阶段。主要完成项目的可行性研究及相关决策程序，成立项目法人，开始转入投资项目的具体建设实施。这个阶段的关键是投资者正确确定项目的投资规模和资金筹措方式。这个阶段决策的正确程度直接影响投资形成的最终效果。

在城市基础设施投资的具体形成中，也就是在建设阶段，主要完成工程勘察设计、材料设备采购和项目施工管理。这个阶段的关键是建设者的建设施工、监理者对建设质量、建设进程以及预算的监理。合理控制建设质量和进程，严格控制投资规模是城市基础设施投资实施取得良好效果的关键。

在这个阶段，投资主体的主要责任是资金筹措保障。由于项目本身在这个阶段的现金流为负值，因此保障投资形成的关键是确保有充足的能满足投资进程需要的资金流入。

城市基础设施工程项目建设完成之后，项目建设者要依照一定的程序向投资者提出验收申请。投资者按照一定的验收程序、验收标准和验收方法组织验收。建设项目通过验收之后，基础设施工程交付运营管理者投入运营使用。如果项目具有可销售性，则运营者在提供基础设施产品和服务的同时负责投资的回收。

对投资者而言，这一阶段的关键是运营者的组织形式以及运营管理方式。不同的运营方式对项目正常运转产生直接的影响，也对投资的回收产生直接的影响。从投资管理角度，在这个阶段的另一项重要工作是对项目的后评估。通过项目后评估为类似投资积累投资经验，防范投资风险。

二、城市基础设施投资实施的组织

不同投资主体和不同的投资项目，其组织形式各有特点。但总体来讲，城市基础设施的投资实施都分别以投资者、建设者和监督者之间的相互关系而形成不同的实施组织形式。一般来讲，当城市基础设施投资决策形成之后，投资的具体实施主要由建设者承担完成，投资者和建设者之间以合同形式形成委托代理关系。城市基础设施投资一旦进入实施阶段，投资者和建设者之间契约关系的安排方式成为决定投资成效的关键。

在我国，传统上投资者和建设者之间往往并不是合同委托关系，而是一体化的关系。即投资者和建设者之间实际上是同级政府的不同职能部门。投资者、建设者和运营管理者往往混为一体，其结果是投资风险责任根本无法落实到具体的责任主体上。改革开放后，这种局面发生了较大变化，现在投资主体、建设主体之间已经开始通过市场化的招投标来形成用法律约束的委托代理关系。而且随着市场化进程的加快，投资者和建设者之间，投资者和运营者之间也都开始出现新的委托代理关系，比如投资者和建设者之间的代建制，投资者和运营者之间的信托管理等。

另外，在投资者和建设者之间形成委托代理关系的同时，投资者还往往要委托有资质的独立的第三方来担任投资实施的监督，即通过监理公司对建设者的投资形成就质量、进程和预算进行监督管理。在城市固定资产投资形成的实施中，无论投资者、建设者还是监督者，都要求是具有一定资本金的独立法人实体。

对于投资者，即便是完全由政府出资实施基础设施的投资，其主体也都以法人实体的组织形式、以业主的身份完成投资的具体实施。这个法人既可以是既有项目法人担当，也可以由新成立的项目法人担当。

目前，在我国城市基础设施的投资实施中普遍推行了项目法人责任制。除极少数以设施规模扩大和技术改造为主的非经营性公用设施的投资实施依靠现有法人单位承担以外，经营性城市基础设施建设项目都要按规定组建项目法人，项目法人对项目的策划、资金筹措、建设实施、生产经营、债务偿还和资产的保值增值实行全过程负责。在投资实施过程中全面推行招标投标制。

三、城市基础设施投资实施的管理

城市基础设施投资实施的管理主要包括宏观管理、行业管理和项目管理三个层次，不同的相关主体根据不同的职责、采用不同的管理手段对城市基础设施的投资进行不同内容的管理。

城市基础设施的宏观管理主要由政府承担，管理的主要目标是根据一定时期城市总体经济社会发展的综合平衡原则，以及城市基础设施各个系统的协调与综合平衡原则，在宏观投资规模、投资结构和投资实施的时机上进行管理。管理的主要内容包括宏观投资规模、结构和投资效益的控制，而管理的手段主要是行政手段、财税手段和一定的法律手段。宏观投资管理是全社会固定资产投资制度的集中反映，世界各国都会对投资进行宏观管理，以保证投资对国民经济宏观运行的影响，避免产生通货膨胀，稳定宏观经济运行。在城市基础设施投资的宏观管理上，政府的作用主要体现在规划制定和市场准入方面。主要控制城市基础设施投资的宏观规模、结构和社会效益，以保证城市协调发展。

城市基础设施投资的行业管理一般由行业协会和（或）政府行业管理部门承担，管理的主要目标是城市基础设施所属各行业发展的各种技术标准、技术规范，包括各种定额的确定，各种经济技术指标的设置，以及各种操作规范的确定等。城市基础设施行业管理是政府城市基础设施宏观管理的具体化，也可以被认为是政府城市基础设施投资宏观管理的细化。通过行业管理保证城市基础设施投资在投资决策、工程建设以及运营管理等方面的有效性和可靠性。

城市基础设施投资的企业管理一般也就是投资的项目管理，其目标是保证投资项目按照预定计划顺利实施，主要由具体的投资者、建设者以及监理者根据投资实施的各个阶段的内容和要求分别承担相应的管理任务。在项目管理上，政府的作用相对较弱，而主要由企业或者建设者完成。项目管理水平的高低直接影响投资实施的进程、质量和投资预算。科学有效的项目管理，可以在严格的预算约束下，在合理的工期内优质高效地完成投资形成过程，尽早投入运营使用，提高投资效率。

第二章

城市基础设施融资

城市基础设施融资主要指狭义融资[1]，即城市基础设施建设中资金的融入，也就是建设所需资金的筹集。

融资在城市基础设施中的作用体现在三个方面：一是维持正常的建设和运营；二是给经济主体提供发展机会；三是缓解临时的资金短缺问题。

在城市基础设施建设中，不论是企业的经营还是政府的投资行为，都需要经过融资才能完成基础设施的建设。城市基础设施的融资主要涉及融资渠道、融资方式以及融资方案的选择。

第一节
城市基础设施的融资渠道

总体上看，城市基础设施的融资渠道主要包括财政融资和市场化融资两大类。

一、财政融资

传统上，建立在公共产品理论之上的城市基础设施投融资理论认为，所有的城市基础设施都是公共产品，所有的城市基础设施行业都是不可经营的行业，所有城市基础设施提供的产品都是不可销售的。因此，在传统观念指导下，政府成为城市基础设施的唯一投资者，而财政资金则是城市基础设施融资的唯一渠道。

现在，世界各国城市基础设施的融资渠道都随着投资主体的多元化而大大扩展，表现出多样化特点。但是，由于城市基础设施中仍然有纯粹的公共产品，仍然有不可销售的基础设施，仍然需要政府这样能够通过自身力量迅速筹措大规模资金的投资者以满足城市基础设施建设需要。所以，财政资金

1 融资的定义有广义和狭义之分。广义的融资指货币资金的双向流通，既包括资金的融入，也包括资金的融出。狭义的融资主要指货币资金的融入，即资金的来源。它既包括不同资金持有者之间的资金融通，也包括某一经济主体通过一定的方式在自身体内进行的资金融通。《新帕尔格雷夫经济学大辞典》给融资（Finance）下的定义是：为支付超过现金的购货款而采取的交易手段或为取得财产而集资所采取的货币手段。这就是狭义的融资概念。

仍然是城市基础设施融资渠道的重要组成部分。

财政融资渠道的资金来源包括各级政府预算内收入、预算外收入、政府间转移和其他收入。在我国，政府预算内收入主要来源是本级财政的各种税收收入、国有企业收入、债务收入以及部分纳入预算管理的非税收入。

预算外收入主要包括地方财政部门的预算外收入以及行政事业单位经营的各项预算外资金。

政府间转移支付主要是指中央政府对地方政府的补助、各类专项拨款、税收返还、中央增量规范转移支付部分等。其中最常见的是国家预算内投资，即国家发展和改革委员会等中央部委安排的中央财政预算内基本建设资金。

在我国，财政融资渠道的资金经历了数量由少到多，渠道由单一到多样化，以及来源由不稳定到逐步稳定并以税收形式确定下来的过程。但是，相对于城市基础设施的融资需要而言，财政融资渠道的资金筹措能力依然无法解决城市发展和城市基础设施建设中巨大的资金缺口问题。而且，城市基础设施财政融资渠道的稳定性还大大受制于国家财税体制的变化。不过，到目前为止，财政资金依然是城市基础设施最基本的融资渠道。

二、市场融资

相对于财政融资，城市基础设施的市场融资渠道相对较宽。从广义上讲，除了财政融资和投资者自有资金以外，任何通过市场方式获得资金的渠道都是市场融资渠道。但实际上，城市基础设施的市场融资渠道主要包括银行信贷资金和资本市场资金两大类。

1. 银行信贷

在我国，银行信贷资金包括各政策性银行及商业银行对城市基础设施项目建设的贷款。大量地利用银行贷款进行城市基础设施建设是各地普遍采取的措施。由于城市基础设施大多并没有完全走向商业化和市场化，因此有些项目可以享受国家开发银行的政策性优惠贷款，这种资金通常作为城市建设项目申请银行贷款的首选。

国家开发银行。国家开发银行正式成立于1994年，成立时是国务院直接领导的政策性金融机构，重点向国家基础设施、基础产业和支柱产业项目以及重大技术改造和高新技术产业化项目提供贷款，为我国城市基础设施建设提供了资金支持。2008年，国家开发银行正式改为股份有限公司，坚持开发性金融发展方向，通过开展中长期信贷与投资等金融业务，为国民经济重大中长期发展战略服务。其主要任务是筹集和引导社会资金，以融资推动市场建设和规划先行，支持国家基础设施、基础产业、支柱产业以及战略性新兴产业等领域发展和国家重点项目建设，促进区域协调发展和城镇化建设。

商业银行贷款就是从商业银行获得短期或中长期贷款，主要有信用贷款和担保贷款两种贷款方式。在城市基础设施融资中，当投资项目规模较大时，融资方还可以通过由数家银行联合组成的银团获得贷款资金。

银行贷款是城市基础设施建设资金的重要来源之一，而城市基础设施项目贷款往往又在银行的贷款总量中占据重要比例。相对而言，大中城市，特别是具有国际或区域经济中心地位的大型城市往往比较容易得到银行的贷款。

2. 资本市场

理论上一般把期限超过1年以上的资金融通活动总称为资本市场融资，其中也包括1年期以上的银行贷款。但是，在城市基础设施的融资中，一般用较为狭义的资本市场概念，即主要指股票市场和债券市场。而资本市场的融资就是通过资本市场发行股票或者债券进行权益融资和债务融资。

理论上讲，资本市场最重要的功能是实现社会资本资源的优化配置。资本市场通过价格信号机制，把资本引向最能发挥资本效益的地方。同时资本市场促进了资本的社会和公众化，通过资本市场可以在很短时间内集聚大量的投资资金满足建设的需要，而且在市场机制下，通过分散化决策，资本市场还大大分散了大规模投资可能带来的风险。此外，资本市场能够为融资者提供多种多样灵活的融资方式。从城市基础设施投资项目的性质看，对于可经营性基础设施行业，对于销售性较强的基础设施项目，一般比较容易在资本市场上获取资金。因此，完善健全的资本市场是城市基础设施融资的稳定来源。

在我国，近年来资本市场也得到了快速发展，已经初步形成了涵盖股票、债券、期货的市场体系，资本市场已经开始成为我国城市基础设施融资的重要渠道，已经为城市基础设施的建设提供了大规模建设资金。但总体上，我国资本市场仍不成熟，2014年国务院发布《关于进一步促进资本市场健康发展的若干意见》，提出紧紧围绕促进实体经济发展，激发市场创新活力，拓展市场广度深度，扩大市场双向开放，完善现代企业制度和公司治理结构，提高企业竞争能力，促进资本形成和股权流转，更好地发挥资本市场优化资源配置的作用。

三、利用外资

利用国外资本，利用国际金融机构的资金是城市基础设施的另一个重要融资渠道。一方面，一些国际金融组织本身就是以帮助发展中国家完善基础设施摆脱贫困为宗旨，还有一些政府间贷款是以国际政治的需要而对发展中国家进行的资助性金融支持；另一方面，由于发达国家市场规模的限制，目前世界上存在大量寻求获利机会的资本。因此积极利用国外资金是城市基础设施融资中一个重要的渠道。

利用外资主要包括权益融资和债务融资，从形式上讲，也可以归于市场融资的范畴。利用国外资金的渠道主要包括外商投资、利用国外贷款和利用国外资本市场三种方式。其中外商投资主要是外商直接投资（FDI）。利用国外贷款主要包括外国政府贷款、国际金融组织贷款和国际商业贷款等。利用国外资本市场就是在国外股票和债券市场对外发行股票和对外发行债券。

外商直接投资。主要是指外商以全部或部分取得经营管理权的方式而直接投资于城市基础设施建设。在中国，外商直接投资的组织形式包括中外合资经营企业、中外合作经营企业和外商独资经营企业。在我国，随着改革开放的不断深入，城市基础设施领域的投资也经历了从禁止外商进入到逐步对外商开放的过程。目前，随着我国加入世界贸易组织，城市基础设施领域大多数都已经对外开放。

外国政府贷款。是外国政府向我国政府提供的长期优惠贷款，又称政府信贷，其性质属于政府间的开发援助。政府贷款中赠与成分较高，政治性强。我国目前利用的外国政府贷款主要有日本海外协力基金贷款、日本能源贷款、美国国际开发署和加拿大国际开发署提供的政府贷款，以及法国、德国等国的贷款。此类贷款一般投入借款国非营利的开发项目，如交通、能源等项目，或者是贷款国的优势行业，有利于该国出口设备。

国际金融组织贷款。主要是国际货币基金组织、世界银行、亚洲开发银行贷款，但国际货币基金组织贷款只用于弥补国际收支逆差，而不用于项目建设，因此城市基础设施建设利用国际金融组织贷款主要是世界银行和亚洲开发银行贷款。世界银行贷款一般对项目放贷。对于贷款项目的实施，世界银行要求在所有成员国间实行国际竞争性招标，对项目的评审也比较严格，其目的是为了使发放的贷款对借款国真正发挥作用，促进发展中国家经济的平衡发展。世界银行贷款的主要对象为：农业和农村发展、环境保护、交通、能源、基础工业及社会事业。亚行贷款的使用及条件与世界银行贷款类似，只是偿还期和利率稍有差别。

国际商业贷款。指我国在国际金融市场上以借款方式筹集的资金，主要指国外商业银行和除国际金融组织以外的其他国外金融机构贷款。这类贷款方式灵活、手续简便，使用不受限制。贷款利率完全由国际金融市场资金供求关系决定，不能享受前述各种非商业贷款的优惠条件。由于利率高，还款期短，故风险比较大。若项目经济效益不高、偿债能力不强，就会发生债务危机。我国通常是在项目使用政府贷款和国际金融组织贷款仍不能满足项目的外汇需要时，再借入一部分国外的商业贷款，或者在项目的短期资金缺乏时借入国外银行的短期贷款以弥补资金的不足。

对外发行股票和对外发行债券。发行股票的资金成本较高，同时当海外股份达到一定比重后，会影响到我国基础设施企业的权益，因而它的发展受到一定的限制。发行债券的初期，组建机构复杂，信誉评级低，债券利率较高，并且债券有固定的到期日，还要定期支付利息，当债券发行到一定程度、负债比率超过一定限度后，会带来很大风险。

在我国，在经济发展和腾飞的初期阶段，积极引进、合理利用外资是弥补国内资本不足的重要途径。当经济发展到达一定阶段之后，国民储蓄达到足够水平，资本短缺已经不是吸引外资的唯一原因。但和其他领域一样，在城市基础设施领域积极吸引国外资金不仅可以补充国内建设资金的不足，更有利于引进先进的技术和管理方法，提高城市基础设施建设和管理的水平。

第二节 城市基础设施的融资方式

一般要通过具体的融资方式或者融资工具才能从可能的渠道获得资金。目前，可用于城市基础设施的融资方式主要包括以下几种。

一、自有资金

对于城市基础设施融资，以既有项目法人为投资主体进行投资时，自有资金是其融资方式之一，自有资金是投资者的非债务性资金，在投资宏观管理中，也是对项目资本金的要求内容。

这种融资方式对既有项目法人而言比较简单，主要是企业包括资本公积金在内的各种税后未分配利润或待分配利润。对新增项目而言，主要是指资本金。

对于政府投资者，自有资金主要包括本级财政所取得的非债务性收入。在我国可直接用于城市建设的政府自有资金来源主要有以下几种：

城市建设维护税。从增值税、营业税和消费税中按一定税率征收。目前纳税人在市区的按7%，在县城、镇的按5%，在市区、城镇之外的按1%。

公用事业附加。地方政府按水、电、公共交通、煤气和市内电话等营业额的5%征收。

城市国有土地出让收入。国有土地有偿使用收入包括土地出让金和土地收益金，主要用于城市建设和土地开发。

中央财政专项拨款。由中央政府定额拨付地方政府用于城市基础设施建设的专款。其中包括国家预算内用于城市基础设施的基本建设投资。

地方可支配财力中的专项资金。

地方政府的一些收费，包括各种配套费、使用费和排放费等。

二、银行借款

银行借款属负债融资方式。银行借款方便迅速，具有很大的灵活性。不同的利率、偿还方式和期限提供了众多不同的借款组合。在税收方面，由于利息可以从纳税基数中扣除，再加上其自身的杠杆效应，所以对企业有很大的吸引力。但过多借款会使企业过分依赖于银行，在信贷条件上还有许多的附加限制性条款，使企业受银行的控制。

银行借款包括借款期在1年以下的短期借款，1～5年的中期借款和5年以上的长期借款。在城市基础设施的融资中，各种期限的借款都可能发生。一般而言，短期借款主要用于短期流动资金的补充，而中长期借款则以资本形成为主。投资者根据不同的需要和借贷成本综合考虑选择合适的借贷品种。银行贷款的偿还可以来自项目收益，也可以来自其他方式。

利用银行借款进行融资手续比较便利，融资成本相对低廉。但是在市场化条件下，借款融资存在利率风险和汇率风险。

三、发行债券

1. 债券市场

债券市场是资本市场中发债者向债券购买者进行债券发行和转让的地方。城市基础设施利用债券市场融资就是城市基础设施的投资者通过债券市场发行债券而筹措投资资金。债券是发行人向持有人按票面利率支付利息到期无条件偿付的凭证。债券融资的主要成本是发行费用和按债券票面利率、期限支付的资金使用成本。

按照流通方式，债券市场包括一级市场和二级市场。投资者直接发行债券的市场称作一级市场，债券持有人进行债券转让交易的市场称作二级市场。按照债券发行主体的不同，债券分作政府债券和企业债券，其中政府债券又分国债和市政债券；按照债券购买者的不同，债券发行又分为面向机构发行的债券和面向个人发行的债券。

城市基础设施可以利用债券市场发行债券进行城市基础设施融资。这种融资方式的优点是：第一，可以降低资金融入的成本。由于城市基础设施属于公共产品，具有收益稳定但收益率较低的特点，因此融入的资金必须成本低廉。而相对于股票融资而言，债券融资的成本较低。因此依靠发行债券进行融资能满足城市基础设施建设的低成本要求。

第二，可以保持政府对城市基础设施的有力控制。无论是为了防止私人机构利用城市基础设施行业的自然垄断特性损害消费者利益，还是为了保持政府在公共产品供给中的控制地位，都要求政府作为城市基础设施的主要投资者，而利用发行债券进行融资无疑是一个既可以获得所需资金，又保持了政府控制权的好办法。

第三，可以使资金运用效率得到提高。利用债券市场为城市基础设施建设融资之后，可以使基础设施的建设、运营、管理受到更多的监督，具有更高的透明度。所筹资金的运用将比较公开，因此会增加资金使用者的压力，从而促使资金得到更有效的利用。

第四，可以吸引更多的投资者和新的投资阶层。对于投资者而言，他们需要各种风险和收益水平的投资品来满足其多样的偏好。债券投资具有风险低、收益稳定的特点，适合低风险偏好的投资者进行投资。

在国外，尤其是在债券市场发达的美国和欧洲，债券投资者大量存在。在我国，经过改革开放以来30多年的积累，很多居民个人已经具备了投资能力，但同时居民的投资观念比较保守，多数人不愿意为高收益而冒高风险，以政府信用为基础的债券为他们提供了一个方便的选择。

2. 政府债券

目前，国外以城市基础设施建设投资为主要目的而发行的政府债券主要是市政债券。市政债券（Municipal Bond）也称地方政府债券，它是指由有财政收入能力的地方政府或其他地方公共机构发行的债券，是政府债券的一种形式。

在美国，市政债券大致分为一般责任债券（General Obligation Bond）和收入债券（Revenue Bond）两大类。二者的区别之处在于，前者通常以发行人的无限征税能力为保证，后者的发行人以经营所融资的项目取得的收入作为对债券持有人的抵押；同时，一般责任债券并不与特定项目相联系，其还本付息得到发行政府的信誉和税收支持；收入债券与特定项目相联系，其还本付息来自投资项目的收费，因此风险要高于一般责任债券。收入债券的类型有许多，如机场债券、专科学校和大学债券、医院债券、独户抵押债券、多户债券、行业债券、公用电力债券、资源回收债券、海港债券、学生贷款债券、收费公路和汽油税债券、自来水债券等等。

与其他金融工具相比，市政债券一般具有以下几个特点：第一，安全性高。一般认为，市政债券的安全性仅次于国债。在普通投资者心中，市政债券的发行者即地方政府的信誉往往高于一般公司。地方政府有税收作保障，同时也容易获得保险公司的保险。第二，流动性强。由于信誉良好、安全可靠，市政债券在场内和场外的交易都比较活跃。市政债券持有人在需要的时候比较容易找到买卖的机会。第三，早赎特征。即允许市政债券发行人提前赎回部分或全部债券，以减少利息支出。通常有三种情况，一是选择权早赎，即允许发行人按照债券合同的规定选择是否在到期日之前偿还部分或全部原始借款；二是因强制性偿债基金而被赎回；三是在发生意外的情况下提前赎回债券。第四，期限的系列性。系列性是指发行的一种债券要分为几种不同的期限，它实际是政府分期还债的一种方式，这种做法与大多数公司债券和国债不同。市政债券大部分都是系列债券，这主要考虑到发行时和使用中都会产生资金沉淀，而沉淀资金存在被贪污挪用等风险。第五，可以免交所得税。在很多国家，投资于市政债券的利息收入都不必缴纳所得税。因此，在票面利率相同的情况下，市政债券的实际收益率大于其他债券。这使得债券对那些投资大户的吸引力很大，也使基础设施建设的融资成本降低。

市政债券作为筹措城市基础设施建设（地方政府融资）的工具之一，其有效性在美国、日本、加拿大以及许多欧洲国家已经得到了充分验证并为越来越多的国家所认可。2013年，中央城镇化工作会议提出，建立健全地方债券发行管理制度。目前，中国的市政债券已在上海、广东、浙江等地区进行试点，尚未大规模铺开。

3. 公司债券

城市基础设施建设的融资单位是以公司形式出现时，还可以利用对外发行公司债券的方式进行融资。当地方政府没有权利发行市政债券时，发行公司债券是一个可行选择。

公司债券是公司发行的一种债务契约，公司承诺在未来的特定日期，偿还本金并按事先规定的利率支付利息。公司债券可分为记名公司债券和不记名公司债券，参加公司债券和非参加公司债券，可提前赎回公司债券和不可提前赎回公司债券，普通公司债券、改组公司债券、利息公司债券（也称为调整公司债券）和延期公司债券等。按发行人是否给予持有人选择权分为附有选择权的公司债券和未附选择权的公司债券。

与其他类型的公司债券相比，为城市基础设施建设融资发行的公司债券也有它的特殊之处。一方面，它的发行主体多为城市基础设施建设部门组成的公司，所融资金主要用于城市交通、供电供水、文化教育、医疗保障等方面。另一方面，这种公司债券的收益十分稳定，收益率适中，适合风险偏好较低的投资者。此外，这种公司债券除了可以用公司资产作为抵押外，还可以寻求担保。在国外，有时地方政府甚至可以用自己的税收作为担保。

城市基础设施项目利用公司债券融资的发行程序与普通公司债券差异不大。对于新增项目法人，首先以政府出资或联合出资的方式，为需要筹资的城市基础设施建设部门或项目成立专门的公司，公司资产由具体的城市基础设施建设部门的资产或项目组成。然后，再以公司的名义申请发行债券，并以公司资产作为抵押或寻找担保。筹资后，发行公司按约使用资金，并履行到期还本付息的义务。

4. 国外城市基础设施利用债券市场进行融资概况

市政债券和公司债券这两种基础设施建设融资方式在发达国家都曾经得到广泛地运用。

以美国为例，美国拥有世界上规模最大、最发达的债券市场。美国在第二次世界大战后市政债券规模迅速扩张，可以说，美国成功的基础设施融资是依赖于本国发达的市政债券市场而实现的。至2014年年底，美国市政债券的存量约为3.7万亿美元，占美国债券市场总规模的9%左右。

和发达国家相比，发展中国家由于经济发展水平低、债券市场不完善、法律制度框架不完整、中介机构发展不规范等原因，限制了地方政府利用债券进行基础设施建设融资。尽管印度尼西亚、菲律宾、南非等发展中国家也在效仿美国的经验对此进行尝试，但发达国家和发展中国家的差距一时间是难以消除的。比如，发达国家发行债券的品种丰富，主要目的是满足地方政府事业发展的需要，有少量是用于弥补地方财政赤字；而发展中国家主要是发行收益债券，用途仅限于道路等一般基础设施的建设。

四、发行股票

发行股票也是各国城市基础设施建设的一个重要融资渠道。在发达国家，股票市场是资本市场中最活跃的组成部分。在发展中国家，资本市场虽然还不是十分健全，但股票市场也已经是城市基础设施融资的重要渠道。

利用股票市场进行城市基础设施建设融资主要有两种方式：一是发行普通股；二是发行优先股。

1. 普通股

普通股是企业为了筹措长期资金而发行的没有固定股息和任何优先权的有价证券，它包括无投票权的普通股、创始人股、递延普通股、无面额股和有面额股。

发行普通股的优点有：（1）可以通过增加股东来分散风险；（2）可以调动更多的人参与经营活动的积极性；（3）不必支付固定利息；（4）发生亏损时，普通股必须首先用于补偿亏损，故可以提高发行者的信誉，增加从银行取得贷款的能力。

发行普通股的缺点有：（1）分散了资产的部分所有权；（2）丧失了对重大经营问题的部分控制权；（3）发行费用较高，增加了融资成本；（4）普通股是权益资本，不是债务资本，所以股息不能作为企业费用而享受税收优惠。

2. 优先股

利用股票市场融资都会面临控制权流失的问题。而对于地方政府而言，掌握城市基础设施的控制权又是至关重要的事情。在不丧失对基础设施的控制权的前提下，满足城市基础设施建设巨大的资金需求，优先股是一个较好的选择。

优先股是指优先于普通股股东分取收益和剩余资产的股票，是一种兼有股票和债券双重属性的混合性证券。它可以分为资产优先股和股息优先股；

可调换优先股和不可调换优先股；参与优先股和非参与优先股；有表决权优先股和无表决权优先股；有保证优先股和无保障优先股等。

与普通股相比，优先股的具体特征表现为：

（1）股息确定（一般高于公司债券利率），收益性相对稳定，具有调节股东之间利益分配的杠杆作用。

（2）公司利润分配时优先获得股息，公司破产清偿时优先分配剩余财产。优先股持有人可以先于普通股股东获得破产清偿。

（3）无期限的相对性。大量优先股发行时都附有收回条款，它使得公司的资本结构具有弹性。公司收回优先股的方式包括：直接收回优先股、设立偿债基金收回优先股、按既定条件转换为公司普通股或债券等。

（4）股东的决策参与权受限制。优先股股东一般情况下没有表决权，有些优先股持有人也会被赋予公司的决策参与权，但有一个数量限制问题。

（5）在长期的优先股融资实践中，演化出了很多类型，为基础设施项目可以根据具体情况设计灵活的融资方案提供了可能。其中累积优先股是发行量最大、最普遍、最典型的优先股类型，它是指在某个营业年度内，如果公司所获的盈利不足以分派规定的股利，日后优先股的股东对累计未付的股息，有权要求如数补给。当基础设施采用这种方式融资时，建设期间的股息可以积欠下来，在项目建成盈利后再补发。

由于优先股融资的最大优点是较普通股收益稳定，风险小，因此比较适合风险偏好低的投资者，有广泛的市场基础。采用优先股有利于拓宽普通居民投资者和基础设施项目之间的直接投资渠道。

五、设立基金

投资基金（以下简称基金）是本着利益共享、风险共担原则通过信托、契约或公司的形式，通过发行基金证券将众多分散的、不确定的个人或机构投资者的资金募集起来形成一定规模的信托资产，由专业投资管理者进行投资运作的财产法人。

基金可分作产业基金和证券基金两大类。产业基金通过对项目的直接资金投入而进行直接投资，但通常并不取得项目的经营权。证券基金主要通过对有价证券的投资而取得投资回报，对城市基础设施融资而言属于间接融资。

与城市基础设施建设有着紧密联系的基金有以下几种：股票收入型基

金、公用事业基金和免税债券基金。

股票收入型基金。股票收入型基金主要向高等产业、公用事业和自然资源业等行业的股票投资。多数情况下，尤其是整个市场处于萧条状态时，仍能提供高于通常水平的收益。由于股票收入型基金更多关注的是股息而非资本增值，而城市基础设施建设又恰好具有收益长期稳定以及高股息回报率的特点，因此城市基础设施建设领域的投资非常适合采用这种方式。

公用事业基金。根据定义，公用事业基金必须将其至少65%的资产投资于诸如市政基础设施等公用事业类股票，另外的35%则可以投资于其他行业的股票。

城市基础设施建设类公司发行的股票是一种典型的公共事业股票。公用事业股票一般有较高的收入，而且股息往往会随着时间而增长。同时受经济运行的影响比较弱，总的来看，这类股票的波动幅度只有日常整体水平的一半。不过在过去的几十年里，很多公用事业股票的投资安全性已经大大降低，有些股票甚至因遇到了严重的困难而不得不减少股息。因此人们偏好于用共同基金来减少投资单一公共事业股票带来的风险。

六、基础设施信托融资[1]

基础设施信托就是委托人将自己合法拥有的财产委托给信托公司，由信托公司以自己的名义按委托人的意愿或按双方的约定进行基础设施建设和经营方面的投资。常见的基础设施信托有基础设施建设抵押贷款信托、基础设施项目建设担保贷款信托、融资租赁和基础设施收益权信托。各类城市基础设施几乎都可采取这种融资方式。对经营性基础设施，信托公司的回报来自这些基础设施的收费收益，而对于非经营性基础设施，信托公司的回报主要来自政府的补贴。

1　余池明，张海荣：《城市基础设施投融资》，中国计划出版社2004年版。

第三节
项目融资

一、项目融资概述

1. 项目融资的概念

“项目融资”是与传统的“公司融资”相对应的概念，也是目前在国际上较为流行的一种用于基础设施等大型项目建设融资的新型融资方式。作为一个金融术语，项目融资目前为止还没有一个公认的定义。

《美国财会标准手册》（FASB）对项目融资所下的定义是：“对需要大规模资金的项目而采取的金融活动。借款人原则上将项目本身拥有的资金及其收益作为还款资金来源，而且将其项目资产作为抵押条件来处理。”

项目融资代表广泛的，但具有一个共同特征的融资方式，即，融资不是主要依赖项目发起人的信贷或所涉及的有形资产，而在相当大的程度上依赖于项目本身的效益。也就是说，项目融资指融资者对项目贷款，是仅仅依赖于项目本身收益还款的融资。贷款人所看重的是该项目的经营及其所取得的收益，项目的成败对于贷款人是否能收回贷款具有决定性的意义[1]。

综合以上界定，项目融资可以作广义和狭义两种理解。从广义上讲，为了建设一个新项目，或者为了收购一个现有项目，或者为了对已有项目进行债务重组所进行的一切融资活动都可以称为“项目融资”。从狭义上讲，只有有限追索或无追索形式的融资活动才被称为“项目融资”。

2. 项目融资的追索权

项目融资包括无追索权的融资和有限追索权的融资两种类型。无追索权的项目融资是指贷款人对项目发起人无任何追索权，只能依靠项目所产生的收益作为还本付息的唯一来源。有限追索权的项目融资是指项目发起人只承担有限的责任和义务，这种有限追索性一般表现在时间上的有限性、金额上的有限性和对象上的有限性。至于贷款人在多大程度上对项目发起人进行追索，则取决于项目的特定风险和市场对该风险的态度。

有人认为，项目融资就是无追索权的融资，这就缩小了项目融资的概念外延。项目融资追索范围可以从不追索到几乎完全追索。而无追索权融资已

1 英国Cliford Chance法律公司。

经被认为是一种低效率、高成本的融资方式，只有项目的经济强度比较高的时候才可能采用无追索权的项目融资。因此也有人称之为传统项目融资。

3. **项目融资的特点**

传统的公司融资方式下，投资者和债权人将款项投向发起公司，较为重视发起公司资信情况，依赖发起公司还款，要求发起公司以自有资产担保。与这种传统的公司融资相比，项目融资的特点体现在以下六个方面：

（1）以项目为导向。项目融资以项目为基础，主要是依赖于项目的现金流量和资产而不是依赖于项目的投资者或发起人的资信来安排融资。贷款银行在项目融资中的注意力主要放在项目在贷款期间能够产生多少现金流量用于还贷，因此对于有些投资者很难借到的资金则可以利用项目来安排，有些投资者很难得到的担保条件则可以通过组织项目融资来实现。采用项目融资与传统融资方式相比较一般可以获得较高的贷款比例，通常可以为项目提供60%～75%的资本需求量，甚至可以做到100%的融资。同时，项目融资的贷款期限可以根据项目的具体需要和项目的经济生命期来安排设计，可以做到比一般商业贷款期限长。

（2）有限追索。在某种意义上，贷款人对项目借款人的追索形式和程度是识别项目融资的关键。传统公司融资中贷款人为项目借款人提供的是完全追索形式的贷款，即贷款人更主要依赖的是借款人自身的资信情况，而不是项目的经济强度。而项目融资中，贷款人除了可以在特定的阶段或者规定的范围内实行追索之外，无论项目出现任何问题，均不能追索到项目借款人除该项目资产、现金流量以及所承担的义务之外的任何形式的财产。

（3）风险分担。为了实现项目融资的有限追索，对于与项目有关的各种风险要素，需要以某种形式在项目投资者（借款人）、与项目开发有直接或间接利益关系的其他参与者和贷款人之间进行分担。一个成功的项目融资结构应该是在项目中没有任何一方单独承担起全部项目债务的风险责任，必须将各种项目风险要素以某种形式在借款人、贷款人和其他参与者之间进行合理分担。借款人在组织项目融资的过程中，要学会如何去识别和分析项目的各种风险因素，确定自己、贷款人及其他参与者承受风险的可能性和可行性，充分利用一切可以利用的优势，设计出对自己具有最低风险的融资结构。

（4）非公司负债型融资。项目融资中，项目的债务不表现在项目投资者（即实际借款人）的公司资产负债表中，通过对其投资结构和融资结构的设计，可以帮助投资者（借款人）将贷款安排成为一种非公司负债型的融资。根据项目融资风险分担原则，贷款人对于项目的债务追索权主要被限制在项目公司的资产和现金流量中，项目投资者（借款人）所承担的是有限责任，因而有条件使融资被安排成为一种不需要进入项目投资者（借款人）资产负债表的贷款形式。

（5）信用结构多样化。在项目融资中，用于支持贷款的信用结构的安排是灵活的和多样化的。一个成功的项目融资可以将贷款的信用支持分配到与项目有关的各个关键方面。如在城市基础设施项目所提供的公共产品（服务）销售价格变化及销售合同稳定性往往是决定项目融资成功与否的关键，可以要求对项目产品感兴趣的购买者如政府部门和公众提供一种长期购买合同作为融资的信用支持。而在城市基础设施建设方面，可以要求项目设计者提供工程技术保证，工程承包公司提供固定价格、固定工期合同或交钥匙工程合同，原材料和能源供应方保证供应合同等，以降低项目成本、保证项目收益。所有这些做法，都可以通过政府部门的组织而成为项目融资强有力的信用支持，提高项目债务承受能力，减少融资对借款人信用和其他资产的依赖程度。

（6）融资成本较高。与传统的融资方式比较，项目融资存在的一个主要问题，是相对筹资成本较高，组织融资所需要的时间较长。项目融资的这一特点限制了其使用范围。在实际运作中，除了需要分析项目融资的优势之外，也必须考虑到项目融资的规模经济效益问题。

二、项目融资的组织

按照目前国际上流行的项目融资组织形式，参与项目融资的相关主体及其权责，主要有：

1. 项目发起人

项目发起人提出项目并取得经营项目所必要的许可协议并将各当事人联系在一起，即从组织上负有督导该项目计划落实的责任。在有限追索的项目融资中，项目发起人除了拥有项目公司的全部或部分股权以外，还需要以直接担保或间接担保的形式为项目公司提供一定的信用支持。因此，项目发起人是项目融资中的真正借款人。在基础设施建设的项目融资中，由于项目规模庞大，发起人一般由多个机构组成，各个发起人承担不同的职责，共同协商确定股本比例、分红方式。

2. 项目公司

项目公司具体负责项目的开发、建设和融资。它可以是一个公司，也可以是多个公司为项目而临时组成的独立法人实体。

3. 借款者

在大多数情况下，借款单位就是项目公司，但有些情况下可能是其他的单位或个人。如在契约型合资结构中，通常是由承建公司、经营公司、原材料供应商、购买者（用户）分别独立借款。有时，由于分散借款导致了融资复杂化，会设立一个特别目的项目公司（SPV）承担融资任务，贷款人对项目公司进行严格的监督。

4. 商业贷款人

商业贷款人主要是指为项目提供资金的商业银行。由于工程项目规模庞大，在进行融资时一般由来自不同国家的多家银行组成国际银团对项目贷款，称辛迪加贷款。在实际操作中，银团的成员进行分工，包括安排行、代理行、管理行、技术行、保险行等。

5. 多边金融机构和出口信贷机构

多边金融机构在项目融资中起着重要的信用担保作用，尤其是对政治风险的担保，如国际金融公司（IFC），地区性开发银行。出口信贷机构的主要作用是通过发放优惠利率的出口信贷促进本国出口的稳定增长，如各国的进出口银行。

6. 项目建设的工程公司或承包公司

项目建设的工程公司或承包公司是工程技术成败的关键因素，它们的技术水平和声誉是能否取得贷款的重要因素。至少在项目的建设期，工程公司构成项目融资的重要当事人之一。

7. 供应商

项目设备、能源、原材料供应者在保证项目按时竣工中起着十分重要的作用。因此，贷款人也就非常关心这些经济单位的资信与经营作风，成为银行考虑是否发放贷款的因素之一。

8. 承购商

项目产品的购买者或项目设施的使用者。

9. 保险机构

适当的保险是项目融资的一个重要内容，也是项目融资存在的基础。这是由项目融资的有限追索性质决定的。因此保险机构也是项目融资的主要参与者，尤其是官方保险公司。

10. 项目管理公司

在大多数工程项目中，项目公司会指定一家独立的公司负责完工后的经营管理工作，这个公司通常被称为项目管理公司（简称PMC）。它与项目公司签订经营和管理协议，代表项目公司负责项目的日常经营管理事物。项目管理公司一般是第三方经济实体，但有时也可能由项目发起人之一充当这一角色。不过项目工程公司和管理公司一般由不同经济实体担任。

11. 东道国政府

东道国政府可能承担的作用有：在许多发展中国家会提供政府支持协议；提供项目经营的许可协议；充当项目产品的最大买主；通过政府部门或受控制的部门对项目注入间接的股本资金等。发展中国家或欠发达国家的政府往往比发达国家政府希望承担更大的作用。

三、项目融资的基本运作程序

项目融资从项目的投资决策一直到最后完成该项目融资，大体上可以分为四个阶段：

1. 投资决策阶段

包括对宏观经济形势的分析和对项目所在行业、技术和市场进行分析，完成项目可行性研究、初步确定项目的合作伙伴和投资结构。

2. 融资决策阶段

在这个阶段，项目可行性研究得到支持性结论并得到批复后，按规定程序在境内设立项目公司，由项目公司负责与项目融资有关的一切活动，包括融资方案即融资结构的设计、分析和决策。重点解决将要采取的融资方式、融资结构，以及项目风险的分析评价，最终确定融资方案。

项目融资的信用结构的基础是由项目本身的经济强度以及与之有关的各个利益主体与项目的契约关系和信用保证所构成的。因此，能否采用以及如何设计项目融资结构的关键点之一就是要求项目融资顾问和项目投资者一起对于项目有关的风险因素进行全面的分析和判断，确定项目的债务能力和风险，设计出切实可行的融资方案。项目融资结构以及相应的资金结构的设计和选择必须全面反映出投资者的融资战略要求和考虑[1]。

3. 融资谈判与执行阶段

在初步确定了项目的方案之后，要有选择地向商业银行或其他一些机构发出参加项目融资的建议书，组织贷款银团，着手起草项目融资的有关文件。在这一阶段中，融资顾问、法律顾问和税务顾问的作用十分重要。强有

1 张朝阳：《城市基础设施项目融资研究》，天津大学硕士论文，2002年。

力的融资顾问和法律、税务顾问可以帮助加强项目投资者的谈判地位，保护投资者的利益，并在谈判陷于僵局时，及时、灵活地找出适当的变通办法，绕过难点解决问题。

4. 项目融资的执行阶段

在传统的融资方式中，一旦进入贷款的执行阶段，借贷双方的关系就变得相对简单明了，借款人只要求按照贷款协议的规定提款或偿还贷款的利息和本金。然而，在项目融资中，贷款银团将会经常性地监督项目的进展，根据融资文件的规定参与部分项目的决策程序，管理和控制项目的贷款资金投入的部分现金流量。由于项目融资的债务偿还与项目所处的金融环境和市场环境密切相关，所以帮助项目投资者加强对项目风险的控制和管理，也成为银团经理人在项目正常运行阶段的一项重要工作[1]。

四、项目融资的主要模式

目前在国际上比较流行且在中国已具备一定可行性的几种项目融资模式主要包括以下几种。

1. BOT模式

即建设（Build）—经营—（Operate）—移交（Transfer），它是一个主要用于基础设施的项目融资模式。

BOT模式的基本思路是：东道国政府或所属机构对项目的建设和经营提供一种特许权协议作为融资的基础，由项目公司安排融资、负责开发建设并承担风险。项目建成后，由项目公司在规定期限内经营该项目以收回其对该项目的投资，以及其他合理的服务费用等，经营期限一般为15～20年，在规定的经营期限届满时，项目设施无偿转让给东道国政府。所以BOT也被称为“暂时私有化过程”。它是近年来国际社会，尤其是发展中国家所普遍重视并经常采用的一种新的国际技术合作模式。

世界银行在《1994年世界发展报告》中指出了BOT的三种具体形式：BOT、BOOT、BOO。BOOT即建设（Build）—拥有（Own）—经营（Operate）—移交（Transfer），标准BOT模式中，私人只拥有项目的经营权，而在BOOT模式中私人在规定期限内既有经营权也有所有权，而且拥有的时间也比BOT模式长。BOO即建设（Build）—拥有（Own）—经营

1　张朝阳：《城市基础设施项目融资研究》，天津大学硕士论文，2002年。

（Operate），项目完成后，承包商根据政府赋予的特许权对其进行经营，不再把项目交还政府。对于关乎国计民生的基础设施项目一般都采用标准的BOT模式，只有一些动力生产项目（如电厂）可能采用BOOT或BOO模式。

2. BOT模式的变形

在对BOT模式的运行实践中，产生了很多衍生的形式，主要有BTO，DBFO，TOT，FBOOT，DBOM，DBOT等。它们的基本特点都是一致的，即项目公司必须得到特许经营权。

BTO（Build-Transfer-Operate）即建设—移交—经营，该模式是在项目建成后并不交给私人部门经营，而是立即将所有权转让给东道国政府，由东道国垄断经营或与项目开发商共同经营。

DBFO（Design-Build-Finance-Operate）即设计—建设—融资—经营。该模式是从项目的设计阶段开始就把特许权授予私人部门，直到项目经营期收回投资，取得投资收益。但项目公司只有经营权而没有所有权。

TOT（Transfer-Operate-Retransfer）即移交—经营—移交，指东道国把已经投产的基础设施项目一定期限的产权和经营权有偿转让给私人部门，一次性地融得一笔资金，特许经营期满后再把该设施无偿移交给东道国。TOT方式与BOT的根本区别在于不需直接由外商投资建设基础设施，因而避开了在“B”段过程中产生的风险和矛盾。

FBOOT（Finance-Build-Own-Operate-Transfer）即融资—建设—拥有—经营—移交，只比BOOT多了一个融资环节，也就是说私人部门必须先融得资金，政府才考虑授予它特许权。

DBOM（Design-Build-Operate-Maintain）即设计—建设—经营—维护，强调项目公司对项目进行规定的维护。

DBOT（Design-Build-Operate-Transfer）即设计—建设—经营—移交，强调特许期终了时，项目要完好地移交给政府。

3. PPP模式

PPP（Public-Private-Partnerships）模式，即公共部门与民营企业合作模式，是指政府、营利性企业和非营利性企业基于某些公用事业项目而形成的相互合作关系的形式。在该模式中，政府并不是把项目的责任全部转移给私人企业，而是合作各方共同承担责任和融资风险，使得公共部门的成本和风险大为降低。

PPP模式在城市基础设施建设中应用的显著特点在于通过引入私人企业，将市场中的竞争机制引入城市基础设施建设中，更有效地提供公共服务。PPP方案尤其适用于道路建设。在道路建设中，由于在项目的早期计划阶段对于建设所采用的技术设计方案已经确定，从而使得在项目建设过程中技术创新受到限制。如果采用PPP方案，可以使有意向参与项目建设的私人企业与项目所在国政府或有关机构在项目的论证阶段共同商讨项目建设过程中所采用的技术方案，从而有可能采用较新的研究成果。

PPP模式下，城市公共基础设施建设有以下八种典型方式，根据它们的适用类型和公有化程度从高到低排列如表2-1所示[1]。

城市基础设施建设适用的PPP融资方式　　表2-1

设施类型	适用的方式
已有设施	服务协议
	运营和维护协议
对已有设施的扩建	租赁—建设—经营（LBO）
	建设—移交—经营（BTO）
	扩建后经营整体工程并转移
新设施	建设—经营—移交（BOT）
	购买—建设—经营（BBO）
	建设—拥有—经营（BOO）

PPP模式与BOT模式极为相似，BOT可以作为PPP模式的一种操作方式。二者的主要区别在于PPP模式中，私人投资者从项目论证阶段就开始参与项目，而BOT模式中私人投资者在项目招标阶段才开始参与项目。

4. 资产证券化（ABS）融资[2]

资产证券化是项目融资的另外一种重要形式。它主要是指以目标项目所拥有的资产为基础，以该项目资产的未来收益为保证，通过在国际资本市场发行优质债券等金融产品来筹集资金。其目的在于通过其特有的提高信用等级的方式，使原本信用等级较低的项目照样可以进入高档证券市场，并利用该市场信用等级高、债券安全性和流动性高、利率低的特点而大幅降低发行债券和筹集资金的成本。

资产证券化在城市基础设施中的具体应用就是基础设施收费证券化。它是一种以基础设施未来收费所产生的现金流为支持而发行债券进行融资的方

1　蒋先玲：《项目融资》，中国金融出版社2004年版。
2　余池明，张海荣：《城市基础设施投融资》，中国计划出版社2004年版。

式。因此，可用于资产证券化的基础设施一般是可经营性基础设施，这些基础设施有稳定的消费者，以及由此产生的稳定收益；其次，它们一般都有政府的支持。目前我国有些地方的高速公路建设就采用了这种融资方式。

此外，在项目建设实践中，还可以通过BT模式，为项目建设方提供一种短期融资便利。BT（Build-Transfer）即建设—转让，指由政府出面或委托一家企业通过招标确定投资者，由该中标投资者出资组建项目公司，由项目公司负责拟建项目的投资、融资、建设，项目建成后将其移交给政府部门或政府指定企业。

五、城市基础设施采取项目融资的利弊

与其他融资方式相比，在城市基础设施投融资中采取项目融资有很多有利的地方，特别是它的无追索或有限追索性，使它拥有很多突出的优点，可以为项目发起者带来很多好处。

1. 资金来源的多元化，分散了投资风险

在公司融资中，一旦项目失败，风险几乎完全由借款人承担。项目融资更有利于转移项目主办方的风险。因为一旦项目不能创造出足够的现金流量来偿付贷款，贷款方就得承担大部分或全部风险。这种风险分配结构对于那些规模较小的借款方或项目主办方尤为重要。没有追索权，可使其不会因项目失败而破产。从目前实际情况来看，我国的一些项目虽然采用了项目融资，但项目主办方（或其中一方）仍然承担着较大的风险。这一方面是因为中方迫切需要资金；另一方面，由于国内担保体系不健全，局限性大，因而在项目融资风险分配的谈判中向外国银行做了较大让步，留给自己的风险多。

2. 较高的债务比例降低了发起人自有资金的压力

项目融资允许发起人以较少的股本进行高比例的负债。贷款认可接受的债务比例因项目的国别、经济强度、融资规模、股本投入量的差异而不同，一般的债务比例在75%～80%之间，结构严谨的可以做到90%～100%的负债。

3. 可以实现资产负债表外融资提高资产负债率

项目主办方如果直接从银行贷款来完成项目，那么借入的资金就会成为项目主办方资产负债表上的负债。在项目还没有取得收益时，这种结果会造成不利的资产负债结构，提高从其他方面进一步借款筹资的成本，增加项目主办方的金融风险。而在项目融资中，通过对投资结构和融资结构的精心设计，可以将项目贷款安排成非公司负债型的融资。比如成立具有法人地位的

项目公司，只要项目发起人在项目公司中的股份不超过一定的比例，项目公司的债务就不会反映在发起人的资产负债表上。市场机制越完善，这种优点就体现得越明显。

4. 可以享受政府提供的税务收益

项目融资可以在法律允许的范围内把项目的亏损作为一种资源用来节约税收支出，即所谓“税务收益”。这可以通过三种途径实现：一是项目债务的利息支出的免税效果；二是新建企业的税收优惠；三是项目的结构性亏损所带来的税收节约。在大型基础设施项目中，由于其资本密集度高，前期资本投入量大，项目的结构性亏损数额会相当可观，所带来的税务收益也十分巨大。

5. 不受项目业主资产规模限制

项目融资的一个重要特征是贷款方在决定是否贷款时通常不把项目主办方现在的信用能力作为重要因素来考虑。如果项目本身收益好，即使项目主办方现在的资产少，收益情况不理想，项目融资也可以成功。相反，如果项目本身前景不好，即使项目主办方现在的规模再大，资产再多，项目融资也不一定成功。

但是项目融资也存在以下一些限制，在城市基础设施投融资中必须考虑：

1. 融资成本比较高

由于在项目融资中，贷款银行承担了较大的风险，因此希望得到的收益也高。这样一来，他们要求的贷款利率要比普通贷款高。此外，项目融资要求繁多的担保与抵押，每一道担保或抵押都收取较高的手续费用，这样就提高了项目融资的费用。另外，贷款方及其律师、技术专家在评估项目、推敲文件、设计担保方案时都要花费较多时间，增加了融资成本。再加上谈判的费用，最终使项目融资成本较高。

为了解决这一问题，追求充分利用税务优势降低融资成本，提高项目的综合收益率和偿债能力成为国际上项目融资的一个重要特点。所谓充分利用税务优势，是指在项目所在国法律允许的范围内，通过精心设计的投资结构、融资模式，将所在国政府对投资的税务鼓励政策在项目参与各方中最大限度地加以分配和利用，以此降低筹资成本、提高项目的偿债能力。

2. 融资周期长

由于项目各方要在项目融资过程中经过分担风险的谈判才能签署合同和协议，而这种谈判往往因各方利益不一致而陷于僵局。另外，复杂的项目融资结构也使有关各方不能很快达成协议。这样，我国目前的项目从表示意向到谈成签约往往要花上几年时间。这种情况一方面提高了直接成本；另一方面，还错过了市场和其他机会。错过机会造成的间接损失往往更大、更严重。

3. 风险分配复杂

项目融资的核心是识别和分配风险，而项目的风险分配是一个非常复杂的过程，因为它涉及处于不同目的参与进来的众多当事人，涉及许多的法律合同。如在贷款人与发起人之间分配风险取决于贷款人的追索程度；在工程建设公司与发起人之间分配风险取决于建设公司提供的担保种类等，这些都会导致谈判工作的复杂和延期，甚至增加成本。风险分配的复杂性使这种融资方式在发展中国家操作起来较为困难，因为这些国家的企业独自承担项目风险的能力有限。

4. 增加了贷款人的风险

尽管根据许多国家的法律，银行不是一个风险承担者，而在项目融资中，贷款具有无追索性或有限追索性。这就使一些项目融资风险不能被有效地分配出去，实际上增加了贷款人的风险，即当项目失败时，贷款人要承担较一般公司融资更大的风险。这一特点使得我国商业银行对于项目融资的介入显得过于谨慎。

5. 贷款人监管严格

由于贷款人的风险增加，贷款人必然要加强对项目发起人及项目公司的监管，有时甚至是过分的监管，这就使项目的执行成本相应增加。为了减少风险，贷款人还会要求项目进行过度的保险，并限制项目所有权的转移以确保经营管理的连续性。

第四节 城市基础设施融资方式的选择

随着城市基础设施投资市场化的不断深入，城市基础设施的投资主体越来越多元化，融资方式也越来越多样化。这一方面大大拓展了城市基础设施建设的资金渠道，也更加稳定了城市基础设施的资金来源，但同时也对投资者选择适当的投融资方式提出了更高要求。因此，如何根据城市基础设施各系统自身的技术经济特征，在多种多样的融资方式中选择合适的融资方式，确定合理的融资方案，成为投资决策重点考虑的问题。

一、行业属性对融资方式的要求

从行业经济学特性上，可以把城市基础设施所属行业分为可经营性基础设施和不可经营性基础设施。这种分类的理论基础是城市基础设施所提供产品的公共产品特性以及相应的可销售性。城市基础设施产品的可销售性决定了城市基础设施是否适合市场化，能够实现多大程度市场化。相应地，市场化程度的高低则决定了城市基础设施进行市场化融资可能性的大小。

城市基础设施可销售性是指产品或服务能够进入市场进行买卖的潜力和可能性，也是基础设施能够由私人部门通过市场机制提供的可行性。城市基础设施可销售性评估的理论基础是新古典经济学关于市场失灵的相关理论，包括公共产品理论、自然垄断理论和外部性。

克里斯蒂，凯西德（Christine Kessides）在《基础设施提供的制度选择》中首先提出了可销售性理论，他根据判别公共产品的两个特性，即非竞争性和非排他性；判别自然垄断行业的规模经济、沉淀成本和协调性三个指标；并把外部性和社会目标作为一个指标，一共有六个指标，按照高中低三个分值进行城市基础设施可销售性评判。

按照这个评判标准对城市基础设施的可销售性进行了评估，其评估结果如表2-2所示。

城市基础设施可销售性评估　　表2-2

行业	物品服务的自然属性		生产的经济属性		
	竞争性	排他性	沉没成本	规模经济	协调性要求
电力					
电力生产					
热电	高	高	中	中	中
水电、核电	高	高	高	中	高
电力运输	高	高	中	高	高
电力分配	高	高	中	中	高
固体废弃物处理					
收集	中	中	低	低	中
运输	高	高	低	高	高
处理					

续表

行业	物品服务的自然属性		生产的经济属性		
	竞争性	排他性	沉没成本	规模经济	协调性要求
填埋	低	中	中	高	高
焚化	中	高	中	高	高
回收	高	高	低	低	低
城市运输					
卡车、公共汽车	高	高	低	低	低
出租汽车	高	高	低	低	低
快速交通					
铁轨和电轨	中	高	高	中	高
地铁车厢	高	高	低	低	高
交通信号灯	低	中	低	低	高
污水处理					
传统污水					
街道下水道	低	高	高	中	中
泵站	低	高	高	中	低
处理厂	低	高	高	中	低
低成本污水处理					
公用污水	中	中	中	低	高
就地处理	中	中	中	低	高
其他污水	中	中	中	低	高
基本卫生设施	高	高	低	低	低
非管道供水					
供水					
运水车	高	高	低	低	低
蓄水池	高	高	高	低	低
管道供水					
管道系统	高	高	高	高	高
分配系统	高	高	高	高	高
终端设备					
公用	高	中	低	低	低
个人	高	高	低	低	低

资料来源：Christine Kessides, Institutional Option for the Provision of Infrastructure.

按照类似的理论和方法，世界银行在《1994年世界发展报告》中，也对基础设施的可销售性进行了评估。世界银行所使用的指标包括：竞争潜力、货物和服务的特征、用使用费弥补成本的潜力、公共服务义务和环境的外部性，如表2-3所示。

可销售性评估 **表2-3**

类别		竞争的潜力	货物与服务的特性	以使用费弥补成本的潜力	公共服务义务（权益问题）	环境的外部因素	可销售性指数
电力和天然气	热电	高	私人	高	极少	高	2.6
	输电	低	会员	高	极少	低	2.4
	配电	中	私人	高	很多	低	2.4
	天然气的生产和运输	高	私人	高	极少	低	3.0
交通运输	路基和车站	低	会员	高	中	中	2.0
	铁路运输和客运	高	私人	高	中	中	2.6
	城市公共汽车	高	私人	高	很多	中	2.4
	城市有轨交通	高	私人	中	中	中	2.4
	城市道路	低	公有财产	中	极少	低	1.8
水	城市管理网络	中	私人	高	很多	高	2.0
	非管道网络	高	私人	高	中	高	2.4
卫生设施	管道排污和处理	低	会员	中	极少	高	1.8
	公寓污水处理	中	会员	高	中	高	2.0
	现场处理	高	私人	高	中	高	2.4
废弃物	收集	高	私人	中	极少	低	2.8
	环境卫生处理	中	公有财产	中	极少	高	2.0

资料来源：世界银行：《世界发展报告（1994年）：为发展提供基础设施》，中国财政经济出版社1994年版。

按最高3分，最低1分，世界银行认为，得分在1.8以上的都可以采用市场化的方式进行运作。结果是，城市的垃圾收集市场化程度最高，得2.8分；污水分散处理得2.4分；污水集中处理得2分；公共汽车得2.2分。除了城市道路是1.2分外，绝大部分公用设施都在1.8分以上，都可以用市场化来推进。电信和能源类大多数都有很高的可销售性，而由于定价的困难，私人部门参与市内道路经营的可能性最小。这个结论和克里斯蒂·凯西德（Christine Kessides）的研究结果十分接近。

同时，世界银行还对基础设施的改革按不同的分类提出了改革建议，如表2-4所示。

改革方案 **表2-4**

		可销售性指数	低收入国家	中等收入国家		
				变革中	正在变革	高增长
电力和天然气	热电	2.6	C，C1	B，C1	B，C1	C1
	输电	2.4	A，B	A，B	B，C1	B，C1
	配电	2.4	B	B，C2	C2	C2
	天然气的生产和运输	3.0	B	B，C1	C1	C1
交通运输	路基和车站	2.0	A	A	A，C2	
	铁路货运	2.6	A，C1	A，C1	C1	C1
	客运服务	2.6	A，B	A，B	A，C2	A，C2
	城市公共汽车	2.4	C1	C1	C1	C1
	城市有轨交通	2.4	B	B	B	B
	城市道路	1.8	A	A	A	A
水	城市管理网络	2.0	B	B	A，B	A，B
	非管道网络	2.4	D	D	D	D
卫生设施	管道排污和处理	1.8	A，B	A，B	A，B	A，B
	公寓污水处理	2.0	D	D	D	D
	现场处理	2.4	C，D	C，D	C，D	C，D
废弃物	收集	2.8	C1	C1	C1	C1
	环境卫生处理	2.0	A，B	B，C1	B，C1	B，C1

注：A：商业化的公共机构；
B：特许或租赁；
C：不受规章限制的私营部门；
C1：受市场管制的私营部门；
C2：受价格管制的私营部门；
D：社区和使用者自助。
资料来源：世界银行：《世界发展报告（1994年）：为发展提供基础设施》，中国财政经济出版社1994年版。

因此，不同行业的技术经济特征对行业自身的融资方式将产生直接的影响。首先，公共产品特性、可销售性以及外部性的强度直接决定了投资主体的产生。对于公共产品程度高、可销售性差、具有较强外部性的基础设施，显然政府是主要的，甚至是唯一的投资主体。而政府作为城市基础设施的投资主体，其融资方式将主要受制于政府本身的政治约束、行政约束和财政约束。

相反，公共产品程度低、可销售性好而外部性弱的城市基础设施完全可以按照市场机制产生相应的市场投资主体，其相应的融资方式则完全遵循市场规律的约束。

对于介于二者之间的城市基础设施则以政府和其他投资者合作的方式比较适宜，而相应的融资方式也将主要受市场规律的约束。

二、内源融资与外源融资

从本质上讲，所谓投资是投资者为了获取未来预期收益而将当前可以用作其他消费的资源转化为资本的行为，而融资则是把可转化为资本的各种资源引入投资项目的过程。从投资主体来讲，融资方式只有两种：一是投资者自身拥有所有权和使用权的各类资本，或者可以资本化的各类资源；二是投资者可以使用但不具有所有权的各类资本。

前者可称为内源融资，而后者则可称作外源融资。内源融资是经济主体（基础设施项目中往往是政府或项目公司）通过一定的方式在自身内部对各种自由资本或者资金进行配置的过程。对于企业则是各种形式的未分配利润，而对于政府则主要是各种自有资金的分配。外源融资是筹资者向自身以外的不同资金持有者进行资金融通的行为，它是指向社会筹集资金，主要方式有银行借款、股票、债券、商业信用等。

按照筹资者与投资者之间的经济关系可分为直接融资与间接融资。直接融资是指资金短缺单位（最终借款人）直接向盈余单位（最终贷款人）发行（出卖）自身的金融要求权，其间不需经过任何金融中介机构。或虽有中介人，但有直接契约关系的仍是资金短缺单位和盈余单位，双方是对立当事人。间接融资是指盈余单位和资金短缺单位无直接契约关系，双方各以金融中介机构为对立当事人，即金融机构以发行间接证券的方式发行（卖出）自身的金融要求权，从盈余单位吸收资金，并利用所得的资金以贷款、贴现等形式，或通过购买资金短缺方发行的直接证券，来取得（买进）对资金短缺单位的金融要求权，如图2-1所示[1]。

1 刘世雄：《中小企业融资渠道研究》，西南师范大学硕士论文，2001年。

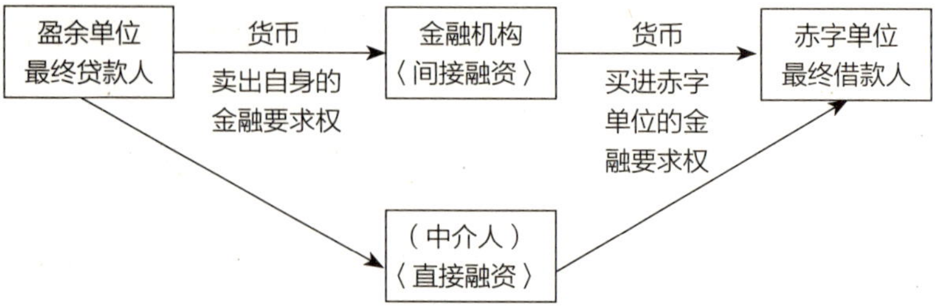

图2-1　间接融资示意

内源性融资、外源性融资对不同的投资项目有不同的要求。对于新建项目和大型扩建、改造项目而言，单纯依靠内源性融资是不可能满足投资规模的需要，大多数情况下都是内源性和外源性融资的结合，而且外源性融资往往占据重要比例。对于有稳定回收的城市基础设施投资项目，外源性融资相对容易一些。相反，对于回收不容易的，或者可销售性较差的城市基础设施，就项目本身而言，其外源性融资相对较为困难。

但是，相对于不同的投资主体，内源性融资和外源性融资的选择也不相同。对于信用评价较高，有稳定和足够规模收益的投资主体，内源性融资相对容易，而外源性融资也很便利。相反，对于信用等级较差，自身资本规模和经营收入都不稳定的投资主体，在取得外源性融资上将会比较困难，内源性融资将不得不占较高比例。

三、城市基础设施融资方式的选择

城市基础设施进行融资方式的选择主要按照两个步骤进行，首先是项目区分，然后是根据具体融资方案的成本进行财务评估。

1. 项目区分

传统上，城市基础设施融资方式的选择完全局限在财政融资之中，不仅加大了政府的财政负担，而且也很难满足城市发展对基础设施的需要。随着城市基础设施投融资的市场化发展，投资主体不断增多，融资方式也不断增加。无论是政府作为投资主体，还是其他投资主体，其融资的渠道和方式都更加多样，可选择的空间更大。但总体上而言，政府依然在多元化城市基础设施投融资体系中占主导地位，不过这种主导地位的实现方式却在发生着变化。政府的主导性将更多体现在城市基础设施规划的主导性权力上，城市基础设施产品和服务的价格、收费和许可证的主导性权力上，以及城市基础设施建设经营的管制性权力上。因此，在城市基础设施融资方式的选择上，应该首先确定建设项目的投资主体，根据不同的投资主体和投资项目确定相应的融资方案。

项目区分的原则是基于产品或服务的分类理论及投资行为的分类理论。根据项目的可销售性或者说可收费性，包括市场化收费以及政府相应补贴等，把投资项目分为可经营性项目和不可经营性项目两大类。根据这两大类确定相应的投资主体。原则上，经营性城市基础设施都应该由市场化主体承担投资者的角色，而相应的融资方式则由投资者根据市场规律进行选择，可以综合采用各种权益性融资和债务性融资工具。而对于非经营性城市基础设施，其投资主体依然是政府，相应的融资方式将主要以财政融资为主，并辅助以银行借贷或者发行债券的方式。

但是，随着技术条件的变化和制度演进，城市基础设施的可经营性也在发生变化。新增城市基础设施进行投资决策时，首先应该评估其可经营性程度，并同时研究可经营性实现的机制和方式。对于能够设计出可收费机制的项目原则上都应该采取市场化的投资主体，并以市场化方式进行融资。但是，对于需要在短时间内迅速筹集投资资金进行大规模投资的城市基础设施，特别是在某些紧急状态下需要进行投资建设的项目，无论这类项目是否可经营，都是政府责无旁贷的投资任务，而财政资金将成为主要的融资方式。

2. 项目融资方案的财务比较

既有项目和新设项目法人不同，融资方式也不相同。前者的融资责任和风险由既有项目法人承担，在既有法人资产和信用的基础上进行，投资产生增量资产。因此，既有项目法人的财务整体情况是融资重点考虑的内容。而新设项目法人则由新设立的法人承担融资责任和风险，从项目投资完成、投产后的效益情况考虑，按照项目融资方案的比较标准进行。

在融资方案的分析中，主要进行资金来源可靠性分析、融资结构分析、融资成本分析以及融资风险分析。

资金来源的可靠性分析要求判断欲融入资金是否能与投资时序、建设进度和投资计划稳定匹配。

融资结构主要包括资本金与债务的比例、股本的结构和债务结构。实际上是项目法人内部的资金结构和外部资金结构两大类。不同的融资结构直接影响项目未来的收益水平。

融资成本分析主要包括融资筹集费和资金占用使用费两大类。前者发生在资金筹措的过程当中，主要包括为实现融资而发生的各种费用；而后者发生在资金使用的过程中，一般是指借款利息和债券利息。

融资风险包括资金供应风险、利率风险和汇率风险。资金供应风险分析主要用来判断融资计划中的资金供应是否稳定，是否会发生中断；利率风险则是在还款期内利率的变动对资金使用成本的影响。一般来讲，银行利率会随着通货膨胀的变化而发生相应的调整，因此需要充分考虑利率的变动可能带来的还款成本的变动。汇率风险主要是借用外资的时候，对于借用可自由兑换的货币，在还款时可能发生的因汇率变化产生还款成本的变动。

第三章

城市基础设施投融资体制改革

为了扩大建设资金来源、保障城市基础设施的供给，降低投资风险，提高运营效率，自20世纪90年代以来，我国城市基础设施开始了以市场化为主要方向的投融资体制改革。

而在国际上，从20世纪70年代开始，首先从英国开始，世界上许多国家也都开始了以市场化为主要方向的城市基础设施投融资改革。

第一节
城市基础设施投融资体制改革的必然性

一、我国传统城市基础设施投融资体制存在的问题

改革开放以前，在传统计划经济体制下，我国城市基础设施被当作福利事业而在社会投资和固定资产投资中处于次要地位。城市基础设施的投资、建设、运营和维护完全依靠政府和财政资金，而且不按经济规律办事，更不讲经济效益。城市自来水、公共交通和煤气等公用事业长期坚持低价政策，收费标准低于成本，企业长期亏损。结果城市基础设施功能不完备，服务效率低下，严重制约城市生产和居民生活。

改革开放之初的20世纪70年代末和80年代初，政府才开始认识并加强城市基础设施的重要地位和作用。经过30多年的探索和实践，城市基础设施投融资改革取得了一些成果，投融资体制发生了很大变化。投资主体从单一政府投资主体逐步向多元投资主体过渡；投资决策从高度集中逐步向分权转变；融资渠道从单一的财政资金逐步向多种融资渠道发展；投资项目的实施从单纯依靠行政手段逐步向市场化转变；城市基础设施从单纯的公益性资产向资本化资产转变。

相对其他行业，城市基础设施行业可以说是传统计划经济投融资体制特征最明显、改革进展最迟缓的行业。城市基础设施投融资、建设和经营还没有完全形成良性循环，城市基础设施投融资体制还存在不少深层次的矛盾。表现出来的主要问题有：

第一，我国城市基础设施建设投资有所增加，但与高速增长的经济发展水

平相比仍有很大的差距。根据世界银行1994年发展报告的研究和建议，发展中国家的城市基础设施建设投资比例，一般应维持在同期国内生产总值的3%～5%的水平上，或固定资产投资的10%～15%，这样才能确保城市基础设施与经济增长的需求相协调。而我国改革开放以来，城市基础设施建设投资额占国内生产总值（或固定资产投资额）的比例虽然稳中有升，但增长不明显。

第二，城市基础设施投融资渠道开始扩展，但还没有真正实现投融资主体多元化。我国城市基础设施建设资金来源主要有：城市维护建设税、公共事业附加、中央财政拨款、地方财政拨款、国内贷款、利用外资、自筹资金和特殊政策类收费等。其他城建资金来源包括债券、股票融资、市政公用设施增容配套费、市政公用设施有偿使用费和土地出让转让金等。然而，目前城建预算内资金仍保持在25%左右，比例偏高；而非预算内资金，如政策性贷款、商业贷款、利用外资、自筹资金等，大多是靠政府举债，而且这些举债资金的借贷是以政府财政作担保的，并非真正意义上的其他非国有资本的投入。也就是说，城建资金主要来源仍为政府财力或以政府财力为担保的银行借款，企业自筹或外来资金直接投入城市基础设施建设的比重相对较少，还没有真正实现投融资主体多元化。

第三，城市基础设施建设投融资主体的责、权、利并不统一，城建资金使用效率依然低下。近年各地方政府为了能多渠道地筹集城建资金，纷纷组建了城市建设投资公司（以下简称城投公司），作为政府投资建设经营城市的载体，负责筹集、使用、偿还城市基础设施建设资金。但是就全国各地城投公司实际运营情况来看，其主要职能是作为政府向金融机构，特别是向国家开发银行贷款的工具，并没有真正成为城建投融资的主体。

第四，现行城建资产建设管理模式下，城市基础设施行业仍然具有较强的垄断性。长期以来，城市供水、道路、排水、燃气、供热、公共交通等由不同的政府部门进行建设和管理，具有很强的部门和行业垄断性，而且城建项目在投资权、经营权、收益权方面比较分散，无法有效利用资本市场，开展资本运营，盘活存量资产，实现城建资产的保值增值。

第五，城市基础设施的政策性收费机制和价格体系没有完全打破，尚未形成以市场为导向的价格形成机制，难以吸引外部资金的投入。在原有价格体系下，社会消费需求过度，造成资源浪费，进一步加剧了城市基础设施紧张的矛盾。

二、宏观投融资体制改革对城市基础设施投融资的影响

可以说，城市基础设施传统的投融资体制集中表现了我国传统的投融资体制的所有特征：一是投资主体单一；二是融资方式单调；三是高度集权管理；四是经营管理行政化；五是责任主体不明确。因此，宏观投融资体制的改革对我国城市基础设施投融资体制的改革产生了直接的影响。

1993年，中国共产党十四届三中全会通过的《关于建立社会主义市场经济体制的决定》指出，要“逐步建立法人投资和银行信贷的风险责任。竞争性项目投资由企业自主决策，自担风险，所需贷款由商业银行自主决定，自负盈亏。用项目登记备案制代替现行的行政审批制，把这方面的投融资活动推向市场，国家用产业政策予以引导。基础性项目建设要鼓励和吸引各方投资参与。地方政府负责地区性的基础设施建设。国家重大建设项目，按照统一规划，由国家开发银行等政策性银行，通过财政投融资和金融债券等渠道筹资，采取控股、参股和政策性优惠贷款等多种形式进行；企业法人对筹划、筹资、建设直至生产经营、归还贷款本息以及资产保值增值全过程负责。社会公益性项目建设，要广泛吸收社会各界资金，根据中央和地方事权划分，由政府通过财政统筹安排”。

在这个精神的指导下，城市基础设施投融资体制主要进行了以拓宽融资渠道，基础设施管理企业化和市场化经营为主要内容的改革。

2003年，中国共产党第十六届中央委员会第三次全体会议通过了《中共中央关于完善社会主义市场经济体制若干问题的决定》(简称《决定》)。《决定》关于投融资体制改革指出，“深化投资体制改革。进一步确立企业的投资主体地位，实行谁投资、谁决策、谁收益、谁承担风险。国家只审批关系经济安全、影响环境资源、涉及整体布局的重大项目和政府投资项目及限制类项目，其他项目由审批制改为备案制，由投资主体自行决策，依法办理用地、资源、环保、安全等许可手续。对必须审批的项目，要合理划分中央和地方权限，扩大大型企业集团投资决策权，完善咨询论证制度，减少环节，提高效率。健全政府投资决策和项目法人约束机制。国家主要通过规划和政策指导、信息发布以及规范市场准入，引导社会投资方向，抑制无序竞争和盲目重复建设。”

2004年，在上述《决定》精神指导下，国务院发布《国务院关于投资体制改革的决定》，对城市基础设施投融资改革指出了明确方向，“鼓励社会投资。放宽社会资本的投资领域，允许社会资本进入法律法规未禁入的基

础设施、公用事业及其他行业和领域。逐步理顺公共产品价格，通过注入资本金、贷款贴息、税收优惠等措施，鼓励和引导社会资本以独资、合资、合作、联营、项目融资等方式，参与经营性的公益事业、基础设施项目建设。对于涉及国家垄断资源开发利用、需要统一规划布局的项目，政府在确定建设规划后，可向社会公开招标选定项目业主。鼓励和支持有条件的各种所有制企业进行境外投资”。

2005年，国务院发布《关于鼓励支持和引导个体私营等非公有制经济发展的若干意见》（简称“非公36条”），明确“允许非公有资本进入公用事业和基础设施领域。加快完善政府特许经营制度，规范招投标行为，支持非公有资本积极参与城镇供水、供气、供热、公共交通、污水垃圾处理等市政公用事业和基础设施的投资、建设与经营。在规范转让行为的前提下，具备条件的公用事业和基础设施项目，可向非公有制企业转让产权或经营权。鼓励非公有制企业参与市政公用企业、事业单位的产权制度和经营方式改革。”

三、城市基础设施发展本身对改革的要求

从1985年到2014年，我国的城镇人口平均每年递增3.8%，在2014年底，中国的城市化率达到了55%左右。根据《国家新型城镇化发展规划（2014—2020年）》，到2020年，我国城镇化率要达到60%左右。同时，城镇公共供水普及率要达到90%，城市污水处理率达到95%，城市生活垃圾无害化处理率95%，这些都对城市基础设施建设提出了更高要求。

伴随着整个城市化的进程，基础设施的投资占GDP的比率在不断上升。而随着城市化的进展，城市建设所需要的巨额融资已经成为一个非常现实的问题，基础设施的融资显得至关重要。显然，这样一个规模的城市基础设施融资需求是任何一个政府都单独承担不起的，只有通过市场，通过改革，建立多元投资主体，采取多种融资方式，才能取得发展所需要的资金，才能保证城市基础设施的有效供给。

可以说，在城市化发展中，在城市基础设施发展过程的内部，城市基础设施需求和供给之间的巨大缺口是其必然现象，也将是城市化进程中长期存在的问题。城市基础设施供需之间的不平衡本身就蕴含着对投融资体制改革的要求。

第二节
我国城市基础设施投融资体制改革的主要内容

投融资体制是围绕投融资活动的权责划分和运行过程而形成的体系和制度，是投融资体系和投融资制度的总称。

投融资体系是投融资的主体、项目、资金等投资要素的构成及其相互关系。投融资制度是有关投融资参与者在项目决策、经营、管理等过程中，必须共同遵守的工作规程和行动准则。

投融资体制的改革是围绕着上述相关的各个方面来展开的。我国城市基础设施的投融资改革和宏观投融资体制改革同步进行，改革的内容也大致相同。

一、我国城市基础设施投融资体制改革的原则和目标

我国城市基础设施投融资体制改革的基本原则就是打破垄断、放宽市场准入；坚持谁投资、谁所有、谁收益、谁承担风险；充分发挥市场对投融资活动的调节作用，实行政府宏观指导协调、企业自主投资、银行独立审贷；积极培育多元投资主体、鼓励公平竞争，政府依法保障各类投资者权益和公众利益。其核心就是按照市场化方向，建立公平的市场环境和合理的投资回报机制。

我国城市基础设施投融资体制改革的目标是：建立政府与市场合理分工的城市基础设施投融资体制，实现投资主体多元化、融资方式市场化、投资决策程序规范化、项目管理专业化、政府调控法制化以及中介服务社会化，建立以市场为导向的新型投融资体制，促进城市基础设施的持续、健康发展，减少财政负担，提高服务效率，改善服务质量。

二、我国城市基础设施投融资体制改革的主要内容

一是明确各类投资主体的投资范围和分工，建立政府与市场合理分工的城市基础设施投融资体制，充分落实企业投资决策权，改革投资审批制度。可经营性项目的投资，政府在严格控制规划的前提下，充分放权，鼓励与吸纳广泛的社会资金参与。对于价格、收费机制没有到位或带有一定公益性的

经营性项目采取公私合作（PPP）模式吸引社会投资者合作建设。

二是开放经营性城市基础设施的建设和经营市场，大力吸引包括民间资本在内的各种社会资金进入城市可经营性基础设施领域，为集中政府财力建设公益性项目以及政府退出经营性项目创造条件。同时，积极创造条件，利用特许经营、投资补助等多种形式，吸引社会资本参与有合理回报和一定投资回收能力的城市基础设施的建设及运营。

三是规范和完善政府投资体制。改变政府投资项目的管理方式，实行投资、建设、运营相分离，逐步建立权责明确、制约有效、科学规范和专业管理、社会化运作的管理体制及运行机制。强化政府投资决策的责任约束，以合同为纽带，实现规范化、市场化的项目实施。引进代建制，积极创新投资和建设模式。

四是加强政府对城市基础设施投资的管理和服务。政府从以行政审批为主，逐步转向备案、核准和审批相结合的宏观管理模式。不断减少审批环节，提高服务效率。

五是推进城市基础设施投资及经营管理组织体制的创新。改变城市基础设施行业的事业单位管理模式，改组、改造原有的基础设施经营管理机构，使之成为独立核算的经营企业。

六是初步建立和完善城市基础设施融资多元化体系。国家成立了国家开发银行，城市基础设施类股份公司已经在上海和深圳证券交易所上市。投资城市基础设施的公司通过发行债券集中了大规模建设资金。市政债券的发行工作也在探讨和研究当中。

三、我国城市基础设施投融资市场化的进程

我国城市基础设施投融资体制改革基本上沿着社会主义市场经济体制改革的目标不断发展，到目前大约经历了三个阶段。

第一阶段，20世纪70年代末和80年代：开始重视城市基础设施建设，初步建立了城市基础设施融资的稳定来源。

（1）1978年，第三次全国城市工作会议《关于加强城市建设工作的意见》中规定，在全国47个城市试行从上年工商利润中提取5%的城市维护费，作为城市维护和建设资金，首次为城市建设建立了稳定的资金渠道。

（2）1980年，国家建委在全国城市规划会议上提出“综合开发城市”的建设方针，要求无论是工业项目还是民用项目，都必须使房屋建设与市政

公用设施建设配套进行建设，同时交付使用，配套建设资金由建设单位垫付。12月国务院颁发《国务院批转全国城市规划工作会议纪要》肯定了上述建议。

（3）1984年10月，中共中央十二届三中全会通过《中共中央关于经济体制改革的决定》，其中关于城市政府的主要职能是：集中力量做好城市的规划、建设和管理，加强各种公用设施的建设，进行环境的综合整治等，把加强各种公用设施的建设作为地方政府的主要职能之一，对地方政府加强基础设施建设和改善投资环境发挥了积极的指导作用。

（4）1985年，全国113个城市试行收取“市政公用设施配套费”和“城市公用设施增容费”。同年，国务院颁布《中华人民共和国城市维护建设税暂行条例》，取消1979年开征的城市维护费，改征城市维护建设税。

（5）1987年，国务院发出《关于加强城市建设工作的通知》，提出改革城市建设体制，增强活力，提高效益。将城市基础设施建设纳入城市中长期规划和年度计划，实行统一管理。对于贷款建设的大型桥梁、隧道、渡口可采取征收车辆通过费。这个《通知》首次提出了城市建设综合开发的原则，并开辟了城市桥梁和隧道“贷款建设、收费还贷”的路子。

（6）1988年，土地使用权的出让写入宪法修正案和其他法规，从此，全国城市可以依法向个人、中外合资企业和国内其他企业出让土地使用权；1989年，国务院在《关于加强国有土地使用权有偿出让收入管理的通知》中规定：土地使用权有偿出让收入，40%上缴中央财政，60%留归地方财政，主要用于城市建设和土地开发，专款专用。

第二阶段，20世纪90年代：城市基础设施建设在改革中不断发展，开始以拓展筹资渠道为主要特征的市场化进程。

（1）1992年5月，国务院办公厅转发《国家环保局、建设部关于进一步加强城市环境综合整治工作若干意见》，提出地方人民政府应按照“谁开发谁保护、谁破坏谁恢复、谁利用谁补偿”和“谁污染谁治理”的方针，开辟各种资金渠道，以利于环境的综合整治。同年7月，国务院批转建设部等部门《关于解决我国城市生活垃圾问题的几点意见》，提出多渠道筹措资金解决城市生活垃圾无害化处理。

（2）1993年4月，财政部、国家物价局制定了关于征收城市排水设施使用费的政策。

（3）1993年11月14日，中国共产党第十四届中央委员会第四次全体会议通过《中共中央关于建立社会主义市场经济体制若干问题的决定》，其中对全社会投资体制改革做出了明确规定，对建设项目分作竞争性项目、基础性项目和公益性项目，对于不同的项目按照不同的投资主体和不同的投资管理办法进行，强调法人投资和银行信贷的风险责任。《决定》的出台标志着投融资体制改革开始了新的阶段。

（4）1994年3月，成立国家开发银行。负责发放政策性贷款。国家开发银行成为包括城市基础设施在内的重大基础设施建设项目的重要融资渠道。

（5）1994年3月，国务院印发《90年代国家产业政策纲要》，其中关于城市市政公用事业的发展，提出了“统一规划、合理布局、综合开发、配套建设”的方针。对基础设施建设划分了各级政府的责任，要求尽可能扩大资金渠道，同时改革设施的价格收费机制。

（6）1996年4月，原国家计委发布《关于实行建设项目法人责任制的暂行规定》，要求基础设施的投资建设必须按《公司法》成立项目法人，以明确投资收益和风险的主体统一。同年8月23日，国务院发布《国务院关于固定资产投资项目试行资本金制度的通知》，规定各种经营性投资项目必须首先落实资本金才能进行建设。

（7）1999年3月，国务院办公厅发布《关于加强基础设施工程质量的通知》强调试行招投标制和工程监理制。12月，原国家计委发布《关于加强国有基础设施权益转让管理的通知》，对向外商和国内经济组织转让国有公路、桥梁、隧道、港口码头、城市市政公用基础设施的经营权、使用权和收益权以及股权等做出明确的规定，基础设施项目对外招商引资有了可操作依据。

（8）2000年1月，《中华人民共和国招标投标法》施行，要求大型基础设施、公用事业等项目的建设施工必须进行招标。5月，建设部发布施行《城市市政公用事业利用外资暂行规定》，对公用事业积极利用外资进行了明确规定。

第三阶段，从2001年开始至今，以加入世界贸易组织为主要标志，中国城市基础设施投融资体制开始按照国际规则扩大开放，改革走向深入，市场化进程开始加快。

（1）2001年5月，国务院发布《关于加强城市绿化建设的通知》，要求对城市绿化建立稳定的、多元的资金渠道，加大城市绿化投入。

（2）2001年12月，原国家计委发布《关于印发促进和引导民间投资的若干意见的通知》，通知规定除了国家有特殊要求的，凡是对外资开放的领域，均鼓励和允许民间资本进入。要求通过价格机制改革，积极引导民间资本进入城市基础设施建设领域。

（3）2001年12月11日，中国正式加入世界贸易组织，按照中国政府的承诺，中国将逐步开放包括城市基础设施领域在内的各个行业，允许外资以适当的方式进行投资。

（4）2002年3月，原国家计委发布新的《外商投资产业指导目录》，原来禁止外商投资的电信、燃气、热力、供排水等城市管网首次被列为对外开放领域。

（5）2002年4月，原国家计委、财政部、建设部、水利部和国家环保总局发出《关于进一步推进城市供水价格改革工作的通知》，9月，国家发展和改革委员会、建设部、国家环保总局印发《关于推进城市污水、垃圾处理产业化发展的意见》，进一步推进城市基础设施的市场化发展。

（6）2002年12月，建设部印发《关于加快市政公用行业市场化进程的意见》，提出加快推进市政公用行业市场化进程，引入竞争机制，建立政府特许经营制度，尽快形成与社会主义市场经济体制相适应的市政公用行业市场体系。市政公用事业全方位开放，并明确特许经营制度为公用事业对外和对内开放的主要形式。

（7）2004年7月，国务院发布《国务院关于投资体制改革的决定》，进一步深化投融资领域的改革，明确规定政府宏观投资管理以备案与核准制为主。同时对政府投资项目的实施提出了代建制。

（8）2005年8月，国务院发布《关于鼓励支持和引导个体私营等非公有制经济发展的若干意见》（简称“非公36条”），提出允许非公有资本进入公用事业和基础设施领域。加快完善政府特许经营制度，规范招投标行为，支持非公有资本积极参与城镇供水、供气、供热、公共交通、污水垃圾处理等市政公用事业和基础设施的投资、建设与经营。在规范转让行为的前提下，具备条件的公用事业和基础设施项目，可向非公有制企业转让产权或经营权。鼓励非公有制企业参与市政公用企业、事业单位的产权制度和经营方式改革。

（9）2010年5月，国务院出台《关于鼓励和引导民间投资健康发展的若干意见》，提出鼓励和引导民间资本进入市政公用事业和政策性住房建设领域。

（10）2013年9月，国务院发布《关于加强城市基础设施建设的意见》，提出建立政府与市场合理分工的城市基础设施投融资体制，政府要通过特许经营、投资补助、政府购买服务等多种形式，吸引包括民间资本在内的社会资金，参与投资、建设和运营有合理回报或一定投资回收能力的可经营性城市基础设施项目，在市场准入和扶持政策方面对各类投资主体同等对待。

（11）2014年11月，国务院印发《关于创新重点领域投融资机制鼓励社会投资的指导意见》，提出在城市基础设施等重点领域进一步创新投融资机制，充分发挥社会资本特别是民间资本的积极作用，建立健全政府和社会资本合作（PPP）机制，创新融资方式，充分发挥政策性金融机构的积极作用，鼓励发展支持重点领域建设的投资基金，拓宽融资渠道。

随着中国城市基础设施领域市场化进程的不断推进，城市基础设施投融资逐渐表现为投资主体多元化，融资渠道多样化，收费机制市场化的基本特征。新一轮的基础设施投融资体制改革，为中国城市的迅猛发展拓展并稳定了资金渠道，增加了公共产品和服务的供给，保障了供应，改善了服务和品质，提高了城市居民的生活水平和生活质量，城市建设发生了巨大变化。

第三节
国外城市基础设施投融资体制改革

一、国外城市基础设施投融资改革的起因

虽然世界各国政治经济体制存在差异，但由于城市的物质相似性和城市基础设施各系统技术经济的相似性，世界各国在城市基础设施建设中都面临一些共同的难题，都在为解决这些问题而探索建立更加科学和健全完善的城市基础设施投融资管理体制，都在进行不同程度的改革。世界各国城市基础设施发展中面临的共同难题成为城市基础设施改革的主要起因，这些困难主要包括：

（1）城市基础设施建设缺乏充足稳定的资金来源。长期以来，城市基础设施在纯粹公共品理论下，投资主体单一，建设投资主要由政府承担；融资方式单调，主要来自财政。由于投资需求的增长速度快于政府财力的增长速度，基础设施存量的增加，需要更多的维持和维修费用，大多数城市基础设施免费或低收费供应，使其收费低于成本，需要政府巨额补贴，结果，由于缺乏充足稳定的资金来源，各国城市的管理者都为城市基础设施的发展背上

沉重的财政负担。

（2）城市基础设施建设资金的供给缺乏稳定的保障。在投资主体单一、投资方式单调的情况下，城市基础设施的建设和运营需要有稳定的财政资金作保障。但是，政府安排基础设施预算时，容易受政治因素和国家经济状况的影响，财政困难时往往忽视维修费用，不适当地中断基础设施建设。因此，相应的城市基础设施在投资和运营中都会出现资金无法稳定供给的困难。

（3）城市基础设施的建设、运营和管理效率低下。在政府承担城市基础设施投融资建设和运营任务的传统模式下，城市基础设施的运营不可能按照市场规律和价值规律进行，缺乏必要的约束机制、竞争机制和激励机制。因此，世界各国的城市基础设施在建设、运营和管理中普遍存在效率低下的问题。

（4）对于发展中国家来讲，除了上述普遍特征外，资金短缺是最大的问题。据世界银行的测算显示，发展中国家基础设施新增投资和维护费用需求约占其国内生产总值（GDP）的7%。低收入国家的资金需求可能高达其GDP的9%。按照以往的实际投资和运行与维护费率（发展中国家平均约占DGP的3.5%），基础设施的资金需求量可能是实际投资量的2倍。此外，发展中国家普遍市场机制不完善，缺乏多样化的资金渠道，使得资金筹措渠道主要靠政府直接拨款和借贷。不良的体制和运行机制导致城市基础设施建设低效、高成本运营和浪费严重，使得发展中国家遇到的情况更加复杂和严重。

二、国外城市基础设施投融资体制改革的基本趋势

市场化是城市基础设施投融资的基本趋势，开放市场是城市基础设施改革的主要做法。

无论是发达国家还是发展中国家，关于城市基础设施投融资体制改革的基本趋向就是市场化发展。广义的市场化泛指市场产生、发育、成长和成熟的自然动态演进过程；狭义地讲，是指原来的计划经济体制向市场经济体制的过渡。城市基础设施投融资市场化，就是要将市场机制引入城市基础设施投融资领域，重点包括投融资主体和投融资方式市场化，并用市场机制来投资、建设和运营。从投融资主体讲，通常有非国有化、非国家化、民营化等概念；从项目组织方式讲有股份化、公司化、商业化等，也都含有市场化的含义。

在20世纪70年代之前，大多数国家都把城市基础设施视为具有自然

垄断的社会福利性产品，都侧重于对城市基础设施实行国有化经营管理模式，到20世纪70年代末，西方国家的国有化达到最高峰。但随后，各国逐渐发现，政府投资建设并进行运营管理的单一模式存在两大问题，一方面，这种模式要求政府投入巨额资金，给政府带来沉重的财政负担和惊人的财政赤字，但依然无法满足城市迅速发展对城市基础设施不断增长的需要；另一方面，这种模式被实践证明是缺乏积极性和约束性的，导致城市基础设施从投资建设到运营管理的普遍低效率。各发达国家认识到，必须对城市基础设施投融资建设和运营管理体制进行改革，引进市场竞争机制，吸引私营业主的进入。

对于广大发展中国家，从20世纪70年代末，80年代初开始，迅速发展的国家经济和不断加快的城市化趋势，使得城市基础设施功能落后和供给不足的问题日益突出，迫切要求政府加大对城市基础设施的投资建设力度。但各发展中国家在实践中普遍认识到，它们既没有充足的资金，也没有足够的管理能力来满足城市基础设施快速增长的建设管理要求，现实迫使它们采取了分权化和市场化的举措来对城市基础设施投融资管理体制进行改革，一方面是把城市基础设施投融资建设权利和运营管理权利从中央政府向各级地方政府、非政府机构和私营部门转移；另一方面是允许、鼓励和支持私人机构参与城市基础设施的投融资建设和运营管理。

城市基础设施投融资市场化主要体现在两个方面：一是将投融资主体由政府部门为主转向私人部门为主，增加融资来源，努力吸引社会资金投入。主要表现为城市基础设施对国内外民间资本开放，让社会资金参与城市基础设施投融资。各类投资者通过独资、合资、合作、联营、参股、特许经营等方式，参与经营性基础设施项目建设和运营。如采取特许经营方式，或通过让渡政府部分或全部的投资决策权和投资回收权，来吸引私人资金的参与；在市场中介体系支持下，通过发行债券等方式，不断寻找潜在的私人投资者。再就是将市场机制引入城市基础设施投融资过程，参与基础设施的投资实施和运营管理。将引入社会资金与引入先进技术和先进管理相结合，重视市场经济条件下的竞争原则、公平公开原则、效益原则等在实际中的应用。在引进资金的同时，也引进市场化的投融资管理和运营机制。

概括地讲，城市基础设施投融资市场化，就是要打破垄断，引进竞争，通过培育市场经营主体，将原来依靠行政方式组织建设和经营的城市基础设施项目，交由市场主体按市场化方式组织。在投融资、建设、运营各个环节中引入竞争机制，通过创新机制和加快政府职能转变，实现投资运营主体多元化，达到减少财政负担、借助社会力量发展城市基础设施的目的。

在市场化条件下，政府部门的角色主要转向以下几个方面：强化规划主体的角色，确认社会对某种基础设施的需求，并做出相应的发展计划；强化市场准入审批者的角色，主要审查基础设施建设项目的可行性；选择特定的投融资主体，授予特许经营权利；为确保公共利益对价格等实施规制，以防止垄断；强化市场监管者的角色，设立绩效评价标准并监测绩效；为项目融资等提供支持，并履行相关投融资活动过程中的各种任务。

三、国外城市基础设施投融资体制改革的要点和启示

国外城市基础设施投融资体制改革有以下一些共同要点。

第一，扩展融资渠道，创新融资方式。城市基础设施项目在增加政府资金来源的同时，将出资主体转移到私人部门，努力吸引私人资金投入，采取特许经营方式或通过让渡政府部分或全部的投资决策权和投资回收权，来吸引私人资金的股权参与。

第二，确定固定的融资渠道、融资主体和融资方式，保证资金来源的稳定性。在本国的金融市场环境下，在确定部分财政资金的专款专用以外，确定政府部门为融资主体，建立一种制度化的融资行为模式，在市场中介体系支持下，定期发行市政债券，并不断寻找潜在的私人投资者。保证政府资金专款专用，最主要的就是建立专项基金与专项借款。

第三，提高城市基础设施投融资效益。一方面是提高政府投资决策水平。包括建立职能明确、权责清楚的城市基础设施管理机构，减少对投融资建设的不当干预；制定严密的城市基础设施建设规划和有针对性的投资计划；完善城市基础设施的投融资决策机制；对城市基础设施分部门、分行业进行区别管理，对不同类型的企业，采取不同的管理模式等。另一方面是积极引进市场竞争机制，支持和鼓励社会投资者参与基础设施的投资实施和运营管理。私人部门主要有两类参与方式，一类是在运营管理上采用管理权参与方式，即通过签订各类承包合同来使国有部门与私人机构共同担负某项服务的责任，以节约费用，同时提高城市基础设施的运营效率和服务水平；另一类是前面提到的所有权参与或称股权参与方式，在引进资金的同时，也引进私人机构的投资实施效率。

国外城市基础设施投融资的做法和实践最重要的启示有两条：一是城

市基础设施投融资体制的市场化改革是一个必然的趋势，良好的体制是塑造健全理性投融资行为的基础和前提；二是城市基础设施的投融资建设和运营管理必须依靠市场这只“看不见的手”和政府这只“看得见的手”协调管理。完全靠政府管制不行，完全靠市场机制也不行。三是市场化改革对政府在城市基础设施建设和管理上提出了更高、更严格的要求，城市基础设施投融资行为要在市场利益激励、市场风险约束以及政府主导和行政监管下进行。

第四节 世界主要发达国家城市基础设施投融资

一、美国

1. 投资主体：私人为主，政府为辅

美国城市基础设施建设以市场竞争为主。美国的经济哲学从来就是“凡民间能做的事情政府绝不插手”，因此基础设施服务主要由民间提供。铁路系统是19世纪民间资本利用欧洲资本市场建立起来的，能源、交通运输、电信等其他行业基本上也都由民间投资经营，甚至许多学校、医院也是私立或私人捐赠。唯一的例外是公路全部由政府建设，但这也算不上是垄断，因为免费公路只有投入没有产出，而且政府并不排斥私人建造。

2. 融资手段：市场化筹措

市政债券是美国城市基础设施建设最主要的融资手段。主要种类包括由发行主体的全部税收收入担保的普通责任债券和项目收益债券。普通责任债券是依据地方政府的所有收入来担保和偿还的。地方政府偿还债券的能力和意愿取决于其经济实力、财务状况和债务负担。收益债券是依靠向用户收费或专门的税收收入来加以偿还的。

政府广泛地为卫生保健、高等教育、交通（高速公路、收费公路、港口和机场）和公用事业（供水、污水处理、电力、天然气）等项目发行收益债券。但对于一些收益不足以偿还债务的建设项目，如会展中心和路灯系统，地方政府则通过特定的销售税、燃料税或将两者结合起来偿债。

市政债券是美国证券市场最主要的组成部分之一。为加强市政债券市场的发展，美国联邦政府甚至地方政府都采取了对购买市政债券的利息收入免征所得税的措施。

种种举措使美国市政债券信用等级、变现能力得到加强，市场容量得以增加，成为美国城市基础设施建设的最主要的资金来源。

二、法国和德国[1]

1. 投资主体：政府主导

法国和德国在城市基础设施投融资体制上非常相似，政府都是建设项目的投资主体。政府在城市基础设施的投资中都起到了非常大的作用，如城市道路、地铁等，这些项目完全由政府财政预算投入，如果财政资金不能满足投资需求，则由政府向银行贷款，但贷款数额必须控制在财政长期预算收入可偿还的范围内；另一类是经营性的或可收费的项目，如供水、供气、污水处理、垃圾处理等，政府允许企业进入，鼓励企业通过市场融资，但视项目的重要程度，政府提供一定比例的注册资本金。

对于影响重大的项目主要由中央政府投资。如巴黎的香榭丽舍大街、内外环线都由法国政府投资；德国州际高速公路由德国联邦政府投资。城市一般性的基础设施项目，中央政府投资也占有很大的比重，各级地方政府和企业承担相应的投资责任。如慕尼黑市的地铁建设与维护，投资的50%来自联邦政府、30%来自巴伐利亚州政府、20%由市政府筹集。

欧洲国家在基础设施领域放弃完全的国家所有制是从20世纪80年代开始的，其中放弃对电信的政府垄断只不过是最近三四年的事情。政府放弃对基础设施垄断的理由主要是政府经营的效率低下难以应对经济全球化的大趋势，政府难以筹集所需资金。

目前法国政府在城市基础设施领域推行“委托管理”模式，就是依照法定程序，通过竞争，选定一家公共企业或私营企业对城市基础设施进行建设和管理，其经营管理过程受政府部门的监督。政府将城市基础设施经营权交给企业，但拥有对基础设施的控制权，核实和监督合同所规定的技术、财务等方面运作情况。企业通过收费等手段以及其他有利条件来建设和运营，自

1　戎刚：《发达国家城市基础设施建设的特点及借鉴》，载《中国城市经济》2002年第3期。

负盈亏，承担风险。具体方式主要有直接管理、租赁管理、托管管理和特许经营权管理。“委托管理”模式取得了积极成效，实现了政企分开，有利于扩大投资来源和实行严格的责任制度，保证了工程质量，提高了管理水平。

法、德两国城市基础设施投融资的一个非常重要的特点就是进行法制化管理，城市基础设施的规划设计、项目筹资、投资建设、企业经营及城市基础设施使用无一例外地法制化，将有关政府部门、相关企业以及居民的权利与义务用法律的形式确定下来，杜绝责权不清现象。

法国和德国政府十分重视对项目建设的前期规划。对于城市基础设施建设，政府都要做出长期规划，规划期可达10年，具体项目一般由行业协会提出，由政府（及议会）审批决策。

2. 融资渠道：多样化

对于经营性城市基础设施项目，法、德两国采取多种方式筹集建设资金，包括银行贷款、项目融资、BOT等国际通行方式筹集资金。此外，还采取租赁方式建设城市基础设施项目。如拟建一个垃圾处理厂，政府与私营项目公司签订协议，政府授予项目公司特许经营权，项目公司负责项目投资、建设和运营。在项目运营期间内（如50年），政府每年偿付租金，项目公司则拥有财产所有权和经营权。

三、英国

1. 投资主体：政府私人合作

英国是发达市场经济国家最先在城市基础设施投融资领域进行改革的国家，英国从20世纪70年代开始，由传统管理模式向现行管理模式过渡。传统做法是，财政预算出资，私人工程公司负责建设，公共管理部门经营管理。具体操作是政府向社会招标，由政府和私人企业签订建设合同，项目建成后移交给公共管理部门。现行管理模式是，政府制定一系列政策法规，利用私人资本投资、融资功能，建立政府监督管理体制下私人资本对公共设施项目的“融资—设计—建设—经营—移交”一体化的管理模式。

具体操作方法有三种：一是自由竞争方式。一般基础设施项目，经过政府招投标签约后，由私人企业出资建设和运营管理，建成后通过向社会收取服务费回收投资，政府不参与投资和管理。二是补贴方式。私人公司投资建设，为社会提供市政服务设施。投资主要通过服务性收费回收，政府适当给予财政补贴。三是购买服务方式。纯粹为社会服务的建设项目，比如不宜通过收费回收投资的公路建设等项目，虽然由私人公司投资建设和运营管理，政府需要出钱向投资者购买服务。

2. 融资渠道：投资者市场化筹措

四、加拿大

1. 投资主体：政府

加拿大对城市基础设施的建设非常重视，将其视为国策，并提高到发展社会经济、安定民心、提高生活质量的高度。如果政府不是投资者，政府将对基础设施的开发进行严格控制。

2. 融资渠道：以信贷为主

无论是政府还是私人企业投资城市基础设施，其主要融资方式就是借款期一般在20年的信贷。

五、日本[1]

1. 投资主体：政府组织

日本基础设施特别是重大基础设施项目主要由政府组建特定的组织进行投资或者由政府财政直接投资。

2. 融资渠道：银行借贷

向基础设施提供长期低息贷款，并诱导民间资本投向基础设施。1951年日本政府成立“开发银行”，取代在此之前的“复兴金融金库”，向国内以电力、海运、煤炭和钢铁为代表的基础设施部门提供长期低息贷款。1951～1955年间提供的2533亿日元贷款中，电力工业所占比重接近50%，海运25%，煤炭6%左右。政策性金融措施不仅促进了基础设施部门的高速增长，更重要的是政府向这些投资周期长、资金需求量大和投资风险较高行业的集中投入，对民间资本产生了极大的诱导效应，大量民间金融机构竞相向政策性银行投资的部门提供贷款，有效地保障了大规模基础设施建设对资本的需求。

1 戎刚：《发达国家城市基础设施建设的特点及借鉴》，载《中国城市经济》2002年第3期。

限定最高利率，确保基础设施的投资效益。20世纪40年代末50年代初，日本政府实行经济自由化以恢复市场竞争，但金融市场利率仍由政府严格管制。此间政府不发行国债，只允许极少数大企业发行公司债券，绝大部分企业均通过银行贷款筹措资金。政府采取这种间接金融政策有效地限制了利率水平，降低了基础设施的融资成本。

第四章

城市基础设施政府管制

市场化已经是世界各国城市基础设施投资、建设、运营和管理的主要趋势，但为了保证以提高效益为主要目的而进行的基础设施市场化的成功，建立良好的政府监管至关重要。

良好的政府监管可以为维护投资者和消费者两方面的利益提供可信的承诺，有利于吸引长期私人资本，而政府监管的薄弱或能力的不足恰恰是造成发展中国家基础设施改革失败的主要原因[1]。

第一节
政府管制及其理论基础

随着城市基础设施投融资体制按着市场化方向的不断发展，政府在城市基础设施投融资中的地位不断发生变化。政府不再是城市基础设施唯一的投资主体，财政资金也不再是城市基础设施融资的唯一渠道。城市基础设施投融资逐渐发展成多元化的体系。然而，在这样一个多元化的投融资体系中，政府依然起着主导性作用，占据主导地位。政府的主导作用并不表现在直接的出资和经营管理，而是更多表现在规划制定、制度建设以及运营监控上面，或管制上面。

一、政府管制的概念

1. 政府管制的概念和目的

管制是英文regulation一词的中文翻译，在日本这个词被译作规制。我国一些学者也有参考日文而采用规制的译法，还有人把它翻译为监管。不过，监管主要被用于金融保险市场，在更多的场合国内学者更倾向于使用管制这一称谓。

管制的定义很多，众说纷纭。日本学者植草益认为，所谓政府管制，是指社会公共机构依据一定的规则对构成特定社会的个人和构成特定经济的经济主

1 世界银行：《改革基础设施：私有化、监管和竞争》，2004年。

体的活动进行限制的行为[1]。美国行政管理预算办公室则把管制定义为政府行政机构根据法律制定并执行规章的行为，这些规章或者是一些标准，或者是一些命令，关系个人、企业和其他组织能做什么和不能做什么。中国学者王俊豪认为管制是具有法律地位的、相对独立的政府管制者（机构），依照一定的法规对被管制者（主要是企业）所采取的一系列行政管理与监督行为[2]。

政府管制的主要目的是确保资源配置的最优和服务供给的公平性，其主要内容包括进入管制、退出管制、价格管制、投资管制以及对于物品和服务质量的管制等。一般来讲，管制的主体是政府有关部门，而被管制的对象则是处于特定行业（如电信、运输、电力、自来水等）中的企业。

2. 政府管制的发展过程

政府管制起源于19世纪末美国对铁路的价格管制，在20世纪80年代后，随着欧、日许多国家的私有化运动，美国式的管制开始在OECD（经济合作与发展组织）国家广泛蔓延。

有关政府管制的讨论兴起于美国的罗斯福新政时期。当时，被誉为“管制的先知”的詹姆斯·兰迪斯在《行政过程》一书中表达了这样的思想：市场本身存在很多问题，这些问题对于软弱、松散、缺乏专门技术知识的传统政府而言，太大也太复杂了。国家需要政府的第四个分支，即表现为各种独立的管制委员会的行政分支，它们将是半立法、半行政和半司法的，这有助于提高政府管制过程的效率，而政府最需要的就是效率。兰迪斯对于管制的论述为后来的管制理论奠定了基础。

在以后几十年的时间里，许多优秀的经济学家都对政府的管制问题做了大量的研究。美国康奈尔大学经济系教授卡恩在其《管制经济学：原理与制度》一书中指出：作为一种基本的制度安排，政府管制是对产业结构及其经济绩效的主要方面所做的直接的政府规定，比如对进入控制、价格决定、服务条件及质量的规定，对在合理条件下服务所有客户时应尽义务的规定。管制并不反映市场的现实；相反，它阻碍了价格发挥其根本的职能。卡恩对于管制的解释和批评被施蒂格勒的实证分析进一步诠释。通过对电力部门、证券市场的研究，施蒂格勒指出，作为一项法规，管制是产业所需要的，它在设计和操作的过程中首先要考虑的是产业的利益，但政府所宣布的目标并不等于管制的实际效果。与施蒂格勒的研究路径不同，史普博通过对规模经

1 植草益：《微观规制经济学》，中国发展出版社1992年版。
2 王俊豪：《政府管制经济学导论》，商务印书馆2001年版。

济、沉淀成本等问题的规范分析区分了管制可能发生作用的领域和管制不适合介入的领域，他认为，管制是由行政机构制定并执行的直接干预市场配置机制或间接改变企业和消费者的供需决策的一般规则或特殊行为。

中国的政府管制大致可以分为20世纪70年代末期至80年代末期、80年代末期至90年代末期、90年代末期至目前三大历史阶段。在前两个发展阶段上，中国的经济发展基本上是依靠“政府主导模式”进行的，随着市场经济体制的建立，市场开始成为配置资源的基本手段，政府的职能也逐渐转向宏观调控为主。此外，城市基础设施建设投入的不足也日益成为经济发展的“瓶颈”制约，城市基础设施投融资领域面临着新的挑战，需要不断地适应发展的需要，多方位引进资金，政府管制也从直接干预转向服务、监督、监察、指导。

二、政府管制的类型

一般来讲，根据管制的不同目的，可以分为经济性管制和社会性管制。

1. 经济性管制

经济性管制就是指在自然垄断和存在信息不对称的领域，为了防止发生资源配置低效和不公平利用，政府机关运用法律权限，通过许可和认可等手段，对企业的进入和退出、价格、服务的数量和质量、投资、财务会计等有关行为加以管制。经济性管制涉及企业决策的各个方面，通过直接干预方式，改变企业的决策参数与行为取向，从而达到政府进行管制的目的。

2. 社会性管制

社会性管制是以保障劳动者和消费者的安全、健康、卫生以及保护环境、防止灾害为目的，对物品和服务的质量及与之相关的各种活动制定一定的标准，或禁止、限制特定行为的管制。社会性管制的一个重大特征是它的横向制约功能，它并不针对某一特定的产业行为，而是针对所有可能造成外部不经济或内部不经济的企业行为。任何产业内企业的行为如果不利于改进社会或个人的健康、安全，不利于提高环境质量，都要受到相应的政府管制。这是它与经济性管制的一大差别，后者是政府对某特定产业的纵向制约。

城市基础设施领域在放松经济性管制的同时，对于某些业务和环节有必要加强或维持社会性管制，比如普遍服务、交通运输部门的安全问题、自来水的水质标准等。

三、政府管制的理论基础

1. 市场失灵理论

西方经济学家在论证理想化的市场经济时，做出如下假设：（1）市场为完全竞争市场；（2）所有的消费者和生产者都能获取完全的信息。在这些假设条件下，资源均衡配置达到帕累托最优状态和社会福利最大化。然而，现实中的市场是脆弱的，不公正、垄断、外部性、信息不对称等问题不可避免。当情况不符合这些假设条件时，即市场在资源配置方面是低效率，社会福利遭受损失的时候，就出现了市场失灵，市场一旦失灵，就必须由政府介入，对市场失灵的领域进行调控、管制。政府管制的目的在于通过纠正市场失灵产生的资源配置的非效率性和分配的不公正性，来增进社会福利、维护社会的秩序与稳定。

2. 交易成本理论

交易成本理论指出，在缺乏明确界定的产权和存在交易成本的情况下，和市场失灵中各当事人之间谈判的解决方式相比，管制的效率更高。相对于市场而言，它是在消费者与企业之间、企业与企业之间组织交易的一种更为有效的方法。至于具体问题的解决是采用司法执行，还是采用政府管制，则取决于这些选择在改进资源配置方面的相对成本及效果。人们所以要求政府管制（包括管制得多一点），或者不要政府管制（包括管制得少一点），都是在寻求经济运行的最低交易成本点。

3. 部门利益理论

部门利益理论假定：政府的基本资源是权力，利益集团可以说服政府运用权力为本集团的利益服务，管制者是理性经济人，他们追求自身效用的最大化。该理论认为，确立政府管制的立法机关或政府管制机构仅代表某一特殊利益集团的利益，而非一般公众。由部门利益理论进而派生出政府管制俘虏理论和公共选择理论。

政府管制俘虏理论认为，政府管制是为满足产业对管制的需要而产生的（即立法者被产业所俘虏），而管制机构最终会被产业所控制（即执法者被产业所俘虏）。政府管制俘虏理论的核心内容是：具有特殊影响力的利益集团——被管制企业，针对管制者的自利动机进行寻租活动，使管制者成为被管制者的“俘虏”，参与共同分享垄断利润。

公共选择理论认为政府管制是利益集团满足自身需求的产物，在政府（政治家、官员）、选民（消费者）、利益集团之间形成的均衡，往往取决于

“分散的多数”（消费者）与“集中的少数”（利益集团）之间的力量对比。在信息不对称的情况下，由于“分散的多数”（消费者）的表决能力较弱而使政府更易倾向于代表产业或行业的利益。

前两种理论是关于市场失灵的阐释，后一种理论隐含政府管制的失败。政府与市场作为两条主线始终贯穿于政府管制的理论之中，从而产生了两个自身无可回避的悖论：一是追求公共利益的政府管制是值得期望的，但其部门利益导致的现实结果是不理想的；二是能够降低交易成本的政府管制是必要的，但其公共选择的结果是值得怀疑的。

第二节
城市基础设施实施政府管制的必要性

一、市场失灵决定的政府管制

政府管制的产生是市场经济演进的结果[1]，与市场失灵密切相关。当市场机制不能实现资源的有效配置，即出现市场失灵时，政府就通过管制，矫正和改善市场机制存在的缺陷，干预资源配置。通常引起市场失灵的因素主要有：垄断、信息不对称、外部性、公共物品、非价值物品的生产（如毒品、武器等形成的交易市场）、风险与收益的市场失灵（如高技术行业由于风险与收益的不对称，从而缺乏与社会发展需求相吻合的投资）。这些市场失灵现象为政府干预经济活动提供了前提条件。

1. 外部性和公共性

外部性是指在两个当事人缺乏任何相关的经济交易的情况下，由一个当事人向另一当事人所提供的物品。由于外部性的存在，企业得到了全部好处，但有一部分成本没有承担，比如企业排放污染，政府必须制定各类标准来限制这类行为。公共性是指公共物品由于具有非排他性，即某人对某种商品消费的增加并不会使他人对它的消费下降，造成“搭便车”的问题，私人

1　谢池：《政府规制经济学》，高等教育出版社2003年版。

生产者因此缺乏生产积极性，需要政府加以干预和管制。

2. 企业市场运作过程中的反竞争行为

反竞争行为主要包括垄断和不正当竞争。垄断是建立在沉淀成本基础上的进入壁垒所形成的一种市场力量。城市基础设施经营与管理具有天然的垄断性，如供水、供电、管道煤气等。这种天然垄断性的产品的特殊性表现在：生产规模越大，生产越集中，产品的成本就越低，因而由一家或少数几家企业进行投资建造、经营是符合效率原则的。但由于垄断的存在，垄断企业没有竞争的压力，往往按照收益最大化的原则经营管理，不利于技术进步和价格公平，从而引起资源配置和生产的低效率。这种情况下必须由政府加以管制，控制企业进入数量和产品价格。

不正当竞争是市场竞争者之间为削弱对方的竞争优势而采取的一种“不道德”行为，如贬毁竞争对手、侵犯商业秘密、假冒他人商标、倾销、串通投标等。反竞争和垄断对消费者形成了不同程度的伤害，尤其那些寡头性垄断企业之间的限产限价行为危害更大，因此政府必须进行反垄断管制。

二、城市基础设施特点对政府管制的要求

1. 公共性、外部性和自然垄断

公共性、外部性和自然垄断是城市基础设施投融资领域需要政府进行管制的决定因素。这些因素既是城市基础设施自身的技术经济特征，也是城市基础设施领域市场失灵的主要表现。城市基础设施所提供的一切产品和服务具有典型的公共品性质和突出的外部性特点，不能完全依据市场供求来制定它们的价格，也很难完全靠市场机制解决这些产品的供给。因此，需要政府必要的管制和介入以保障公共品的供给。同时，城市基础设施领域的供给大多具有规模性要求，并且其生产技术的网络特征使这些行业很容易成为垄断性行业。在历史上，包括道路、铁路、电力、管道燃气、自来水等在内的行业就因规模性而被认为是自然垄断行业。从反垄断及维护消费者福利的角度，在城市基础设施领域也需要政府管制的存在。

2. 城市基础设施的系统性

城市基础设施是城市整体系统的重要构成，这些领域的发展必须服从城市整体发展的要求，因此，即便是可经营性城市基础设施也不可能完全依靠市场的供需调节，而必须在政府统一规划下进行投资建设。同时城市基础设施工程一般耗资巨大，工程复杂，涉及面广，如果没有政府必要的干预和统

一的安排，很难单纯依靠市场机制实现城市基础设施各个领域之间、基础设施与其他领域之间的协调发展。

3. 城市基础设施产品的基础性

城市基础设施在经济发展与社会稳定中具有战略性基础作用，要求政府必须对这一领域的市场竞争实施必要的管制，以保证城市基础设施建设的健康发展，促进经济增长，保障人民生活。由城市基础设施提供的产品和服务，既是城市生活的前提，也是城市经济正常运行的基础。很多城市基础设施产业的产品不具有可替代性，影响范围较广，是城市生存和发展的基础性条件。城市基础设施经营与管理的好坏，直接关系到社会生产和再生产，也直接关系到城市中各行各业的物质生产和生活的全过程。因此，城市基础设施的运行不可能完全依靠利润最大化原则，由市场自发调节基础设施产品供给企业的经营行为，而必须由政府通过管制来保证充分、稳定和高质量的供给。

4. 城市基础设施的产业关联性

作为经济发展的先导产业，城市基础设施产业处于产业链的前端，其产品价格及供应质量的好坏直接影响到后续产业的发展，并引起相关产业价格的波动。相当一部分城市基础设施直接关系到国计民生，在快速发展的城市化进程中，城市基础设施往往具有短缺性，短缺则意味着部分需求不能得到满足，在市场供求规律的作用下，价格会攀升，以至于导致一部分企业和个人无法支付消费，进而影响到经济发展和人民生活。因此，政府必须采取一定的管制措施来消除这种不利影响。

由此可见，政府必须对城市基础设施投融资领域进行适当的管制，以提高资源配置效率和生产效率，促进经济发展，保障人民生活质量。

三、城市基础设施政府管制的原则

1. 保护竞争，防止垄断

垄断是市场发展的悖论性结果。一方面企业为了提高市场竞争力会不断扩大经济规模，而规模的扩大本身又可能造成事实上的垄断。此外，在局部的某些市场上，少数甚至一个企业提供某种产品的成本会低于两个以上企业同时提供同一个产品的成本，因此垄断是市场经济发展的一种必然结果。另一方面，垄断一旦形成，追求利润最大化的企业往往会利用自身的垄断优势损害消费者利益，并且这些垄断企业又可能因为自身营运效率的降低而使整个社会资源配置的效率也随之下降。

2. 分类监管，保障效率

对同一行业中的竞争性业务和非竞争性业务（自然垄断业务）采取不同的市场准入政策。对竞争性业务，通过市场机制进行进入选择，监管的重点是防止无序竞争，维护良性竞争环境。对自然垄断业务，如电网、路网、机场、航线等，实行政府管制下的特许权投标经营制度，形成有限竞争。根据竞争性业务和垄断性业务的不同性质，实行不同的定价方式。对自然垄断性业务的产品和服务价格，在定价成本公开验证、作价原则公开确定、定价程序公开参与的基础上，实行政府定价。对竞争性业务的产品和服务价格，在政府确定的价格上限范围内，由市场供求决定价格。

3. 完善法律，依法管制

政府管制应该根据各基础设施产业的技术经济特征，行业发展的要求以及城市发展和管理的需要，通过制定相应的法规来进行管制。要根据政企分开、政事分开和管办分开的原则，明确界定政府管制的内容和范围，通过合理的监管组织方式和法律，依法履行监管职能。

4. 独立监管，防止行政垄断

政府管制的核心是要解决信息不对称和市场失效问题，其中的关键是防止垄断的产生，以及某些具有自然垄断特性行业出现经济资源和社会效率的损失。然而，政府作为特定市场的监管者，其监管自身如果不能得到有效的监管则可能形成行政垄断，从而出现政府失灵的严重后果。因此，监管机构既不能是政府机关，也不能是公共机构，而应是独立的、法定的、专职专业化的、依法行事的监管组织。

第三节
城市基础设施政府管制的主要内容

对于城市基础设施领域，政府管制的主要内容包括价格管制、市场准入管制和质量管制。

一、价格管制

价格管制，即政府管制者制定某一特定产业在一定时期内的最高限价或最低限价，并规定价格调整的周期。价格管制是最常见的管制方式，也是管制改革的重点和难点。

政府对城市基础设施进行价格管制，其目的主要有三点：一是对垄断行业的价格进行约束，以促进社会分配效率和公平竞争；二是刺激企业优化生产要素组合，不断进行技术革新和管理创新；三是维护企业发展潜力，使企业具有一定的自我积累、扩大投资的能力。为达到这三个目标，就必须对城市基础设施建设的价格水平和价格结构不断改革。

价格管制的关键问题是如何制定城市基础设施的收费价格，尤其是人均收入水平不高而且居民收入差距较大的发展中国家，城市基础设施定价的高低对人民生活和社会稳定都有着非常重要的影响。城市基础设施价格管制要考虑社会公众的承受能力及投资建设营运者有效的激励与约束等各方面因素。具体而言，应考虑城市基础设施受益区内的人均收入水平、物价水平、物价指数、生产效率、生产成本、利润率、投资回报率、自然垄断因素，以及基础设施物品是否是生活和生产领域中普遍依赖的必需品，与其他基础设施物品是否存在较高的替代率等因素。

1. 建立最高限价的激励性管制

改革现有的“成本加成”的管制方法，引入激励性管制手段，如最高限价，促进企业通过提高效率而不是提高价格降低成本，实现企业盈利和消费者获利。英国在电力行业改革中采用零售价格指数（*RPI*）和企业生产效率增长率（*X*）挂钩的最高限价方法就对世界各国的管制定价提供了重要参考。该方法（*RPI—X*模型）的主要内容是：$P_{t+1}=P_t(1+RPI-X)$，这一模型的关键是要根据各地资源、基础设施和企业的技术进步等因素，为每个企业确定一个合理的生产效率增长率（*X*）。同时，还要确定一个适当的管制价格调整时期。由于大多数城市基础设施产业的投资回收期较长，沉淀成本大，根据发达国家的经验，管制价格的调整周期也应较长。只有改变原有的成本加成的办法，才能遏制住价格上涨过快的势头，促使企业提高效率，降低成本。

2. 调整价格结构

在城市基础设施领域，可以按照不同的标准对总需求进行细分，形成不同的需求结构，并以此为依据制定与需求结构相适应的价格结构。要综合运用两部制定价、阶梯式差别定价、累进制定价等定价方法，合理调整价格结构，满足不同用户的需求。对超额享受基础设施的企业和个人，根据其价值、服务质量等因素的差别来制定浮动价格，拉开价格差别；在电力等垄断产业，可以按照季节、月份划分高峰需求和非高峰需求，制定相应的高峰价格和低峰价格；在自来水和煤气产业，根据使用量的大小和资源调控目标，合理确定价格。除此以外，政府还要采取区域间比较竞争的价格管制方法，根据不同区域间的资源状况、企业成本和技术条件，以合理的价格规范不同企业的价格。

价格调整必须经过公开举行的听证会。根据《价格法》，凡是公益性产品和服务的价格调整必须举行公开的听证会，必须经过听证代表的审议产生。要对听证会的组织、听证的程序等方面进行改革，保证听证会的公开、公正、公平，达到真正为消费者利益服务的目的。

3. 建立合理的价格形成机制

在市场经济条件下，建立合理的价格形成机制和价格结构，就是要改革现行不适应市场经济的价格形成机制和价格管制方式，建立有助于实现结构调整和可持续发展的价格体系，使城市基础设施的价格能够充分体现市场的供求关系，实现资源的优化配置。对于纯经营性的公用基础设施项目，可以根据其运行成本测算，提交价格表上报政府主管部门审批，价格可随外部条件变化而调整。就准经营性的公用基础设施而言，政府可根据相关商品或者服务的社会平均成本、市场供求状况、国民经济与社会发展要求、社会承受能力及直接成本价等，进行适当的补贴或给予政策优惠，再对外进行招投标，执行与纯经营项目类似的程序，从企业报价、政府核价到公众议价后再定价。

凡是能够进行充分竞争的城市基础设施，都要由市场的供求关系来确定价格；对具有垄断特征的城市基础设施，要实行合理有效的价格管制，并以市场的可接受程度作为价格管制的主要依据；通过税收政策、环保折价、价格管制等措施，推动结构的调整；建立科学的保护低收入群体和保证人民基本生活需求的价格机制。并在此基础上，建立完善的以经济手段为主、行政手段为辅的价格宏观调控体系，从根本上提高城市基础设施建设运营管理的经济效益和运行效率，实现社会效益、环境效益和经济效益的统一。

二、市场准入管制

市场准入管制，就是政府为防止资源配置低效或过度竞争，确保规模经济效益并从整体上提高经济运行的效率，通过批准和注册等手段，对市场主体的市场进入进行的管理行为。城市基础设施投融资领域的准入管制改革，就是要发挥政府市场管理部门的管制作用，利用主体准入管理的工具合理配置主体资源，保持市场合理的结构配置，在确保城市基础设施总体战略得以顺利实施的前提下，让市场竞争机制充分发挥其优化配置资源的基础性作用，以提高城市竞争力，不断满足经济社会日益增长的需求。

1. 制定行业进入标准，规范市场准入

市场准入标准是调整城市基础设施行业发展的一个重要手段，完善市场准入管制必须以制定公开和规范的市场准入规则为前提。一些市场经济国家利用经济、技术、环境、安全和节约等市场准入标准，促进行业技术进步和实现经济规模。比如美国政府对污染严重的燃料电站企业征收碳税，淘汰了一批效率低下、污染严重的小电站。根据我国目前的情况，应从制定技术、资源利用效率、安全、卫生和环境等标准入手，建立市场准入规则，加强行业管理。其主要目标：一是促进企业技术进步，调整产业结构；二是适当提高部分行业进入的门槛，控制企业的数量，提高企业的素质；三是保护消费者和公众利益，促进社会稳定发展；四是统一标准，促进公平竞争，加快城市基础设施的发展。

在建立市场准入规则时，应根据城市基础设施行业的不同特点制定市场准入标准和管理方式。在竞争性行业主要建立资源利用效率、产品性能和质量、安全设施、环境保护等行业进入标准。在垄断行业不仅要建立进入标准，还要加强政府的管制。有些行业要重点制定企业生产条件和设备效率标准，有些行业则主要制定产出品标准。同时，针对不同行业的特点采取不同的管理方式。根据行业技术的经济特点和垄断性，采取不同的市场准入政策。如有的行业需要实行许可证制度，一些垄断行业则可以实行特许权招标制。

要把市场准入标准与激励和惩罚措施结合起来，加强与土地管理、城市规划、金融等部门的沟通与协调，严格信贷、土地、税制管理等措施，保证市场准入制度的实施。对不符合产业政策和发展规划的建设项目，一律不批准用地和建设，对达不到市场准入条件的项目，一律不准开工建设。同时，在建立完善和有效的现代管制制度的前提下，对符合准入条件的企业，尽量减少政府行政干预，打破行业垄断，放宽市场准入，引入竞争机制，鼓励民营企业投资基础设施行业。

2. 明确界定准入领域，放宽投资限制

就目前情况而言，政府对基础设施领域的管制，应明确界定准入领域，在以投资计划为导向的前提下，放宽市场准入的限制，并加强对市场垄断或恶性竞争的管制。凡是竞争性行业，原则上都应当允许民营资本和外资进入；仍需由国有经济主导或控制，但也需要在一定范围、一定程度上引入竞争机制的某些传统垄断经营产业，也可以采取适当的方式允许民营资本和外资进入。

对于自然垄断性业务（包括电力生产及输变电设施、人工煤气的生产及煤气、天然气、石油液化气的供应设施、集中供热的热源生产及供应设施），政府应该只允许一家或极少数几家企业建设经营，以维护规模经济；对于供水、排水系统（包括城市水资源的开发、利用和管理设施）、交通运输系统（城市对外交通的航空、铁路、公路、管道传输等设施部分）等可经营性基础设施，应逐步减少政府投资，采取BOT等方式面向社会投资者招标；对于政府行政办公设施、公共绿地等非经营性基础设施项目，以政府投资为主，逐步实行代建制，有条件的也可按照BT方式吸引社会建设资金，政府通过补偿机制和回购方式，回报投资者。对于非自然垄断性业务，其规模经济不显著，可由多家企业进行竞争性经营。

三、质量管制

质量管制，就是为保证消费者的健康，对产品的安全性、准时性、环境效益等方面的管制。质量管制往往不是单独实行，而是把价格和质量相联系，如果被管制企业没有达到质量标准，或者消费者对质量的投诉太多，政府就要降低管制价格水平。

目前，对城市基础设施工程质量的管制主要有三种手段，即行政手段、法律手段和经济手段。行政手段就是政府对工程的许可和监督；法律手段就是各方责任主体通过严格的民事合同界定各自的权利和义务，并通过司法程序解决纠纷；经济手段就是各方责任主体通过保险和担保等维护自身利益。

第四节
我国政府管制形成的特殊原因及发展趋势

一、我国政府管制形成的特殊原因

西方发达国家政府管制是建立在市场经济基础上的，随着市场经济的充分发展，资本主义从自由竞争进入垄断时代后，出现一些“市场失灵”现象，政府才开始逐步加强对经济行为的管制。但是，我国政府管制形成于计划经济时代，由于没有经过市场经济充分发展的阶段，因此，我国管制的成因与西方经典管制理论中的分析有很大不同。西方管制的出发点是维护市场秩序，而我们实行的计划经济从一开始就是立足于取消市场，在当时中国经济生活中到处都存在着管制。具体分析起来，我国政府管制的特殊成因主要包括以下四个方面：

1. 历史因素

新中国在成立之初就否定了市场，认为市场是属于资本主义的东西，我们要建立的是社会主义国家，因此在经济制度上就应当实行计划经济。在计划经济时代，几乎所有的企业都是国家依靠其权力“剥夺剥削者”之资产或政府直接投资产生的，在这一过程中市场经济没有得到发展，而是由一个统一的国家来替代市场配置资源。

2. 政治因素

新中国成立以来，我国的资源相对匮乏，出于国家安全和社会稳定的考虑，政府通过掌握国有企业尤其是国有垄断企业来控制国家经济命脉，以集中有限的资源，快速发展经济。

3. 财政因素

新中国成立初期，财政资金紧缺，财政收入来源较少，再加上当时的税收成本较大，为了能够集中资金建设当时急需支持的行业和项目，国家通过维持和掌握国有垄断企业，可以直接取得其利润。

4. 投资体制因素

在公用事业和技术密集型产业，大部分国有垄断企业都是由中央部门和地方政府直接审批而形成的，因此政府和企业间有一种天然的内在联系。

不可否认，在经济资源匮乏的计划经济时代，国家对经济资源的直接支配，保障了国家安全、社会稳定，基本满足了人民的生活需要。但是，在我国经济转轨的过程中，由于传统计划经济体制的惯性和自然资源的制约，我国政府仍对经济的方方面面进行直接干预，采用行政手段对应该发挥市场竞争作用的领域进行进入管制，最终人为阻碍了资源的合理配置和效率提高，增大了交易成本。随着市场经济的建立和垄断性行业向竞争性行业转变，新的管制环境已经发生了很大变化，因此，如果不对我国现有的政府管制制度进行改革，政府管制不但不能发挥治理市场失灵的作用，反而会阻碍市场经济体制和竞争秩序的建立和完善。

二、我国政府管制的趋势及政策思路

处于不同历史时期的政府管制受不同的客观条件制约，并随着市场发展的不同阶段、规模、程度而有松有紧地相应变化，以适应生产力发展的需要。20世纪70年代以后，在西方国家经济管制领域出现了放松经济管制的改革运动，同时社会性管制却日益得到加强。从我国城市基础设施投融资体制改革的实践来看，目前我国政府也已融入这一浪潮中。一方面在转变经济职能，规范政府干预经济的行为，使政府角色从“越位”向“定位”转变；另一方面，加强政府社会性管制职能，使政府角色由“缺位”向“到位”转变。因此，我国政府在城市基础设施领域中的管制的基本思路可以概括为：逐步放松经济管制，不断加强社会管制。

1. 放松经济性管制的趋势

经济全球化的发展要求放松限制人、财、物、信息在国际之间的流动，信息技术和其他新技术的发展和扩散，打破了以前在自然垄断领域内形成的新企业进入所需的技术基础，通过管制来维持垄断的根据已经削弱，加之过分的经济性管制导致企业的无效率、寻租，阻碍企业的技术创新，限制服务的多样性，因此各国均进行了放松经济管制的运动。20世纪80年代以来，放松经济性管制已经成为一种世界潮流。

在我国，放松经济管制主要集中在金融、铁路、航空、通信、能源等领域。从效果来看，放松管制在一定程度上起到了改善企业效率、扩大经济需求、降低收费水平、促进服务多元化等作用。但是，目前中国的经济性管制还不是非常规范，管制效率有待提高。

在放松管制的同时，为了加强企业的社会责任，政府也通过建立企业对其产品和服务的约束和责任制度，如产品责任制度、消费者保护制度、损害赔偿制度等，加强对社会和公民权益保护。

2. 放松经济性管制的政策思路

（1）鼓励民营经济进入城市基础设施产业，实现投资主体多元化。从投资能力看，虽然我国政府十分重视城市基础设施产业的投资，特别是近几年来，政府把增加城市基础设施产业的投资作为推动整个国民经济发展、实现经济增长目标的重要宏观决策。但受财力限制，政府的投资不能满足城市基础设施产业的巨大投资需求，国有城市基础设施企业的积累也不能解决投资问题。在政府、国有企业财力不足的情况下，通过贴息、提供补贴和担保等政策措施，鼓励民营经济进入城市基础设施产业，充分调动民间资本的积极性，以增强城市基础设施产业的投资能力，便成为中国城市基础设施产业政府管制体制改革的现实选择。

政府必须创造良好的政策环境，充分发挥市场配置资源的基础性作用，确立企业在经营性基础设施投资中的主导地位，营造有利于市场要素合理流动的政策环境，保护投资者的合法权益，调动社会参与城市基础设施建设的积极性，推进城市基础设施建设投资主体多元化、投资方式多样化和项目实施市场化。

政府可以通过盘活存量资产吸引民间资本，以向民间资本转移具有可经营性基础设施项目的产权和经营权为突破口，鼓励民间资本以逆向BOT（先由政府出资完成项目建设，经营一段时间后，再有偿转让给民营投资者）等形式进入基础设施领域。政府部门从转让中获得置换资金，用于新建基础设施项目。同时，还可将公用设施的一些无形资产，如桥梁冠名权、各种广告位置等，以公开拍卖等形式引入民营投资。对盈利能力不高，但社会效益较好的项目，政府可通过财政补贴或其他转移支付手段，引导民间资本投入。

（2）创新管制工具，引入市场竞争。在传统的制约型管制中，政府管制与经济主体的低效率与高成本同时存在，更何况市场失灵也不能完全避免，因此仅仅放松管制并不能解决所有问题。激励性管制和协商性管制作为政府管制的两种创新工具在某些情况下可能起到提高企业绩效的作用。激励性管制是通过引入竞争或明确奖惩的方式来给予企业提高内部效率的诱导和刺激。它包括特许权竞标、区域间竞争、价格上限管制、稀缺资源公开拍卖等方式。协商性管制是管制者与被管制者之间就如何进行管制所达成的协约。被管制者在这一管制模式中由原来的被动接受管制转变为主动参与决策，制定管制政策。协商性管制的常见方式是社会契约制度，它是管制者与被管制者双方就社会目标、经济目标、行业进入标准、产品质量标准和违约惩处方式等内容所达成的协议。政府管制的创新同样也会受到市场力量和经济、技术发展的推动。

（3）培育良好的管制法制环境。我国的法律体系和法制环境尚处于不断完善之中，民法、合同法和公司法等基本法已形成了体系，但专门结合城市基础设施相关的法律、法规、条例和规章却还不够健全，在遇到问题时，缺乏相关的规章制度，往往需要行政协调解决，给投资人带来极大不便。为此，亟须加强法律环境建设。

在政府管制法制化过程中，为避免管制部门被被管制者“俘虏”，或者政企结成利益同盟操纵立法，必须取消各类管制机构对立法的影响力，建立由各种利益集团代表正式参与的公开透明的立法制度；建立制度化的立法审查机制，提高人大对国务院及其各部门的行政行为的监督力度；在涉及申请相对人权利（如特许经营权）的行政审批程序中，除广泛引入公开听证程序外，还必须建立特许权的公开拍卖或竞标制度；此外，还要建立完善的政府信息公开制度。

3. 加强社会性管制的趋势

一般而言，政府管制的边界是由市场失灵的领域和社会不愿管、不能管的领域的交叉部分确定的。随着理论的发展、技术的进步和市场自身的成熟，市场失灵的范围越来越小。而随着社会力量的壮大，如行业协会与中介组织的发展、消费者自身组织能力的提高、舆论监督力量的增强等，社会性管制的范围也有所扩大。

随着我国经济的快速发展，城市基础设施领域的许多经济行为产生了严重的负外部性，造成了环境污染、产品质量低下等社会问题。这就需要政府通过立法、执法手段加强对这类社会问题的管制。因此，在城市基础设施越来越重要的今天，由此引起的社会问题也越来越多，我国在放松经济性管制的同时，也相应加强了社会性管制。

4. 加强社会性管制的思路

加强社会性管制，就要不断完善社会性管制的法律体系，增强法律的有效性；设立具有相对独立性的社会性管制机构，提高执法效果；充分发挥社会监督的重要作用，建立社会监督体系。

（1）完善社会性管制的法律体系，提高执法效果。相对于经济性管制法规而言，我国在社会性管制方面的法制建设起步较早，在城市基础设施投融资领域已出台了一些法律、法规，但至今为止还未形成比较完善的法律体系，还需要根据经济发展的实际需要，不断加以完善。

有了法律依据，还必须有相应的执法机构监督执行社会性管制法规。在城市基础设施建设领域，由于其地位较为重要、技术性较强，有必要设立专门的执法机构，以维护社会性管制法规的权威性和统一性。

（2）完善社会监督体系，发挥社会监督的重要作用。对社会性管制的社会监督主要是指新闻舆论机关、各种社会团体和个人通过各种渠道，以多种形式，对损害社会公众利益的行为所进行的监督。社会监督以监督主体的广泛性为特征，在社会性管制中发挥着特殊的重要作用。

社会监督主体主要包括社会公众和社会团体。社会公众是社会监督的基础，其数量众多，分布广泛，更容易发现并建议解决城市基础设施建设中的社会问题。社会团体包括新闻舆论机关、绿色环保组织、消费者协会等各种类型的社会团体，虽然这些团体性质各异，但在督促国家行政机关履行社会性管制职责方面发挥着重要作用。

（3）依托市场机制，加强管理，保证城市基础设施建设质量。我国传统的质量管制模式是通过对建设工程实体质量的监督，并对最终产品实行等级认证的方式来控制工程质量。这种模式要求监督机构配备建筑工程及其配套工程所有专业的技术人员，并在工程实施过程中全数全程检查工程的所有关键工序和部位，才能保证工程质量。其主要缺点是监督成本过高，所需监督机构规模大。所以，政府直接介入工程实体质量监督的模式不是一种理想的模式。基于这种情况，我国在20世纪90年代中期就引进了建设工程的监理制，旨在建立起专业从事工程质量现场管制的社会中介力量，使建筑市场形成一套可靠的质量自我保证机制。2000年，国务院颁布了《建设工程质量管理条例》，逐渐把管制重点从检查工程实体质量转移到监督工程建设各个责任主体履行法定的行为规范或操作规程上，通过处罚违法行为等执法手段来保障建设工程的质量。但行政手段的力量还是比较强大，法律手段还没有充分发挥应有的作用，经济手段也只是处于萌芽阶段，还有许多需要改进的地方。

现阶段，可在以下两个方面进行努力：

第一，改变现有的质量管制体制，采用灵活的管制方法。根据行政许可法中许可和监督并重的原则，将许可和监督都纳入行政管理体系。现阶段将监督纳入行政管理体系有一定难度，应建立统一的监督机构，接受委托，实施对工程建设方面各种许可和施工现场质量安全等的综合管制；逐步建立各责任主体的信用档案，突出管制重点，对大多数信用较好的企业，尽量减少行政干预，对信用差的企业，加大管制力度；探索通过经济手段有效调节城市基础设施市场的新路子，比如实施质量保险制度，信用好的企业缴纳保险费的费率低，使质量好信用高的企业获得更多的经济利益。

监管部门可借鉴技术监督局的管制模式，减少对正常施工的行政干预，将基础、主体结构等验收的组织权切实还给建设各方责任主体，对其验收的监督可以采取事前、事中和事后多种形式。政府还可以在一定的信息平台上公布每个企业的业绩，让需要的用户很方便地查询到这些信息。对于那些违背工程建设标准但没有违法的不良行为予以记录，通过该信息平台予以公布。逐步建立社会诚信制度，通过社会公共道德的力量来约束各方主体的行为，促进企业的自律，为政府的淡出创造条件。还要建立质量标准和保证体系，确定检查程序和检查频率，抽检的机构和报告必须具有公正性、独立性、权威性。改善政府质量监管的目标是建立完整、良好的质量管理体系，建立优良迅速的服务作风，通过不定期抽查、群众监督评议、政府定期公告等方式达到监督目的。

第二，完善市场配套机制，营造良好的市场环境。抓紧完善城市基础设施质量管理及与其相配套的技术性法规，尽快完善规范商业行为的法律法规，加强对中介组织的商业贿赂、商业受贿、商业渎职等犯罪行为的打击力度，提高法律对各行为主体的威慑力。

积极引导各方主体制定行为准则或企业标准。建设工程质量管理条例中规定了工程各方主体的一些行为禁区，但这些规定都是从一个国家或行业的宏观角度制定的，是高度概括的，企业应在它们的指导下，制定更明确具体的行为准则来保障法律的落实。特别是2002年建设部对建筑工程验收规范进行修订之后，国家标准主要侧重于工序结果的控制，删减了对施工过程工艺要求的条文，所以，施工企业在制定自己的企业标准时，应根据自己的经验增加一些事前和事中控制的条文，以保证每道工序施工过程的质量。

加大对监理市场的扶持力度和管理，采取措施切实解决目前监理市场存在的过度竞争、监理人员素质低下等一系列问题。监理公司作为专门从事城市基础设施工程现场质量管理的机构，对保证工程实体的质量起着非常大的作用，可以这么说，没有监理公司的介入，政府就无法从工程实体的监督中脱身。政府可以实行监理工程师最低工资等制度，提高监理人员在建筑市场中的地位，吸引高素质人员加入到监理队伍中来，同时也有利于控制监理公司的最低成本，杜绝投标中的盲目压价行为。

三、我国政府城市基础设施投融资监管的最新实践[1]

1.《国务院关于改革投资体制的决定》

2004年7月，《国务院关于改革投资体制的决定》（以下简称《决定》）中对投融资监管做出了明确规定，这一规定显然也适用于城市基础设施投融资领域。

《决定》关于建立和完善政府投资监管体系的主要内容包括：

一要从投资全过程着手，建立政府投资责任追究制度。要从工程咨询到

1 《国务院关于投资体制改革的决定》，2004年7月，新华网。

投资项目决策，从设计到施工、监理，都应有相应的责任约束，对不遵守法律法规给国家造成重大损失的，要依法追究有关责任人的行政和法律责任。

二要完善政府投资制衡机制，加大监督力度。政府投资主管部门、财政主管部门以及有关部门，要依据职能分工，对政府投资的管理进行相互监督。审计机关要依法全面履行职责，进一步加强对政府投资项目的审计监督，提高政府投资管理水平和投资效益。完善重大项目稽察制度，建立政府投资项目后评价制度，对政府投资项目进行全过程监管。建立政府投资项目的社会监督机制，鼓励公众和新闻媒体对政府投资项目进行监督。

三要建立健全协同配合的企业投资监管体系，充分发挥政府整体职能。政府各管理执法部门，要协同配合，共同依法加强对企业投资活动的监管。从许可手续开始，加强对企业投资项目的事中和事后监督检查，对于不符合产业政策和行业准入标准的项目，以及不按规定履行相应核准或许可手续而擅自开工建设的项目，要责令其停止建设，并依法追究有关企业和人员的责任。审计机关依法对国有企业的投资进行审计监督，促进国有资产保值增值。建立企业投资诚信制度，对于在项目申报和建设过程中提供虚假信息、违反法律法规的，要予以惩处，并公开披露，在一定时间内限制其投资建设活动。

四要继续发挥社会机构的作用，加强对投资中介服务机构的监管。各类投资中介服务机构均须与政府部门脱钩，坚持诚信原则，加强自我约束，为投资者提供高质量、多样化的中介服务。鼓励各种投资中介服务机构采取合伙制、股份制等多种形式改组改造。健全和完善投资中介服务机构的行业协会，确立法律规范、政府监督、行业自律的行业管理体制。打破地区封锁和行业垄断，建立公开、公平、公正的投资中介服务市场，强化投资中介服务机构的法律责任。

五要不断完善法律法规，强化依法监督管理。建立健全与投资有关的法律法规，依法保护投资者的合法权益，依法规范各类投资主体的投资行为和政府的投资管理活动。认真贯彻实施有关法律法规，严格财经纪律，堵塞管理漏洞，降低建设成本，提高投资效益。加强执法检查，培育和维护规范的建设市场秩序。

2.《国务院关于加强地方政府性债务管理的意见》

2014年9月，《国务院关于加强地方政府性债务管理的意见》全面部署加强地方政府性债务管理，主要从加强地方政府债务监管方面提出以下意见：

按照“疏堵结合、分清责任、规范管理、防范风险、稳步推进”的原则，建立“借、用、还”相统一的地方政府性债务管理机制。一是加快建立规范的地方政府举债融资机制。赋予地方政府依法适度举债权限，允许地方政府发行政府债券规范举债；推广使用政府与社会资本合作模式，鼓励社会资本参与城市基础设施等公益性事业投资和运营；剥离融资平台公司政府融资职能。二是对地方政府债务实行规模控制和预算管理。地方政府举债不得突破批准的限额，债务限额由国务院确定并报全国人大或其常委会批准；地方政府在限额内举借的债务，只能用于公益性资本支出和适度归还存量债务，不得用于经常性支出；把债务收支分门别类纳入全口径预算管理。三是控制和化解地方政府性债务风险。建立地方政府性债务风险预警机制，列入风险预警范围的债务高风险地区，要逐步降低风险。地方政府对其举借的债务负有偿还责任，建立债务风险应急处置和责任追究机制。建立对违法违规融资和违规使用政府债务资金的惩罚机制。

3.《国务院关于深化预算管理制度改革的决定》

2014年9月，国务院印发《关于深化预算管理制度改革的决定》，部署进一步深化预算管理制度改革的具体措施，主要从预算管理制度角度提出以下监管要求：

按照建立现代财政制度和全面深化财税体制改革的要求，遵循社会主义市场经济原则，加快转变政府职能，完善管理制度，创新管理方式，提高管理绩效，用好增量资金，构建全面规范、公开透明的预算制度。改革内容涉及预算编制、执行、公开和监督等各个方面，主要包括七项：一是完善政府预算体系，积极推进预算公开；二是改进预算管理和控制，建立跨年度预算平衡机制；三是加强财政收入管理，清理规范税收优惠政策；四是优化财政支出结构，加强结转结余资金管理；五是加强预算执行管理，提高财政支出绩效；六是规范地方政府债务管理，防范化解财政风险；七是规范理财行为，严肃财经纪律。

第五章

北京城市基础设施投融资体制改革综述

第一节
北京城市基础设施投融资体制改革回顾

自改革开放以来，伴随着我国经济体制改革的深化以及北京经济和社会的长足发展，北京城市基础设施投融资体制经历了一个认识由浅入深、力度不断加大的渐进式改革过程。尤其是北京申奥成功和2003年党的十六届三中全会通过了《中共中央关于完善社会主义市场经济体制若干问题的决定》以后，北京市城市建设进入了一个大规模建设时期，北京城市基础设施投融资体制改革也随之进入了一个新的历史时期，初步确立了市场经济条件下城市基础设施投融资体制的初步框架，研究提出和推广了一些创新性的做法和模式，积累了不少有益的经验。

一、北京城市基础设施投融资体制改革的阶段划分

总体来看，北京市城市基础设施投融资体制改革是围绕政府与市场的分工来进行的，由政府统包统揽的集权方式逐渐分散和下放权力，逐步增强企业的力量，逐步引进市场经济成分，逐渐引入市场机制，到最终确立市场化改革目标，由政府为主配置资源向由市场在资源配置中发挥基础性作用的方向不断演进。大致来看，北京城市基础设施投融资体制改革历程可分为以下四个阶段。

1. 起步阶段（1979～1987年）

以1979年基本建设投资试行“拨改贷”为重要标志，政府投资管理体制正式拉开了改革的序幕。1980年11月，国务院同意国家计委、国家建委、财政部、中国人民建设银行《关于实行基本建设拨款改贷款的报告》，要求从1981年起，凡实行独立核算、有还款能力的企业，都应实行基建拨款改贷款制度，变无偿使用资金为有偿使用资金，把经济责任、经济权力和经济利益结合起来。同时，严格控制财政拨款项目，贷款项目计划必须安排落实，扩大贷款单位的自主权。实践证明，这一改革方向调动了各方积极性，对于加强基本建设管理，提高投资效果，起到了积极作用。1984年10月，国务院同意国家计委《关于改进计划体制的若干暂行规定》，根据“大的方面管住管好、小的方面放开放活”和“简政放权”的精神，加快计划体制改革步伐。主要内容包括：一是放宽地方、部门基本建设、技术改造项目的审批权限，

简化项目的审批手续；二是积极引入外商直接投资进入建设领域，初步拓宽资金来源渠道，实行投资有偿使用；三是对部门和地方逐步实行投资大包干，实行招标投标和承包责任制等。

按照国家政策，北京市在基本建设、固定资产投资体制方面也进行了相应的改革。一是对基本建设中的激励约束机制进行了探索，实行权、责、利相结合的经营管理责任制，采取了一些分散和下放权力的举措。北京市计划委员会于1985年5月出台了《北京市基本建设项目投资包干责任制试行实施细则》，于1987年8月出台了《关于改革委内基本建设计划管理的暂行办法》。二是加强了项目前期工作。为提高决策的科学性，北京市于1986年成立了北京市工程咨询公司，受北京市计划委员会委托负责审议项目设计任务书（可行性研究报告），将原有政府部门承担的职能进行市场化。三是拓宽基本建设资金来源渠道。北京市于1986年制定出台了《关于在规划市区内征收城市基础设施“四源费”的暂行规定》。四是出台了落实“拨改贷”政策的配套文件。

从各项改革措施来看，这一阶段改革只是初步的，明显带有简政放权的特点，更多地表现为原有计划体制内的改良，并未涉及体制问题，但毕竟起到了牵一发而动全身的效果，为以后各项改革包括基础设施投融资体制、国有企业管理体制以及金融体制改革的推进打下了基础，创造了有利的条件。

2. 突破阶段（1988～1992年）

以1988年国务院转发国家计委《关于投资管理体制的近期改革方案》为标志，投融资体制改革从起步阶段的“简政放权”向改善投资宏观调控、开始重视市场作用的方向转变。1989年3月，国务院颁布《关于当前产业政策要点的决定》，明确了国民经济各个领域支持和限制的重点，提出了调整投资结构的政策导向。这一时期改革的主要内容：一是初步明确中央与地方政府的投资权限与范围；二是扩大企业投资决策权，使企业成为一般性建设的投资主体，强化自我约束机制；三是建立基本建设基金制，保证重点建设资金来源；四是成立投资公司，用经济办法对投资进行管理；五是改善宏观调控体系，实行招标、投标制，充分发挥市场和竞争机制的作用。

在这一阶段，北京市在建立投资公司和建立基金制方面动作较大。1988年7月北京市政府批转了市计委《关于建立基本建设基金制和组建北京市综合投资公司的请示的通知》；1988年5月出台了北京市实施《关于征收电力建设资金的暂行规定》的办法；1989年出台了《北京市地下水源养蓄基金征收办法》；1988年开始征收综合开发市政费和分散建设市政费；1991年出台了《北京市计委等部门关于进一步做好地方级“拨改贷投资”工作的通知》；1992

年在进一步放松政府对投资的管制、下放审批权限、实施投资许可证管理以加强投资宏观管理方面进行了改革。

这一时期的改革首次触及了投融资体制问题，并把投资宏观调控、投资管理体制、国有企业运营机制、项目管理机制的改革结合起来考虑，在原有的计划体制内实现了多点突破，开始从根本上打破计划体制主宰一切，完全忽视市场作用的局面。

3. 深化阶段（1993～2002年）

以1992年党的十四大通过的《中共中央关于建立社会主义市场经济体制若干问题的决定》为标志，我国经济体制改革初步明确了市场经济的发展方向，进入了建立社会主义市场经济体制基本框架的新阶段，基础设施投融资体制改革相应进入了在计划体制仍然起主导作用的情况下大量引入市场化做法的阶段。这一时期改革的主要内容包括：一是改进投资计划管理体制，弱化投资规模指标；二是实行项目法人责任制、固定资产投资项目资本金制度、招标投标制和工程监理制，规范投资主体风险约束机制；三是开展“贷改投”试点工作；四是将投资项目划分为竞争性、基础性和公益性三类分别管理；五是组建政策性银行，主要承担基础设施、基础产业和支柱产业的资金配置任务，实行商业性贷款和政策性贷款相分离。

这一阶段，北京市投资体制改革也加快了步伐。首先是在1993年推行建设项目业主责任制，并在1993年、1994年、1995年加大了固定资产投资在建项目的清理力度，加强了对固定资产投资的宏观调控工作；1996年、1997年在项目管理、土地使用权出让转让等方面进行了一些改革，同时在“贷改投”、发行企业债券方面根据国家政策出台了一些文件。尤其是1999年由市政府批转了市计委《关于深化本市基础设施投融资体制改革若干意见的通知》，首次系统地提出了深化基础设施投融资体制改革的总体意见，并推行实施招投标制。此外，北京市还加大了对政府投资管理的改革力度，于1999年10月出台了《北京市政府投资建设项目管理暂行规定》；为引入社会资金，北京市还于2000年首次提出了投资补偿的概念，市政府批转了市计委《关于对经营性基础设施项目投资实行回报补偿意见的通知》。

4. 市场化阶段（2003年以来）

2003年，党的十六届三中全会通过了《中共中央关于完善社会主义市场经济体制若干问题的决定》，以此为标志，我国改革开放进入全面完善社会主义市场经济体制的新阶段。按照《决定》中指出的垄断领域的改革方向，为适应实施“新北京、新奥运”发展战略的需要，北京市政府批准了市发展和改革委员会《关于深化本市城市基础设施投融资体制改革的实施意见》，确立了城市基础设施投融资体制的市场化改革方向。

2004年，国务院《关于投资体制改革的决定》正式颁布实施，提出要在投资领域内充分发挥市场在配置资源中的基础性作用。北京市为贯彻实施上述决定，结合本市实际，于2005年印发《贯彻落实国务院关于投资体制改革决定的意见》，为进一步推动北京市城市基础设施投融资体制改革指明了方向。

2014年，国务院颁布《关于创新重点领域投融资机制鼓励社会投资的指导意见》，进一步明确市场在资源配置中起决定性作用。为贯彻落实上述指导意见，2015年，北京市印发《关于创新重点领域投融资机制鼓励社会投资的实施意见》，提出深化投融资体制改革，鼓励和引导社会投资健康发展，通过深化改革创新不断激发市场主体活力，全面提升城市建设和治理现代化水平，最终使发展改革的成果更好惠及民生。实施意见结合首都城市战略定位和北京实际，确定了生态环保、交通设施、新型城镇化、社会事业等7大重点投资领域，明确了PPP、要素市场调节、盈利性资源综合利用和优化社会投资服务等4个方面的机制创新，并细化了规划统筹、土地供应、价格政策、政府财力支持、融资支持和推动国资国企改革6个方面的政策保障。在城市基础设施方面，提出加大污水处理领域市场化建设运营力度，支持社会资本参与各类垃圾处理设施建设运营，鼓励社会资本参与轨道交通项目和城市停车设施的投资建设，并提出了具体实施项目。

二、北京城市基础设施投融资体制改革历程的基本特点

20多年来，北京城市基础设施投融资体制改革围绕政府与市场的合理定位、政府与企业的合理关系不断深化，在市场体制和机制的建立上进行了有益的探索与尝试。

1. 北京城市基础设施投融资体制改革是一个渐进的过程

（1）对基础设施投融资体制的认识经历了一个不断深化的过程。在改革初期，城市基础设施领域还没有被当做具有自身特点的独立领域看待，基础设施投资仍然被视为基本建设投资的一个部分来进行管理，基础设施投资管理制度的改革从属于基本建设投资管理制度和国有企业经营管理制度改革。随着整个经济体制改革的不断推进以及国外先进理念的不断引进，北京城市的管理者和建设者们逐渐认识到，城市基础设施具有公益性、社会性、非排

他性、时空依附性、投资大、回收期长等不同于一般商品特点的公共物品属性，城市基础设施的投融资建设和运营具有不同于一般商品提供的独特运营规律。随着认识的加深，城市基础设施投融资体制的概念逐渐形成，人们对基础设施投融资体制逐渐有了系统的认识，城市基础设施投融资体制改革工作也逐渐被正式提上议事日程，并且因为其独特的投融资特点和对城市政府财力的巨大压力而日益受到重视。

（2）北京城市基础设施投融资体制改革经历了一个不断探索、最终确立市场化改革方向的渐进过程。自新中国建立以来，各级政府把基础设施视为公益事业，一直实行政府统管统包的政策。即使在改革开放20多年来的大部分时间内，这种思想和政策仍然长期占据着主导地位。在这种情况下，自20世纪80年代以来的大部分时间内，国家对基础设施投融资体制进行的一系列改革，基本都是在政府配置资源的基础上进行的改革，城市基础设施领域成为改革开放以来改革幅度、力度和体制变化都较小的产业领域。

北京市城市基础设施的改革举措，20多年来的大部分时间也基本上是贯彻落实国家政策，在单个环节或少数方面的局部性改革，主要是不断完善政府投资管理制度、改革项目管理制度并在局部环节中引入竞争机制，以及在开辟融资渠道方面进行了创新和市场化的尝试，随着改革的推进，北京城市基础设施的投融资建设和运营基本上是循着“政府统管统包→行政垄断下的政府直接控制→政府直接指令性干预下的国企垄断→政府主导下局部引入市场机制”这样一条路径来进行改革。从根本上看，仍然是在政府配置资源的基础上进行的改革。而随着改革的深化、观念的更新以及对国外经验的学习借鉴，人们逐步认识到，城市基础设施所具有的特点，并不绝对排斥市场经济体制在基础设施领域发挥作用，城市政府对基础设施领域内资源的配置效率和效益，完全可以在充分发挥市场配置资源的基础性作用之上得到提高。

2. 北京城市基础设施投融资体制持续深入的改革取得了明显成效

多年来，北京市对城市基础设施投融资体制的不断改革，对首都城市建设和发展起到了巨大的推动作用，初步奠定了市场经济条件下城市基础设施投融资体制的基本制度框架基础。

（1）城市建设中资金短缺问题得到有效缓解，全市基础设施投资保持了较快增长。在北京的城市建设和经济发展中，城市基础设施始终是政府投资的重点，但在传统计划体制下，政府用于建设的资金捉襟见肘，短缺严重。近年来，北京在不断加大基础设施财政投资的同时，积极拓宽融资渠道，在城市轨道交通建设方面，2004年，北京基础设施投资公司正式向社会公开发行“2004

北京地铁建设债券”，这是2000年企业债券实行额度审批以来首支以轨道交通企业作为发行主体的企业债券，于2005年在上海证券交易所上市。2014年，京投公司通过海外子公司发行了总值3亿美元的5年期美元债券，同年在海外设立了20亿美元中期票据的计划并完成该计划下首次12亿人民币债券的发行，这是迄今为止国内第一家地方政府融资平台进军海外发债融资。在污水处理方面，北京排水集团以设立合资公司的形式实现30亿元的股权融资，并会同国家开发投资公司等5家机构发起首期100亿元的水环境基金。

（2）体制改革为城市建设不断注入新的活力，城市建设取得了巨大成就。自20世纪80年代中后期以来，北京城市建设进入了一个快速发展时期，城市面貌发生了很大变化，不仅改革开放之前积累下来的城市建设的历史欠账基本偿还，而且在交通、能源、自来水、污水、信息基础设施建设等各个方面初步形成了现代化国际大都市应具备的基础设施基本框架，大大改善了城市生存环境，增强了首都的城市服务功能，为率先基本实现现代化、建设宜居城市奠定了良好的物质基础，先后建成了三环、四环、五环、六环等四条环城快速路速路以及京石、京开、京通、机场高速和八达岭高速、京承高速，第九水厂、第十水厂等自来水厂，高碑店、肖家河等污水处理厂，陕京天然气进京管线；斥巨资对城市生态环境进行了综合治理，整治了城市水系，修建了绿化隔离带。

（3）城市基础设施投融资体制的科学化、市场化程度有了较大提高，基础设施领域的改革意识普遍增强，为深化改革提供了坚实的制度基础和思想基础。

一是在增量项目建设上初步形成了以政府投资为主、社会资金为重要补充的投融资渠道。政府投资资金来源方面，形成了较为稳定的资金供给，建立形成了财政预算内拨款、各种专项基金收入以及政府收费收入等较为规范的资金供给渠道。在项目建设资金来源上，打破了长期以来单纯依赖政府投资以及依靠政府信用申请银行贷款的单一格局，上市融资、信托计划融资、发行企业债券、项目融资、吸引外资等不同方式的融资所占比重不断提高，在某些项目建设中吸引社会资金的大规模参与，在某些环节上打破垄断，社会资金进入基础设施领域获得了突破性进展。比如在2002年，北京市曾推出中央商务区（CBD）土地开发项目资金信托计划，以信托产品为投资工具，建立了一种集合社会资本投资进行土地开发和基础设施融资的新模式，为解决城市基础设施建设资金不足提供了新的范例。

二是在政府投资管理上建立了一定的权责约束机制，管理手段趋于多样化，政府资金投入方式单一的状况有了较大改观，并在项目管理的全过程中引入了较为规范的市场机制。市政府与各区县政府之间进行了明确的事权、财权划分，政府投资项目建立了项目稽察制度，政府投资的权力约束意识、国有基础设施企业投资的风险约束意识大大增强。政府管理投资的手段不再局限于单一的行政命令，更多地尝试采用规范的政策文件、地方法规以及经济手段进行。政府资金投入方式也有了很大变化，引入政府未来财力折现和利用国有资产融资的观念，由当年有多大财力就干多少事、政府包揽全部出资的方式，向政府承担项目资本金或政府贴息、采取政府信用支持下的公司融资或项目融资方式，以及在项目公司层面引入社会投资者股东等多种方式转变。在政府投资项目的施工主体选择、监理、设备采购等环节大力推行招标投标制度，建立了较为规范的市场运作机制。同时，政府投资重审批轻监管的现象和弊端已被各方面认识到，加强对政府基础设施投资的事中监管和事后评价日益得到重视，并已被提上议事日程。

三是在基础设施领域按照行业类别和经济属性，建立起了作为政府投资城市基础设施市场运作平台的国有企业群体，以及少数的混合所有制企业。燃气行业有北京市燃气集团公司，电力行业有北京市能源集团公司，水行业有北京市自来水集团和北京市排水集团，道路交通行业有负责城市道路建设的北京公联公司，负责高速公路建设和运营的有北京首都公路发展有限公司，负责轨道交通投融资的有北京基础设施投资公司。此外，北京基础设施领域还有两家上市公司，分别是京能热电和首创股份。

3. 北京城市基础设施投融资体制的未来改革仍然是一个较为长期的过程

北京城市基础设施投融资体制改革虽然已经确立了市场化的改革方向，并且取得了多方面的突破性进展，但总体上看只是刚刚越过起步阶段，仍然处于攻坚阶段，还受到方方面面因素和环境的影响和制约，还面临着许多艰巨的挑战和困难，决定了市场化改革不可能一蹴而就，而是一个长期的过程。

一是基础设施投融资体制改革长期滞后于整体经济体制改革进程，还有很多体制性和机制性的矛盾和问题没有解决。不仅计划体制下的一些思想、观念和做法还不同程度的存在，还在发挥作用，还需要时间转变观念和提高认识，而且在新旧体制转换过程中由于改革的不彻底，一些已经采取的改革举措反而成为进一步改革的阻碍。这些矛盾和问题以及业已形成的利益关系纠葛在一起，严重阻碍了基础设施投融资体制改革的进行，不仅无助于解决城市建设中的资金短缺问题，不利于形成多元化的城市基础设施投融资渠道，而且造成了城市基础设施企业缺乏自主权和积极性、亏损经营，政府财政补贴沉重、基础设施建设运营效益低和服务质量差等后果。

二是国家关于基础设施领域的一些原则性的和导向性的改革政策和举措，还需要地方政府结合自身实际在贯彻落实中摸索具体的操作路径和实施办法，在实践探索中不断创新。另外，发达国家基础设施领域进行的市场化或民营化改革虽然创造了许多成功经验，并归纳总结上升成为理论，对北京市城市基础设施领域的改革提供了许多有益的借鉴，但毕竟国情不同，经济体制演进的路径也不同，不能完全照搬外国经验和模式，仍然需要我们在实践中总结和摸索。

三是基础设施投融资体制改革涉及领域较多，极为复杂和艰难。基础设施领域虽然是一个相对封闭和垄断的领域，但基础设施投融资体制改革却涉及政府行政管理体制改革、国有资产管理体制改革、国有企业改革以及金融体制改革、价格体制改革、反垄断等诸多领域的改革，基础设施投融资体制市场化改革的具体路径、可选择的改革举措以及实施效果都会受到这些领域内体制改革的直接、间接影响和制约。而且，基础设施投融资体制的市场化改革过程中，竞争机制在基础设施投融资各个环节上的确立、破除垄断后民营资本的引进，还受到市场发育包括资本市场发育程度、民营资本的成长规模以及国有资本以外战略投资者群体力量状况的制约。

四是北京基础设施投融资体制改革必须在保证首都经济社会稳定的前提下稳妥进行。北京作为特大型城市，基础设施的门类多、存量资产规模大、情况复杂，管理维护任务和增量建设任务都很重，涉及的部门和企业多，其投融资体制改革极为艰巨和复杂。另外，北京作为首都，保持城市正常功能的发挥和维护社会稳定的要求很高，虽然城市基础设施投融资体制改革的推进和深化，从长远来看会大大促进城市建设水平和基础设施运营综合效益的提高，但从短期看体制转换必然要付出成本，考虑到城市基础设施具有的公共物品属性，如果因为改革举措设计的不合理不科学，而影响到基础设施生产和服务供给的稳定性，必然会损害居民利益和城市功能的稳定有效发挥。

第二节
当前北京城市基础设施投融资体制改革概述

为适应首都经济社会发展的需要，北京城市建设步伐不断加快，正处于大规模集中建设和加快发展时期，虽然北京市在城市基础设施投融资体制改革方面做了探索和实践，但是，还未完全改变主要由政府配置资源的局面。为广泛吸引社会资本投入首都城市建设，加快城市基础设施建设和经营的市场化进程，从根本上解决城市建设中资金紧张及良性循环问题，提高城市基础设施投融资的行政管理效率和建设运营效益，为社会提供优质公共产品和服务，促进北京经济和社会的可持续发展，增强城市综合竞争力，必须进一步深化城市基础设施投融资体制改革。

一、当前基础设施投融资体制改革的背景

1. 国家加大了投资体制改革的力度

投资体制改革一向被视为国家经济体制改革的重点和难点，改革开放多年来，我国投资体制虽然处于不断地调整和完善之中，但改革一直未能到位。2012年以来，党的十八大和十八届二中、三中、四中全会对全面深化改革、加快转变政府职能提出了要求。国务院在《2015年推进简政放权放管结合转变政府职能工作方案》中提出，深入推进投资审批改革，进一步取消下放投资审批权限。制定并公开企业投资项目核准及强制性中介服务事项目录清单，简化投资项目报建手续，大幅减少申报材料，压缩前置审批环节并公开审批时限。制订《政府核准和备案投资项目管理条例》。推进落实企业投资项目网上并联核准制度，加快建设信息共享、覆盖全国的投资项目在线审批监管平台。创新投资管理方式，抓紧建立协同监管机制，推动国务院有关部门主动协同放权、落实限时办结制度，督促地方抓紧制定细化、可操作的工作方案和配套措施。打破信息孤岛，加快信息资源开放共享，推动有关部门间横向联通，促进中央与地方纵向贯通，实现“制度+技术”的有效监管。2014年，国务院印发《关于创新重点领域投融资机制鼓励社会投资的指导意见》，提出在城市基础设施等重点领域进一步创新投融资机制，充分发挥社会资本特别是民间资本的积极作用，建立健全政府和社会资本合作（PPP）机制，创新融资方式，充分发挥政策性金融机构的积极作用，鼓励发展支持重点领域建设的投资基金，拓宽融资渠道。

2. 其他城市的基础设施投融资体制改革已经迈出了较大步伐，并在加快推进

步入21世纪，为了加快经济发展，我国各省市在城市基础设施方面的建设规模和投资力度进一步加大，城市公共基础设施建设投融资体制改革成为各省市共同面临的问题。从2000年开始至今，以上海、深圳等为代表的部分城市开始尝试“政府引导、社会参与、市场运作，全面改革城市基础设施投融资体制和机制”的新路，并取得了明显成效。2003年以来，其他城市包括西部的一些大城市也在探索创新中迈出了实质性步伐。这些城市的基础设施投融资体制改革，既为北京提供了有益的借鉴，也带来了不小的压力，不改革，北京就会在城市发展中落后。

（1）宁波杭州湾跨海大桥开创民间资本进入国家特大型基础设施建设工程的先河。总投资118亿元的宁波杭州湾跨海大桥，共吸引了浙江17家民营

企业的参与，它们分别组成5家股东通过设立项目公司的形式出资参与大桥建设。在38.5亿元的项目资本金中，民间资本以50.26%的比例在项目公司中占据主导地位。其余资金通过贷款解决，其中国家开发银行承诺贷款40亿元，工商银行20亿元，中国银行和浦发银行各5亿元。

（2）南京市全面推进以市政公用事业为主的投融资体制改革。其推进改革的指导思想是，打破垄断，引进竞争，打破对政府投入的单一依赖，以投资多元化、服务社会化、发展产业化、运营市场化为导向，对凡是可以借助外力加快发展的事业，大胆吸引外资；凡是可以通过市场配置进行调配的资源，大胆进行市场调配；凡是可以部分退出甚至全部退出的国有资本，大胆退出。通过全方位开放，进一步盘活国有资产存量，引进建设资金增量，创新公用事业和企业机制，加快政府职能转变，从根本上提高基础设施供给能力，提升行业服务质量和管理水平。南京市在改革中始终坚持以下五项原则，一是市场化原则。即合作对象的选择要通过公开、公平、公正的方式招标确定；二是双赢原则。既让合作对象有利可图，也要尽力争取融资成本最低；三是引资与引智（先进技术）、引制（先进管理理念和制度）相结合的原则；四是确保平稳过渡的原则。即超前考虑和妥善处理好企业现有在岗人员及离退休人员安置问题；五是确保政府控制力的原则。合资合作后企业仍必须遵守相关行业规定，承诺服从政府的行业管理，并承担相应的社会保障和公益服务方面的责任和义务。

在实际运作中，南京市主要采用了合资、TOT、BOT三种模式，拿出了自来水总公司、煤气总公司、公交总公司的全部资产，以及江心洲污水处理厂扩建、城北污水处理厂建设等4个污水处理项目等总计40亿元的资产和项目对外公开招商，取得了良好的实施效果。

（3）安徽省全面放开城市基础设施投资建设运营市场，多渠道加快城市基础设施建设。2014年初，省政府印发了《关于加强城市基础设施建设的实施意见》，明确要求全面放开城镇基础设施投资、建设、运营市场，提出加快投融资机制改革，充分发挥市场在资源配置中的决定性作用，建立政府与市场合理分工的城市基础设施投融资体制。编制城市基础设施融资规划，针对不同项目性质设计差别化融资模式与偿债机制，逐步建立多元化可持续的资金保障机制。积极推进以政府购买服务方式加快城市基础设施建设试点工作，对纳入政府购买服务目录的城市基础设施建设项目，由政府负责制定服务收费政策以及价格调整、补贴机制，并以特许经营或购买服务等方式引入市场机制，推进城市基础设施建设。按照公开、公正、公平原则，理顺市政公用产品和服务价格形成机制，全面放开城市基础设施投资、建设、运营市场，制定企业通过PPP等模式进入特许经营领域的办法，支持社会资本，鼓励和培育省内有实力、有信誉的市场主体，积极参与城市基础设施投资、建设和运营。在此基础上，安徽省坚持抓好行业试点和城市试点，选择城市快速通道、城际轨道交通、综合管廊及共同沟等作为试点项目，省财政统筹安排近2亿元资金补助各市县开展PPP前期工作。截至2014年底，全省城镇管道燃气、污水处理、垃圾处理、市政设施管护及城市供水采取市场化方式建设运营的比例分别达到98%、80%、92%、82%、23%。

3. 经济和社会的发展要求政府转移投资重点，政府支出面临着较大的双重压力

经济学家的研究指出，在经济发展从不发达阶段向发达阶段过渡的过程中，政府投资重点存在着经济发展和城乡建设投资逐渐下降、社会保障投资逐渐上升的必然趋势。在经济发展的早期阶段，政府投资一般在全社会总投资中占有较大的比重，为了加快经济发展，此阶段中的政府投资侧重于基础设施的投资建设；当进入经济发展的中期阶段，政府投资在全社会投资中的比重逐渐降低，政府投资引导社会投资的作用逐渐增强，社会投资在全社会投资中的比重逐渐提高；当经济发展进入成熟期时，政府投资的重点将从基础设施投资转向教育、卫生、社会保障、公共福利等项支出。

北京经济和社会发展的成熟程度要远远高于全国平均水平，目前人均GDP已经超过15000美元。从总体上判断，北京处于从发展中期向成熟期转化的重要阶段，按照一般规律，各种福利性、保障性等民生性支出需求将会迅速增长，在政府总支出中的比重将呈不断提高的趋势。按照国际经验，将进入加速发展阶段。因此从总体上判断，北京虽未进入经济发展的成熟期，但应该处在从发展中期向成熟期加速转化的重要阶段，按照上述一般规律，北京市政府投资重点也将发生转移，各种福利性、保障性支出需求将会迅速增长，在政府总支出中的比重将呈不断提高的趋势。北京市经济和社会发展的实际情况也印证了这一趋势，政府投资在全市固定资产投资中的比重总体呈下降趋势，民间投资比重则逐步上升，同时随着改革的深化，城市经济和社会生活中新生了大量的社会保障等服务性支出需求，要求政府予以满足。随着北京市经济和社会发展的日趋成熟，这种趋势将进一步增强，客观上要求北京市政府加快职能转变，加速构建公共财政体制，强化政府的经济调节、市场监管、社会管理和公共服务职能，而逐步弱化政府的直接投资职能。

但在社会保障支出大量增加的同时，北京市城市建设支出的压力仍然存在。由于北京经济社会继续快速发展的要求，北京城市建设的增量投资规模在短期内不降反增，而且由于“城中村”的治理以及大量存量基础设施的老化和设计不合理、维护失当等原因，存量基础设施的更新投资也将随时间大量增加。面对社会保障和城市建设支出双重增加的沉重压力，在既定财力的约束下，北京市作为首都，不可能采取牺牲公共福利和社会稳定而强行搞建设的片面政策，政府支出将不得不向社会保障倾斜，政府用于城市建设的投资难以随着需求的增长而同步增长。在这种情况下，大力深化基础设施投融资体制改革，引进社会资金，并提高基础设施投融资建设和运营的效益，就成为最为可行的选择之一。

4. 金融市场不发达，政府融资手段有限

总体上看，当前我国金融体制改革滞后于经济体制的整体改革进程，金融市场发育较慢，资本市场缺乏层次，金融工具单一，债券市场与股票市场发展严重不均衡，不能有效满足实体经济快速发展的需要，导致经济发展中资金富余者缺乏投资渠道，资金需求者融资手段不足，尤其是对基础设施建设而言，金融市场难以有效提供适合大型项目建设的、多样化的投融资工具和投融资模式。另外，国家预算法规定，地方政府不得发行政府债券；企业债券的发行实行特批制度，严格限制发行规模，只有极少数的国有企业能够获得发行资格。

在这种情况下，地方政府在城市建设中，不能发行市政债券或地方建设公债，不能进行资本市场直接融资，只能借助于政府信用进行间接融资即银行贷款，融资渠道极为狭窄，融资手段严重不足，融资成本由于缺乏金融市场运作空间而无法降低，政府解决建设资金短缺的回旋余地很小。另外，极少数基础设施国有企业获得国家批准后发行了企业债券，由于数量太少、规模有限，只能筹集到很小一部分资金，而不能从根本上缓解城市建设中的资金紧张状况。

5. 非国有资本以外的战略投资者群体正在逐步发育壮大，已经初步具备参与城市基础设施投资建设和运营的能力

经过改革开放30多年来的高速增长，各种所有制经济都获得了长足发展，尤其是非国有经济不断壮大，无论是在资金实力、投资管理还是风险承受等各个方面，都逐渐具备了进行基础设施项目战略投资的能力。同时，加入世界贸易组织后，国外基础设施领域的战略投资者，也纷纷抢滩我国基础设施建设和运营市场。

从基础设施的特征上来看，虽然具有投资大、回收期长以及地域上的不可转移性等不利于市场化的特点以外，某些经营性项目却具有风险低、现金流回报稳定的良好特性，比较适合那些低风险偏好、有资金实力的稳健型企业进行投资。而且，经过改革开放以来多年的发展，除基础设施领域以外，已经不存在较大的市场空白，许多资金富余的投资者急于寻找更好的投资方向。基础设施领域的开放和实施市场化改革，将给持币待投者提供一个新的广阔的投资空间。尤其是北京作为特大型城市，某些城市基础设施具有良好的规模效益，更是增强了对各类投资者的吸引力。

6. 世界各国普遍推行基础设施投融资体制改革

从世界范围来看，各国在城市基础设施建设中都面临着一些共同的难题，都在探索建立更加科学和健全完善的城市基础设施投融资管理体制，进行着不同程度的改革。这些共同存在的难题：一是城市基础设施的建设资金短缺，财政负担过重，融资渠道单一；二是城市基础设施建设难以形成稳定的资金供给渠道，融资来源不稳定；三是主要由政府承担城市基础设施投融资建设和运营任务的传统模式，普遍存在着建设、运营和管理低效率的状况，投融资效益有待提高。

二、深化改革是解决当前北京城市基础设施投融资体制中存在问题的根本途径

1. 垄断阻碍社会资本跟进的问题必须通过深化改革来加以解决

北京市城市基础设施投融资体制虽然经过多次改革，但仍然没有从根本

上取得突破，城市基础设施行业仍然存在较强的行政性垄断和国有资本垄断，形成了较为封闭的投融资环境和僵化的投融资管理体制和运行机制，投融资运作主体按行业分割，形成行业垄断和部门利益，行业投融资壁垒始终在不同程度上存在，社会投资无法进入，政府的部分资源在现有体制下得不到有效利用，成本缺乏竞争平抑。

2. 改革是理顺责、权、利关系，提高投资效益的必然要求

城市基础设施领域中的各个专业国有企业分属于政府部门管理，这些行业企业集投融资、建设、运营、管理于一体，不同职责在同一组织中并存，国有企业往往借助政府的行政垄断巩固自己的行业垄断地位，政府往往通过对国有企业的行政干预直接配置基础设施资源，政府既是裁判员，又是运动员，政府缺位、越位与错位并存。由此产生的利益纠葛，严重侵蚀了政府行政效率以及基础设施的建设和运营效益，这种投融资模式已经远远不能适应北京市当前城市建设和发展的需要，政府投融资、建设、运营、行业监管的职责急需分立，政府只做裁判员或运动组织委员会，统分结合的体制需要重塑。

3. 改革是解决重大项目资本金缺乏、满足城市建设资金需求的必然选择

根据估算，2015~2018年北京市基础设施建设投资规模将达到4000亿元以上，其中市政府资金需求在1400亿元以上，考虑建成后补贴和债务偿还，市财力存在较大的资金缺口。如果动态考虑北京城市总体规划修编后城市重心东移和郊区基础设施建设，资金缺口会更大，主要依赖财政的一元化投融资建设模式已不可能满足需求。

4. 改革是减轻基础设施运营后财政负担的有效途径

现行体制下的举债建设模式将给市财政未来20年带来较大的还本付息压力，现有模式如果不改变，在目前城市基础设施存量资产的运营效率偏低、体制性亏损现象普遍存在的情况下，大规模建设形成的新运营资产所需补贴和补助，必然会继续转化为政府财政风险的累计，将为市财政带来更加沉重的补贴压力。

三、深化北京市城市基础设施投融资体制改革的主要设想

1. 改革的方向和目标

（1）确立市场化的改革方向。北京市城市基础设施投融资体制改革，要摒弃以往局部性的、浅层次的改革模式，直面当前体制和机制中存在的核心矛盾和根本性问题，采取全面的、深层次的、根本性的改革思路，按照市场化的改

革方向，注重通过体制机制的全面改革创新，改变政府作用处于支配地位、国有资本处于垄断地位、市场机制处于次要和附属地位的格局，在充分尊重基础设施建设经营客观规律的基础上，确立市场在资源配置中的基础性作用。

（2）建立起政府作用与市场功能有机结合，企业投资主体地位真正确立，市场环境公平、竞争有序，投资效益大幅度提高，公众利益和投资人利益兼顾的城市基础设施投融资新体制。其中，政府作用与市场功能有机结合是指市场配置资源的基础性作用得以充分发挥，政府由资源的直接配置者转变为主要通过经济和法律手段发挥作用的市场间接调节者；政府投资和社会投资的范围得到合理界定，在政府投资全过程管理和组织实施中引入市场经济理念和市场运作机制，提高政府投资效益和科学化、民主化水平。

2. 改革的指导方针

改革要坚持“政府主导、市场运作、社会参与、综合配套，分步实施”的指导方针。

（1）政府主导的含义。改革是体制机制的转换，需要付出成本，必须将改革成本控制在不影响经济社会正常发展，不影响首都稳定的范围内。坚持政府主导的方针，就是指改革必须在可控状态下进行，必须加强政府对市场的培育。

由于市场缺陷的存在、原有体制改革的滞后以及城市基础设施的特点，政府在城市基础设施的投融资建设运营中一直居于主导地位。要推动基础设施建设运营市场从封闭走向开放，从垄断走向竞争，不可能离开政府的主导，政府也必须在城市基础设施投融资体制改革中起到主导作用。城市基础设施投融资体制的市场化改革，不但不能减少政府的监管职能，反而对政府监管提出了更高的要求。大部分城市基础设施都具有一定的自然垄断性和社会福利性，其产品和服务的价格和质量不能完全按照市场化的自由定价原则来确定，必须由政府作为社会公众利益的代表，来统一考虑生产者和消费者之间的利益均衡。城市基础设施投融资体制实施市场化改革后，城市基础设施的融资建设和运营功能与监管功能分离开来，政府的直接干预大大减少，必须通过加强规划和技术标准的制定实施、基础设施产品和服务价格水平的制定、监督管理、特许经营制度的建立实施以及工作协调等，来加强对城市基础设施的调控，保障公众利益。

政府的主导具体可分为以下几个方面，一是坚持政府对改革的领导。市政府及其下属各行政主管部门，要对改革方向、改革范围、改革进程、改革路径、改革举措、改革力度实施有效控制，并高度重视对改革理论的研究，推动改革认识的深化，调整好体制机制转型中涉及各方的权责关系、利益关系和角色定位；二是坚持政府要在基础设施建设规划、计划方面以及法规政策制定、基础设施定价、普遍服务义务设定上发挥主要的、决定性的作用；三是要坚持政府资金对社会投资的引导，对社会资金不愿进入而又必须建设的基础设施项目，政府投资必须发挥主要作用；四是坚持政府对基础设施国有企业改革的领导，国企改革必须与引入社会投资主体，引进市场竞争机制相协调，既不能超前，又不能滞后，避免相互干扰，营造双赢效果；五是必须坚持政府对基础设施建设和运营市场的有效监管。按照法律法规和合同等契约文本，采取经济的、法律的、技术的以及必要的行政手段，对基础设施建设以及基础设施产品和服务的质量进行监管，并制定应急预案，根据实际情况对基础设施运营主体给予行政救济、进行直接干预、实施临时接管或予以清出市场等处置。

（2）市场运作的含义。坚持市场运作的方针，是指改革必须要在政府的宏观调控和经济调节下充分发挥市场在资源配置中的基础性作用，将原来依靠行政方式组织建设和经营的项目，按照公开、公平、公正的市场经济原则交由市场主体以市场化方式去实施，实现投资建设和运营市场的开放化、政府行为的公开透明化、市场主体的多元化、融资方式的多样化、项目风险的分散化、市场行为的规范化。

在城市基础设施投融资体制改革中坚持市场运作的方针，符合各国进行城市基础设施改革大趋势的要求。世界各国包括发达国家和发展中国家以及改革开放30多年来的我国，对城市基础设施进行投融资建设的共同实践经验表明，政府投资建设并进行运营管理的单一模式存在两大问题，一方面这种模式要求政府投入巨额资金，给政府带来严重的财政负担和财政赤字，但依然无法满足城市迅速发展对城市基础设施不断增长的需要；另一方面，这种模式缺乏积极性和约束性，导致城市基础设施从投资建设到运营管理的普遍低效率，为解决这些问题，必须对城市基础设施投融资建设和运营管理体制进行市场化改革，吸引非政府投资者和民间资本的进入。

城市基础设施具有公益性特征，基础设施投融资体制的市场化改革是在政府主导下的市场化，其具体含义有以下几个层次：一是开放基础设施投资市场，明确政府主要投资领域和社会投资领域，允许社会投资者进入；明确界定政府投资与国有企业投资，在国有企业改革中引入市场机制。对城市基础设施产业分行业、分环节进行细化分类界定，明确政府主要投资于非竞争性、社会公益性的准经营性或非经营性项目，给予非国有社会投资者与国有基础设施企业同样的国民待遇，鼓励、支持并积极引导各类投资包括国有基础设施企业的自主投资进入经营性或其他基础设施项目的投资建设和运营领域；二是在政府主导的方面，运用市场经济公开、公平、公正以及风险收益相匹配的理念，提高政府管理与投资宏观调控的透明度以及规范化水平，创造公平、公正、竞争的市场环境，改变基础设施建设和运营市场封闭垄断的状况，健全统一、开放、竞争、有序的现代市场体系，同时改进和完善投融资过程中的权责制衡机制，建立责任追究制度和投资项目的后评价机制；三是在市场机制能够发挥基础性作用的环节和领域，要全面引入市场运作机制。在投资、融资、建设、运营各个环节中以及整个流程上引入竞争机制和市场化运作模式；四是在基础设施建设和运营上，不仅要推动投资和融资的多元化，更要实现市场主体的多元化，要通过市场化方式来确定投资和运营主体，将原来依赖行政方式组织建设和经营的项目，交由市场主体按照市场化方式进行。

（3）社会参与的含义。城市基础设施投融资体制改革涉及全社会的利益，不只是政府的事，政府不能唱独角戏，必须允许、鼓励和支持全社会的参与，广泛发动专家学者、社会公众、新闻媒体、社会投资人、改革涉及的部门和企业等各个利益群体，通过各种途径和方式，参与到改革决策和实施、投资决策和实施等各个方面，以提高决策的科学化、民主化程度，保证改革的顺利进行。

一是决策参与，在制度层面提高政府政策制定和投资决策的民主化程度。基础设施涉及公众利益，在政府改革定价政策、提出普遍服务义务要求、制定基础设施产品和服务的技术标准等有关政策时，必须在政府决策机构之外，征求决策执行机构、权力监督机构、专家学者以及各个社会阶层代表、市场主体的意见和建议，并通过听证、聘请中介机构、网上公开征集建议意见及项目、项目公示等形式形成规范化、程序化的制度；二是资金参与，在投融资层面上明确鼓励各类投资者，以独资、合资、合作、联营、参股等多种方式，参与北京市基础设施建设和运营市场。项目法人也要在政府支持下，通过多种方式进行市场化融资；三是监管参与，即在改革具体实施过程中，要鼓励和发动舆论媒体监督，支持和保护利益关系人举报，引导和协助相关部门加强监督检查。在国有基础设施企业的改革、基础设施投融资建设和运营模式改革的过程中，必须充分考虑到所涉及企业职工的合法权益和合理要求，做好宣传和发动工作，调动企业职工参与改革的积极性和主动性，不能以牺牲企业职工合法权益为代价强行推行改革。在改革过程中，要鼓励、支持和主动接受企业职工、社会公众和媒体舆论的监督，防止国有资产流失，防止改革背离“三个代表”重要思想，防止改革政策在执行中偏离原来的设计目标。

（4）综合配套的含义。当前整个经济体制改革已经进入攻坚阶段，根据以往的改革经验，改革的设计上如果采取单兵突进或少数几个环节突破的策略，许多时候，一些当前改革举措本身会为下一步改革深化制造障碍。为避免这种情况的发生，必须采取总体推进、综合配套的策略推进改革。

一是开放市场要与规范市场相配套。打破垄断、开放基础设施建设和经营市场的同时，要制定实施与开放程度相适应的市场准入政策、市场清出政策、定价调价政策、投资补偿政策、特许经营政策以及窗口劝导政策等，并建立市场的日常监管制度；二是基础设施投融资体制改革要与政府投资管理体制改革和政府职能转变相协调。基础设施投资占了政府投资的较大比重，改革基础设施投融资体制，也必须推动政府投资管理体制的改革，否则基础设施投融资体制改革也难以进行下去。在改革政府投资体制的同时，要逐步做到政府投资职能与政府投资管理职能相分离，政府投资职能与国有企业经营相分离，并且政府投资宏观调控能力的提升要与市场化程度的提高相适应；三是基础设施投融资体制改革要与国有企业改革、国有资产管理体制改革相配套。要切实落实企业的投融资自主权，确立企业尤其是国有企业的投融资主体地位。

（5）分步实施的含义。在基础设施领域建立市场化的投融资体制，是一个长期、复杂而艰巨的过程，不可能一蹴而就。改革最终成功与否，不仅取决于整体微观机制环境的改善，还取决于整体宏观体制改革的进展，如资本市场的发育和独立审贷体系的建立。因此，北京推行基础设施投融资体制的市场化改革，既不能雷声大、雨点小，又不能急躁冒进。要加强研究分析，明确哪些环节、行业、企业或项目适合市场化，哪些不适合市场化。对于适合市场化的方面，条件基本具备的，要加快推进改革步伐；条件不具备的，要创造条件，分布推进实施改革，逐步到位。表现在具体改革政策上，就是以循序渐进的市场开放，来推动政府职能转换和国企机制转变；以增量建设项目的急改来带动存量项目的缓改，以多点、多环节的突破来推进各条线和各个面上的全面深入改革。

3. 改革的总体思路和具体路径

（1）总体思路。打破垄断，开放北京城市基础设施投融资建设和运营市场；创新项目投融资建设和运营模式，实施特许经营制度；转变政府管理职能，改进投资管理方式，完善投资宏观调控，为社会投资者进入创造适宜条件，加强和改进对基础设施建设和运营市场的监管；改革和完善政府投资体制，规范政府投资行为；扩大企业投资自主权，转换企业经营机制。

（2）具体路径。充分考虑改革的必要性、迫切性与改革的复杂性、艰巨性，将改革热情与对改革具有阶段性、渐进性和长远性特点的认识结合起来，兼顾改革和发展两个方面，采取符合实际的，既锐意进取又审慎稳妥的改革路径和具体策略。

一是增量改革，存量试点。即对基础设施新增建设项目和已建成存量项目实行不同的改革策略，首先逐步推动增量项目投融资建设管理制度的全面改革，试点进行存量基础设施资产运营管理制度的改革，待取得经验以及多元化投资者群体发育壮大后，再在存量项目中逐步推进市场化改革。这种增量改革先行的改革策略，一是考虑到存量改革比较复杂，二是可以通过增量改革来带动存量改革的实施，即采取新体制的增量项目建成后形成的新增存量，会为存量资产运营领域带入新的运营主体和经营模式，有助于推动存量项目的市场化改革。

二是重点突破，以点促线，以线带面。在增量改革上，首先在重点基础设施建设项目和企业的投融资制度改革上取得突破，总结经验，形成示范效应后再逐渐推广到该重点项目所在行业的新建项目和企业上，进而通过对该行业改革实施效果的评估比较，提高认识，转变观念，统一思想，并总结和提炼出适合北京市实际的投融资操作模式和市场化运作机制，再推广到其他基础设施项目的投融资建设运营和基础设施企业的经营中去。

三是由外而内，以市场开放来推动改革进行。由于既定利益关系格局的存在，基础设施领域呈现出较强的封闭性和僵化性，单纯从原有体制内部推动改革难度很大。为此，北京市在改革中首先向全社会宣布开放基础设施经营性增量项目的建设和运营市场，营造形成既定的开放市场、深化改革的大趋势、大氛围，再从体制内部推进，双管齐下，内外互动，形成合力，加快改革。

四是循序渐进，分阶段、分类实施改革。对最适合进行市场化运作的经营性基础设施项目，首先，选择部分经营性项目面向社会招标建设和运营主体；之后，逐步减少对经营性城市基础设施项目的投资，对新建经营性城市基础设施项目依法向社会投资者招标；最后，争取除国家法律法规另有规定外，全市经营性城市基础设施存量资产全部向社会投资者开放。对于准经营性项目和非经营性项目，不规定具体的改革开放进度。针对这两类项目收益不足和没有收益的特点，创造条件引入市场机制。

四、推进北京市城市基础设施投融资体制改革的主要内容

1. 打破垄断，开放基础设施建设和运营市场

打破行业垄断，实施特许经营，引进社会资金，形成有效竞争格局，逐步将政府资金从经营性城市基础设施项目中退出，集中投向非经营性城市基础设施项目；进一步整合城市基础设施资源，采用市场化方式逐步盘活存量资产。

在改革的具体切入上，要坚持“增量改革、存量试点”的基本原则，区分增量和存量以及项目的收益类型，确定不同的操作原则，实施不同的改革举措。

（1）对于增量建设项目改革，要按照“区分类别、重点突破、总体推进、加快实施”的具体操作原则进行。

一是区分类别：就是按照项目区分理论，将城市基础设施新建项目分为经营性项目、准经营性项目和非经营性项目，推行和实施特许经营，在不同程度上引进社会投资和市场竞争机制。

——对于经营性项目，如高速公路、污水处理厂等有经营收益且能弥补投资成本的项目，除有特别要求和规定的外，政府投资要坚决退出，让市场发挥配置资源的基础性作用，要在政府主导下，循序渐进，依法放开北京城市新建经营性城市基础设施建设和运营市场。2003年，选择京承高速公路二期工程、北苑污水处理厂等经营性项目面向社会投资者招标建设和运营。从2004年起，市政府逐步减少了对经营性城市基础设施项目的投资，对新建经营性城市基础设施项目依法向社会投资者招标建设和运营。

——对于准经营性项目，即轨道交通等有经营收入但不足以回收成本或达不到社会平均收益率水平的城市基础设施增量建设项目，要创造条件，吸引社会投资者进入，要在政府资金引导下，采取PPP模式吸引社会投资者合作建设，或给予政府补贴等优惠政策对社会投资者进行投资回报补偿。

——对于非经营性项目，如城区道路、公共绿地等不具有经营收益或经营收益极低的项目，以政府投资为主，但要逐步实行代建制。有条件的可以按照BT方式吸引社会投资者建设，政府通过补偿机制和回购方式，回报投资者。

二是重点突破：首先选择当前急需解决融资“瓶颈”的重大城市基础设施项目如轨道交通和高速公路项目作为突破口，逐步向其他基础设施行业、全部基础设施领域以及新城建设和郊区基础设施建设领域推进，全面推行新的基础设施投融资建设模式。

三是总体推进：按照部门职能分工，坚持全市总体规划、资金平衡、重大项目策划的协调统一指挥，全面放开城市基础设施投资领域，引入投融资和运营管理新模式。

在运作主体上，将轨道交通等政府投资较多、市场培育期较长的重大项目融资运作统一于政府搭建的投融资平台；将规模适中、回报好的项目，通过城市资产经营公司或直接通过社会中介，面向社会融资建设。

在管理体制上，根据在建和生产企业特点、运营情况，在行业统一指导监管之下，采取融资、建设、运营、监管四分开或生产、管网、收费三分开的模式，以打破独家垄断，消除准入壁垒，形成有效竞争格局。

四是加快实施：对于那些投资规模大、工期长、直接效益较差、建设工期紧，目前尚不具备直接通过市场融资的重大项目，通过政府搭建的投融资平台进行融资建设。在政府融资、公司融资、项目融资三个层次上，政府投资、国有企业投资、社会投资三类主体上，以及政府投资管理体制、国有企业经营机制、项目管理运作机制三个方面上，在考虑改革综合配套性的前提下，改革条件基本具备的，要加快推进。

五是增量建设项目的具体市场化运作：对于新建经营性城市基础设施项目，有的可以采取BTO的形式融资建设，即通过招标确定社会投资者出资建设，建成后由政府按照一定的回报率一次性支付或分期支付建设成本和合理回报，建成后设施的运营委托国有企业进行，从而通过延缓政府出资的时间来减轻政府当期建设资金压力；有的可以采取BOT方式，通过公开招标引入社会投资者出资建设并进行特许经营，在特许经营期内社会投资者获得成本补偿和合理回报，特许经营期满后，再由政府收回；有的可以采取BOO形式，选择社会投资者出资建设并进行运营，并在永久性的特许经营权下，拥有该设施的所有权；有的可以采取BOOT方式，由民营企业来投资兴建新的基础设施，建成后拥有其所有权，并经营一个较长时期如20～40年后转交给政府，一次或分步收回投资。

对于准经营性新建城市基础设施项目，价格不到位的，可在考虑公众承受能力的基础上，逐步调整定价使其具有可经营性；价格无法调整的，可在政府投资补偿政策支持下，使其具备足够的收益前景，从而能够采用与经营性项目相同的市场化运作方式进行市场化融资建设和经营；或者将准经营性项目分解成完全无收益部分和具有收益部分，拿出有收益部分通过PPP模式进行市场化融资建设和运营。

对于非经营性新建城市基础设施项目，由于大部分项目收益太低或根本没有任何收益而使政府运用投资补偿政策不具有太大的实际意义，因此在这类项目的出资上，要以政府出资为主，同时学会运用市场运作方式来充分挖掘城市基础设施或公用设施等有形资产之上所附着的无形资产的经济价值，通过依法竞价出让公交线路专营权以及道路、广场、绿地、桥梁、停车场等公共设施的冠名权、广告权，所获收入用于城市建设。但在其建设、运营管理上，可以引进市场化公开招标方式，例如实行代建制，以节省投资，提高效益。此类项目中少数有条件的，也可在政府补偿政策下或承诺政府回购的前提下，由企业投资建设暂时缓解政府的当期支付资金压力。

（2）对于存量资产项目，要按照与国企改制相结合、与国资管理体制改革相结合、加强监管、厂网分开、管网统一运营、中方控股与大比例转让、专款专用的具体操作原则进行。

采取资产、经营权、股权的出让转让以及管理合同、服务承包合同、经营业绩协议、租赁、特许经营等方式，通过试点，积累改革经验，逐步推向全面和深入，争取除国家法律法规有特别规定的行业外，全市经营性城市基础设施存量资产全部向社会投资者开放。

第一，与国企改制相结合的原则。采取多种有效形式，对营利性基础设施国有企业进行股份制改造，有条件的争取整体上市；对不能整体改制的企业，采取资产重组方式，逐步实行股份制改造。

第二，与国资管理体制改革相结合的原则。以国有资产管理体制改革为契机，进一步理顺大型基础设施国有企业与政府的关系，真正做到政企分开、政资分开、政事分开。

第三，加强监管的原则。制定相关法律法规，建立和完善基础设施建设和经营的市场监管体系，实现对基础设施领域的有效监管。

第四，厂网分开、管网统一运营原则。供水、排水、热力等行业的管网运营具有较强的自然垄断特性，不宜由多家企业分别投资管理；而生产和供应环节可由多家企业竞争性经营，因此在存量资产改革、推行市场化过程中，可以实行厂网分开。

为保持管网的整体运营格局，可在相关企业集团层次进行企业股份制改造；而将部分自来水厂、污水处理厂和供热厂的资产或经营权整体招标转让。

第五，中方控股与大比例转让原则。基础设施行业大都关系国家安全和国计民生，根据国家发改委等部门提出的《外商投资产业指导目录》规定，大中城市燃气、热力和供排水管网的建设经营，必须由中方控股。

另外，为建立科学、制衡的国有企业法人治理结构，实现国有经济的战略性调整，提高对战略投资者的吸引力，应在中方控股前提下，尽量大比例转让国有企业股权。

第六，专款专用原则。根据国家有关规定，转让基础设施资产权益的收入，首先要用于偿还到期债务，安置富余人员。其余部分应在同级政府财政列支，专项用作基础设施建设资金。

第七，存量基础设施项目的具体市场化运作方式。对于经营性存量基础设施资产，一是资产整体出售给社会投资者，由其拥有所有权并长期经营；二是进行资产经营权的全社会TOT招标，即在特许经营制度下，通过出售基础设施资产一定年限的特许经营权，由新投资者在特许经营期限内通过运营该设施获得投资回报，特许经营期满后，再将设施运营权交回政府；三是对经营性城市基础设施中由政府投资形成的股权，按照国家的有关规定，进行部分或全部的公开出让转让，实施基础设施原有运营企业股权的多元化；四是采取租赁的形式，将基础设施租赁给民营企业经营，在租赁期内民营企业从基础设施收益中获取回报。

对于准经营性城市基础设施存量资产，可以在政府补贴或投资补偿政策的支持下，一是采取TOT模式交给社会投资者运营；二是采取管理权参与的方式，通过招标与社会投资者签订经营业绩协议、委托管理合同、运营和维护承包合同，由中标人负责城市基础设施的运营和维护，由政府支付一定的费用来弥补运营收益的不足。

至于非经营性城市基础设施项目即完全或基本不具备收益流入的项目，一般不具有市场化的条件，但如果需要，可由政府运用投资补偿政策，创造出足够的盈利条件，采取上述方式吸引社会资本进入。

2. 整合城市基础设施资源，构建增量改革和存量盘活的双平台载体，形成增量和存量相互促进的良性机制，并借此推动国有企业改革，转变国有企业经营机制

以往城市基础设施投融资建设和运营过程中，往往借助财政和行政手段进行投资，融资来源主要是财政投入和政府信用支持下的银行贷款，往往忽视以增量建设项目本身的未来收益或者通过存量资产的资本运作来进行内源性的融资，并且在现行法律约束下，地方政府不能发行市政债券或建设公债，融资手段极为有限。为在政府主导下解决上述问题，引入市场机制，实施城市基础设施投融资体制的市场化改革，需要建立市场运作载体，即在改革过程中政策性、导向性和决策性的工作可以由政府及其各个部门负责，但大量的具体实施和操作性的工作却需要由政府主导下的市场主体来承担，而且在政府支持下，该市场主体可以通过发行企业债券等方式筹集资金，以间接的方式解决政府无法在资本市场进行直接融资的难题，不仅可以降低融资成本，而且可有效地缓解建设资金不足的状况。

上述市场主体的构建，分增量和存量两个方面。在增量方面，可以通过资源整合，构建基础设施投融资平台，为城市基础设施建设和发展筹集资金，统一进行增量建设市场化改革的具体运作；在存量方面，组建城市基础设施资产经营平台，整合和盘活存量资产，实施基础设施存量资产多元化经营，建立增量和存量相互促进的机制，以增量建设项目的市场化来带动存量资产的改革，以存量盘活收回的资金支持新建准经营性和非经营性基础设施项目的建设，同时，要在增量和存量市场化改革的带动下，结合国有资产管理体制改革，加大基础设施国有企业改革力度，转变企业经营机制，落实企业投融资自主权。

（1）通过行业资源整合，构建北京市基础设施投融资平台，为城市基础设施增量投资建设和发展筹集资金。

在原有的投融资体制下，对于城市基础设施项目尤其是非经营性项目的建设，往往由政府全额出资或出资本金，并按部门、部门所管行业内的独家垄断企业的层次采用下达行政命令、完成任务的计划体制简单做法交给基础设施国有企业去做，由该企业以政府信用为担保向银行贷款。这种模式存在三个问题：一是政府资金分散下拨使用，不利于发挥资金统筹使用的整体效益；二是政府信用和单个基础设施企业的非经营性资产的融资功能下降，已经满足不了城市建设的需要；三是经营性项目和非经营性项目采用相同的考核方式，交给同一家企业建设，导致经营目标混乱，激励约束机制扭曲。随着法律法规的完善和银行独立审贷意识的增强，以政府信用为担保向银行申请贷款的方式已经逐渐行不通，而在银行越来越重视贷款抵押资产的盈利性和可变现性的情况下，某些非经营性基础设施行业的企业以自身规模较小的净资产向银行贷款也越来越难。而且随着国有资产经营管理体制改革的深化，不能再以行政命令来代替基础设施国有企业的经济利益，要采取不同的理念和运作机制来区别对待经营性项目和非经营性项目，使得基础设施国有企业不管承建什么性质的项目，其独立的经济利益诉求都能得到体现和维护。

面对上述问题，为解决城市建设中的融资困难，在政府资金有限和政府资金融资能力有限的情况下，可以通过构建跨行业、跨部门的基础设施投融资平台，作为政府投融资建设基础设施主要是非经营性基础设施的运作载体，将政府部分建设资金集中注入平台，实行政府资金的相对集中统一使用；将适当规模的国有经营性资产划拨给平台，结合项目的未来收益，充分发挥经营性国有资产的市场化融资功能；平台主要运作非经营性基础设施新建项目，有助于形成经营性项目和非经营性项目在投资管理、市场进入、投融资方式、运营维护、市场监管上形成不同的运作机制和有效的专业化分工格局，避免相互干扰，职责不清，激励约束失效。

基础设施投融资平台在性质上是政府的投融资工具，一般不承担项目的具体建设和运营，其主要功能是在现行法规约束下，运用存量资产解决非经营性重大基础设施项目（如轨道交通）的大规模融资需求，依托现代金融工具，通过市场化运作，放大政府资金的引导作用，解决非经营性重大基础设施项目政府资本金缺乏问题，缓解政府当期资金支付压力，并统筹资金运用，通盘考虑资金的融、投、还的全过程平衡，促进投资的良性循环。同时，根据基础设施的行业和项目特点，在行业的统一指导和监管下，努力创造条件，在非经营性基础设施项目适合市场化运作的环节上引入竞争机制。

基础设施投融资平台可以采取改造现有企业的方式组建，即经市政府授权，选择现有的市属综合性投资公司或基础设施国有企业作为平台载体，通过存量资产划拨和增量建设资金注入方式充实平台企业的投融资能力。平台载体企业应具有以下条件：资产质量状况较好；具有城市基础设施投融资实践经验；熟悉政府运作流程和城市基础设施投融资建设程序；较少受部门利益的影响；愿意对基础设施领域进行战略性投资。在具体运作上，是由市政府投资主管部门，改变以往资金安排模式，根据重点突破的原则，先将市政府每年基础设施建设的相当一部分资金（每年约20亿~30亿元）通过平台运作，形成现金流；将轨道交通、高速公路等政府存量资产装入平台，赋予平台强大的融资功能。政府通过把该投融资平台作为一级投融资平台，按通行的市场运作规则，支持行业公司（二级投融资平台）、项目公司（三级投融资平台）进行再融资，实现三级平台体系市场化融资放大，减轻市财力当期资金支付压力和未来财政负担。

（2）搭建城市基础设施资产经营平台，建立城市基础设施资产的市场化经营机制，逐步推进存量基础设施资产运营的市场化，形成基础设施存量和增量相互促进的良好格局，优化存量基础设施资源配置，提高运营效率和效益。

第一，存在的问题。长期以来，北京的城市建设和改革中，存在着重视增量、忽视存量、投融资政策设计制定简单化的倾向，没有建立起存量和增量相互促进的机制。表现为重视增量建设的改革，忽视存量资产运营管理的改革，忽视已有基础设施的运营管理和维护，使其使用成本过高、运营期缩短，反过来加大了增量建设的压力，挤占了用于增量投资的财政资金；管理体制条块分割，没有对存量资产进行统筹运用，忽视对存量资产市场价值的挖掘；将经营性和非经营性城市基础设施项目交给同一个企业，捆绑经营，造成企业经营目标发生混乱，两种融资建设行为相互影响，产生种种问题；没有将少数运营效益较好的存量基础设施的收益与增量基础设施的融资结合起来，形成以存量收益支持增量建设的机制；也未能充分发挥增量改革实施后新建成存量资产的市场化运营机制的作用，来推动形成与原有存量资产的有序竞争，以带动存量资产的改革。

第二，城市基础设施资产经营平台的作用。建立城市基础设施资产经营平台，对城市基础设施存量资产进行市场化经营，不仅可以调整企业财务结构，提高运营效益，减轻市财政补贴压力，实现城市基础设施存量的多元化经营，而且可以与基础设施投融资平台相互配合，推动形成城市基础设施存量和增量相互促进的良性机制。

存量和增量相互促进的良性机制主要包括三个方面：一是以存量来补增量，将市场化过程中整合、盘活存量资产所回收的资金纳入国有资本经营预算专户，按照北京市城市基础设施的统一规划统一使用，主要用于非经营性和准经营性城市基础设施新建项目的建设和运营；二是在政府培育下不断发育成熟的基础设施建设和经营市场环境下，存量资产市场化过程中引入的社会投资者，能够成为增量建设项目的新的投资者；三是增量建设的市场化改革，可以带动存量资产的市场化改革。增量建设项目改革中引入的新投融资模式，往往将建设和运营统一考虑，如BOT、BOOT等模式，这样增量项目建成后形成的新存量资产的运营模式也随之发生变化，社会投资者成为新资产的经营主体，可以与原有相同行业存量资产的运营在成本、效益、服务质量等方面进行比较，形成相互竞争的格局。

第三，城市基础设施资产经营平台的组建和运作。城市基础设施资产经营平台，纳入国有资产监督管理体制框架之中，在国资委之下组建。具体组建和经营采取统分结合的模式，即组建全市性的资产经营平台，负责重大存量资产市场化项目的运作；在各基础设施行业公司内部组建行业级的资产经营分平台，由各个企业根据行业特点，分散推进各自行业内存量资产的市场化运营。

市级的基础设施资产经营公司，统一对全市基础设施存量资产中的重大经营性资产进行市场化运营，将拟进行市场化经营的存量资产通过国有资产划拨方式纳入旗下，形成控股、参股的子企业。这种模式，有利于国有资产的统一运营管理，有利于真正实现政企分开；其不利之处是如果城市资产经营公司管理的资产涉及的跨度过大，易造成系统运转不灵。

行业级的资产经营平台，就是在各基础设施行业集团或企业之下分散组建城市资产经营公司，通过资产划拨、资产和股权转让、特许经营等方式，逐渐对企业集团内经营性存量基础设施资产进行资本运作，引入社会资本参与经营，从而形成在企业集团统一运作下，资产经营公司负责资本运营、集团内其他企业负责生产经营、政府投融资与引进的社会资本有机结合、非经营性城市基础设施资产和适宜引进社会资本的经营性城市基础设施资产统筹发展的局面。这种模式，按照项目的收益属性来决定基础设施资产的投融资运营和管理方式，由注重管理转变为管理经营并重，有利于发挥市场机制配置资源的基础性作用，在促进资产专业化管理的同时通过引进社会投资来减轻政府补贴负担，有利于与国际市场接轨，增强资产管理的灵活性和市场化程度。但为避免翻牌公司的结果，必须推进企业集团的现代企业制度建设。

（3）结合国有经济布局调整，在双平台市场化运作的带动下，推进基础设施国有企业的重组整合和经营机制的转换。

第一，重新认识基础设施领域内国有资源“统”与“分”、“进”与“退”的关系。基础设施对于经济和社会发展具有基础性作用，具有公益性特征，基础设施领域内不能完全由单纯追逐利润的市场自由竞争规律发挥作用，因此在改革中，既要破除国有资本的垄断，又不能推行完全的市场化，在适合市场化运作的某些领域和环节，可以由市场机制发挥主要的基础性作用；不适合市场化运作的领域和环节，不能强行引入市场机制。

基础设施具有自然垄断和规模经济的特性，一方面在某些环节和项目上引入市场竞争规律，由各个社会投资者或国有企业进行分散经营的同时，必须在政府主管部门统一规划下保持国有集团公司的适度控制、整体运营和统筹调度。另一方面，在经营性项目上实行国有资本适度退出的同时，对于那些不适合进行市场化、社会投资者不愿意进入、市场失灵的非经营性项目和环节，必须在政府支持下加强国有资本的力量。因此，在城市基础设施投融资体制的市场化改革中，必须坚持国有资本的统分结合、有进有退。

具体来讲，供水、排水、热力、供电等行业可以实行厂网分开，管网应由一家国有企业统一运营，但可以在保持国有控股前提下通过股份制改造引入社会资本，而生产和供应环节的资产如自来水厂、污水处理厂和供热厂可由多家企业竞争性经营；城市轨道交通的不同线路可以由多家企业进行分散运营，但全市轨道交通系统必须由一家国有企业代表政府进行统一调度。

第二，清醒认识基础设施国有企业改革的必要性和艰巨性。由于城市基础设施领域的改革比较滞后，加之长期以来城市基础设施领域一直都是政府投资的重点，基础设施国有企业中存在的政资不分、政企不分现象直到今天也十分严重，国有资本在自然垄断基础之上借助于行政力量的支持形成了很强的垄断，企业缺乏自主权和积极性，建设和运营效益较低，急需通过基础设施国有企业的进一步改革来改变这种状况。但是城市基础设施国有企业不同于一般竞争性商品生产领域的国有企业，参与竞争的内在动力和外部压力都不足，并且面上国有企业改革的整体政策均笼统地表达为建立现代企业制度，并没有给城市基础设施国有企业的改革模式提供差别化的设计，需要北京市结合自身实际，创造性地落实国家改革政策，在探索中推进城市基础设施领域的国有企业改革，任务十分艰巨。

第三，在某些行业组建企业集团，提高基础设施资源的优化配置水平。当前基础设施领域内不仅存在政府管理的越位、错位和缺位现象，而且也存在国有基础设施企业运营上因为权责不清、职能交叉造成的管理空白与多头管理以及资源浪费。因此在基础设施投融资平台和城市资产经营平台分别对增量和存量进行市场化运作的同时，要积极推动国有基础设施资源的重组整合，提高管理、运营和资源配置的效率，在国有集团公司的层次增强整体运营和统筹调度的能力。

第四，除重大建设项目由投融资平台运作外，其他增量建设项目要由现有各基础设施企业采取BOT等项目融资方式或在项目公司层次进行股权融资等方式进行市场化运作。除重大存量资产市场化项目由市级资产经营平台运作外，其他存量项目的市场化，由各基础设施集团公司分散设立的资产经营公司进行。

第五，除在项目层次推动融资的市场化改革以外，还要推动企业层次的市场化改革，对适合企业进行股份制改造的，在集团公司层级引入战略投资者，实现股权的多元化；在不适合组建集团公司的行业，根据实际情况，区分经营性资产和非经营性资产，推动资产重组和企业分立。

第六，实行主辅业分离，逐步将城市基础设施的工程设计、施工和监理、设备生产和供应等从国有企业主业中剥离出来，变垄断化经营为社会化经营，走市场化经营和服务的道路。

第七，通过存量基础设施资源的市场化整合和资本运作，借助资本资产纽带关系，切实转换基础设施领域国有企业的经营机制，推动国有城市基础设施企业的现代企业制度建设，规范法人治理结构，建立健全激励约束机制。明确权责划分和管理经营的边界，理顺权责利关系，逐渐将政企之间干预与被干预的关系转变为市场契约关系，使企业真正成为自主经营、自负盈亏、自我发展的市场主体。

第八，通过股份制改造，推进国有基础设施企业利用资本市场上市融资，有条件的可推动集团企业整体上市。支持基础设施企业通过发行企业债券的形式筹集建设资金。

第九，鼓励市属国有综合类投资公司、专业性投资公司、行业性投资公司通过资本市场、产权交易市场退出房地产、商业、一般制造业等竞争性行业和领域，调整资金投向，参与城市基础设施建设和经营。

3. 转变政府职能，强化经济调节、市场监管和公共服务职能

严格区分政府投资职能与投资管理职能，严格界定政府投资与国有企业投资，改变政府包揽基础设施投融资、建设、运营及监管等一切环节，集运动员、裁判员、规则制定者于一身的传统做法，实现政府从公共服务的生产者、提供者的角色向规则制定者、决策者、监管者的转变，即将政府职能转向统一规划、推进改革、制定规则、创造环境、加强监管上来。

（1）改革政府投资体制，提高政府投资效益。提高政府投资决策的科学化、民主化水平，规范政府投资资金管理，创新政府资金投入方式，政府投资逐步退出经营性基础设施的投融资建设和运营，简化政府投资的审批程序，合理划分市与区县的政府投资审批权限，在政府投资项目中引入市场机制，推行代建制，提高政府投资效益。

（2）改善政府投资管理，加强市场监管。加强政府对基础设施投资的中长期规划和年度计划，建立重大基础设施项目规划决策、投融资方案制定的专家论证制度，增强规划制定的前瞻性、科学性和透明度。强化政府投资项目的事前控制和事后评价机制，建立责任追究机制。

改进和完善政府对基础设施投资的宏观调控方式，建立对基础设施投资以经济手段和法律手段为主、行政手段为辅的间接调控机制。把基础设施投融资管理的信息披露作为调控的重要手段，坚持政府投资决策、政府投资管理政策、基础设施发展规划以及政府产业政策制定实施的透明、公开、规范，建立城市基础设施投资信息发布制度。

制定提出城市基础设施市场的行业准入、基础设施产品和服务的定价调价以及环保、质量标准等政策，依据有关法律法规和政策对基础设施的市场进入、价格决定、产品和服务质量、土地使用、环境保护、安全生产、职工权益等进行监管，实现政府由直接经营管理者向市场监管者的转变。

改善土地年度供应计划的编制，合理调控土地使用，将土地一级开发作为政府调控土地资源、完善城市管理和服务职能的重要手段。市发展改革委、市规划委、市国土局等部门要严格控制本市重要城市基础设施项目周边的土地开发，由此带来的政府增值收益专项用于城市基础设施建设。

（3）培育基础设施建设和经营市场，创造良好的市场运行环境。坚持“公开、公平、公正、透明”的原则，取消对非国有投资进入基础设施领域的各种歧视性、限制性的非国民待遇政策，对参与城市基础设施建设的国有资本、民间资本和外国资本一视同仁，大力培育北京基础设施的多元化投资者群体。

根据拟建项目特点和基础设施存量资产运营企业的具体情况，在行业统一指导和监管之下，实施融资、建设、运营、监管四分开或生产、管网、收费三分开的模式，以打破独家垄断，消除准入壁垒，为引入社会投资创造条件。

改革城市基础设施项目审批制度。公开投资审批程度，简化审批手续，提高审批效率。2004年起，对非政府投资项目的立项申请与可行性研究报告，在符合国家产业政策、城市总体规划和环保、安全等要求，实行备案制。

完善城市基础设施项目投资补偿机制。认真贯彻执行《北京市人民政府批转市计委关于对经营性基础设施项目投资实行回报补偿意见的通知》，建立各类城市基础设施项目投资收益模型。对有经营收入但不足以收回成本的轨道交通等城市基础设施项目，在价格改革没有到位的情况下，可通过适当补贴和相关政策对投资者给予投资补偿，保障其合理收益。随着价格逐步到位，减少或取消上述投资补偿。

改革完善城市基础设施定价制度。建立城市基础设施产品和服务价格制定和调整的专家论证、价格听证、定期审价制度。在综合考虑市场资源合理配置和保证社会公共利益的前提下，建立与物价总水平、居民收入水平以及企业运营成本相适应的价格联动机制。改革高速公路收费方式，运用价格调控杠杆，逐步理顺交通、水、电、气、热等城市基础设施产品价格，定期公布总体价格走势预报。

建立招商引资的中介服务平台，建立和完善投资促进服务体系，促进社会投资与基础设施项目的对接。充分发挥金融机构和社会中介服务体系的作用，形成良好的投融资综合环境。综合利用信贷、债券、信托、股权融资等多种金融工具，满足城市基础设施建设资金需要。

准确理解并充分发挥改革中政府的主导作用，合理界定并稳妥调整好体制和机制转型中涉及各方的权责关系和利益关系。加强对改革理论、改革路径的研究，注意对改革经验的总结和改革教训的分析，找准各方角色定位，清晰界定各方权责利；加强宣传、发动工作，提高改革参与各方认识；加强宏观和微观之间的联动和配合，加强地方政府各部门与金融监管部门及海关、外汇等国家部门的沟通和协调，稳妥有序地推动改革参与各方角色定位的转换和权、责、利关系的调整，尽量减低改革成本，避免改革失误，提高改革效率。

建立联席会议制度，加强对北京市城市基础设施投融资体制改革的统一领导和综合协调。高度重视宣传和发动工作，调动社会各界参与城市基础设施投融资体制改革的积极性，充分发挥宣传舆论的监督引导作用，及时报道改革进程，推动北京市城市基础设施投融资体制改革顺利进行。

第六章

北京城市基础设施市场化改革的实践与创新

2003年，北京市政府以134号令颁布了《北京市城市基础设施特许经营办法》，并批转市发展改革委《关于本市深化城市基础设施投融资体制改革的实施意见》，积极推进城市基础设施投融资体制改革，在引入社会资金、规范政府投资等方面进行了大胆创新，取得了较为明显的阶段性成果。仅一年多的时间，全市共有16个基础设施项目成功进行市场化融资，吸引社会资金110多亿元。在总结经验的基础上，2005年，北京市正式颁布《北京市城市基础设施特许经营条例》，进一步扩大城市基础设施的融资渠道，规范特许经营活动。从总体上看，改革在城市基础设施领域已经全面铺开，基础设施建设和运营市场的制度框架基本确立，投融资环境得到较大改善，市场开放、主体多元、投融资方式多样的态势已经初步形成。北京市在2013年7月发布了《引进社会资本推动市政基础设施领域建设试点项目实施方案》，采用“模式+政策+项目”的方式，向全社会发布了轨道交通、道路、污水处理等6个领域126个市场化项目试点清单，首期启动27个试点项目，项目总投资约1620亿元，拟引进社会投资约680亿元。

第一节
创造条件，放开基础设施投资、建设和运营市场

消除基础设施建设经营市场的垄断，引入市场竞争机制，需要开放基础设施建设经营市场，而开放市场，必须做好两方面工作，不仅要做好“开门”工作，打破垄断，允许社会资本进入，还要重视对社会投资的“松绑”工作，为社会投资的运作创造一个适宜的市场环境。

一、转变观念，推行“两个放开”，改革政府审批和社会投资管理制度

北京市加快转变传统审批观念，强化项目管理的服务职能，按照在政府的宏观调控下充分发挥市场配置资源的基础性作用的方向，提出了今后审批制度改革的总体要求，即凡符合北京市城市总体规划、国家产业政策规定和环保及行业技术要求的非政府投资项目，一律由审批改为登记备案或核准制，以尽快建立形成符合社会主义市场经济要求的审批管理制度。按照上述

要求，北京市积极推行“两个放开”，努力从大量项目审批的具体事务中解脱出来。

1. 放开社会投资领域

除国家法律法规有特殊规定的领域以外，所有投资领域一律向社会资本开放。尤其要打破地区、所有制、内外资界限和行业垄断，开放轨道交通、收费公路、供水、供气、供热、污水处理、垃圾处理等经营性基础设施领域以及社会公益事业领域。

2. 放开非政府投资项目审批

一律取消非政府投资项目审批，落实企业投资自主权。对非政府投资建设的鼓励类项目，取消审批项目建议书、可行性研究报告和开工报告，改为核准和登记备案制，同时缩短项目办理时间。非政府投资项目中，对国家和市政府规定的重大项目和限制类固定资产投资项目，主要从维护经济安全、合理开发利用资源、保护生态环境、优化重大布局、保障公共利益、防止出现垄断等方面进行核准。

由于基础设施项目一般具有公益性的特征，因此大部分基础设施项目建设投资中都含有政府出资，但一些基础设施项目，如居民小区内由开发商或物业公司投资建设的污水、垃圾、集中供热等基础设施，在符合城市总体规划和行业技术规范的前提下，完全可以由审批制改为核准或登记备案制。

3. 制定贯彻落实细则

为了将“两个放开”落到实处，北京市制定了贯彻落实“两个放开”的实施细则，切实推动政府审批制度的改革。北京市先后出台了《北京市非政府投资建设项目计划审批管理改革实施办法》和《北京市发展计划委员会非政府投资建设项目登记备案程序规定》，明确规定了对内资非政府投资建设项目、外商投资建设项目取消审批改为登记备案，并且下放部分审批权限，以及非政府投资建设项目登记备案的程序和需要提交备案的材料等。

4. 进一步转变政府职能，精简行政许可和审批事项

在城市基础设施投融资体制改革中，北京市强调要将政府主管部门的工作重心逐步转移到制定规则、规范标准、强化管理、加强监督和为市场主体提供优质服务上来，切实改变以批代管、只批不管、重审批轻监管的传统做法。

按照上述要求，作为全市投资综合管理部门的北京市发展和改革委员会，根据《行政许可法》和《北京市人民政府关于全面推进依法行政的实施意见》的精神，对现有审批政策和相关政府审批文件进行了清理，废止了部分不符合改革方向和经济发展需要的审批文件，对有保留价值、但与改革要

求有冲突的部分审批文件进行修改后重新发布实施。

同时，北京市投资主管部门加大了电子政务的建设力度，在加快建立透明、高效、廉洁的政务服务系统的进程中，搭建了政府网上审批平台，扩展网上审批服务范围，提高审批服务效率和服务水平。

二、全面深入地推行招投标制

在原有基础设施投融资体制下，基础设施投融资建设和运营市场的垄断和封闭表现在各个环节和方面，一是投资环节的垄断，即基础设施项目投资建设的实施主体均由各个行业内的基础设施国有企业承担，社会资本难以进入基础设施项目领域；二是建设环节垄断，即在建设施工主体或作业主体的选择上，存在很强的不规范、不透明现象，往往采取委托建设的不公开方式来选择施工主体；三是监理环节、设计环节存在垄断和暗箱操作；四是融资环节不公开，项目建设中的贷款银行都由项目单位根据自己意愿通过一对一谈判来确定，具有一定的垄断性。

为打破各种垄断，杜绝不规范和暗箱操作，提高建设效率和投资效益，在各个环节上为社会投资进入基础设施市场提供平等的机会，北京市在改革中，在基础设施特别是政府投资项目的投融资建设全过程中，引入市场经济的公开、公平、公正、竞争的理念，全面、深入地推行招投标制，实行全过程招标，推广公开招标，努力推动建立透明、规范的操作机制，为引入社会资本和市场竞争机制创造条件。

1. 提出了百分百招标的要求

针对原体制下大部分新建基础设施项目采取委托建设、操作不透明、不规范的状况，北京市在改革中提出了百分百招标的要求，即对新批准建设的经营性基础设施项目，依法必须招标的要百分之百地实行招标。

2. 在各个环节上全面推行招标制

杜绝采取委托方式确定建设施工主体或作业主体的传统做法，改用招标制，从市场上公开选择建设施工主体或作业主体；根据新旧体制转换中的实际情况，尽可能减少通过行政指令，由政府直接指定国有基础设施企业充当基础设施项目，尤其是经营性基础设施项目的政府出资方和项目法人的一贯做法，全面推行项目法人招标，放开基础设施项目建设的投资市场；在勘察设计和建设监理以及设备材料采购环节，同样要全面推行招标制，并建立事后评估和惩戒机制，建立监理公司和设计企业黑名单，对于违规操作、资信不高的监理公司和设计企业，要上黑名单予以警示，违规操作严重的要清出市场；在项目融资环节，推广实施贷款银行招标制，并首先在政府投资项目中实行。

在改革中，对政府投资建设的项目，北京市规定，在勘察、设计、施工、监理和重要设备材料采购等环节必须对社会实行公开招标，否则，北京市发改委一律不予办理有关手续。

3. 深入推行招投标制

依法必须招标的基础设施项目，要尽可能减少邀请招标方式，尤其是对经营性基础设施项目，要全部采用公开招标方式进行，杜绝关系型招标和走过场式招标，杜绝暗箱操作和私下交易；对于评标专家的确定，要改变过去由项目法人指定的做法，由政府建立专家库，评标专家从专家库中随机抽取；还要改革设计和监理企业的计费方式，改变过去单纯以投资规模为计费依据的做法，从设计源头杜绝投资超概算现象，并避免监理企业与建设施工企业利益一致化倾向。

三、建立"投资北京平台"，完善投资促进服务体系

1. 社会资本进入基础设施建设和运营市场存在障碍，迫切需要相适应的投资促进中介服务

在放开基础设施建设和运营市场后，社会资本进入市场仍然存在事实上的许多障碍，其中一个重要阻碍因素就是由于长期计划体制下的垄断，基础设施市场对社会投资者而言是一个基本封闭的领域，社会投资者尤其是境外投资者，包括有投资意愿和资金实力而没有投资实施能力的投资者，大部分都不熟悉北京市的实际情况，比如基础设施建设和运营市场情况，包括政府的基础设施投资管理政策和项目投资建设实施程序。如果不解决这个问题，一方面导致社会资本进入北京基础设施市场后出现不应有的失误；另一方面也使北京基础设施建设和运营市场对社会投资者的吸引力下降，最终都会影响北京基础设施投融资体制改革的实施效果。在上述情况下，为加快社会投资者了解、熟悉北京基础设施领域的过程，加速培育社会投资者群体，把社会投资顺利导入北京市基础设施建设和经营领域，需要完善北京市的投资促进服务体系，为投资方创造完备而高效的中介服务支持。

另一方面，国外的经验表明，实施基础设施投融资体制的市场化改革，不仅不能减少政府的工作，反而对政府工作提出了更高的要求。具体到北京市，开放基础设施市场，要求提高政府行为的前瞻性、科学性以及契约化、规范化

的程度，政府管理部门增加了大量的项目前期准备及招商谈判、市场监管、效果评估等各方面的大量工作，仅靠政府内部资源，很难胜任推进改革的要求。因此在基础设施投融资体制改革中，作为引资方、改革推动者和市场监管者的政府，同样需要高水平的中介服务，以提高政府的运作效率。

2. 建立政府协调下的“投资北京”服务平台，推动社会投资与基础设施项目的平滑对接

为把社会投资顺利导入北京市城市基础设施建设和经营领域，为基础设施建设和经营市场的开放创造条件，北京市建立起了“投资北京”服务平台，该平台包括一刊、一网、一库、一频道。一刊是指投资北京杂志，一网是指投资北京网站，一库是项目储备库，一频道是在北京电视台开辟的政策专栏。

该平台的主要职能是，为投资者提供全方位中介服务，为办理相应手续提供“后勤化”支持，促进资金与项目的对接，逐步发展成为市场化招商引资的平台，进而推动建立全市投资促进服务体系；通过公开征集方式建立项目储备库，实现政府投资项目筛选中部分政府职能的社会化，减少不规范运作和暗箱操作；向政府及时反馈投资人意见和要求，并通过市场调研向政府提供相关政策建议。

四、建立并实施特许经营制度，形成市场开放的制度性框架

为推进本市城市基础设施建设和运营的市场化进程，为引入社会投资者创造一个较好的制度环境，加快城市基础设施建设，并维护投资者、特许经营者和消费者的合法权益，北京市政府2003年10月就颁布了《特许经营办法》，在总结该办法试行两年的基础上，2005年12月，北京市政府正式公布实施《北京市城市基础设施特许经营条例》(以下简称《条例》)。

1. 特许经营的含义和范围

根据《条例》规定，城市基础设施特许经营，是指中华人民共和国境内外的企业和其他经济组织依法取得政府授予的特许经营权，在一定期限和范围内经营以下城市基础设施：供水、供气、供热；污水和固体废物处理；城市轨道交通和其他公共交通等。

2. 特许经营方式

根据《条例》规定，城市基础设施特许经营，可以采取：在一定期限内，城市基础设施项目由特许经营者投资建设、运营，期限届满无偿移交回政府；在一定期限内，城市基础设施由政府移交特许经营者运营，期限届满无偿移

交回政府；市人民政府同意的其他方式。

3. 特许经营的实施

特许经营的实施分为四个阶段：

一是特许经营项目的提出。《条例》规定，拟实施特许经营的城市基础设施项目，可以由市发展改革部门、市城市基础设施行业主管部门或者区、县人民政府提出。

二是制定特许经营实施方案。城市基础设施特许经营项目确定后，实施机关应当拟定实施方案。市级城市基础设施特许经营项目由发展改革部门组织市规划、土地、建设、环保、财政等有关行政主管部门依照各自职责对实施方案进行审查后，报市人民政府批准。区、县城市基础设施特许经营项目的实施方案由区、县人民政府确定。

三是特许经营者招标。实施机关按照实施方案，通过招标等公平竞争方式确定特许经营者并与之签订特许经营协议。特许经营协议签订后，特许经营者应当持特许经营协议和其他有关文件到有关行政主管部门办理相关手续。

四是特许经营的服务和监管。有关行政主管部门按照各自职责范围履行特许经营协议中的相关政府承诺。特许经营者应当按照特许经营协议提供安全、合格的产品和优质、持续、高效的服务。特许经营期限内，有关行政主管部门应当按照各自职责对特许经营项目进行检查、评估、审计，对特许经营者违反法律、法规、规章规定的行为予以纠正并依法处理。

4. 实施特许经营制度的重要意义

《条例》的发布实施，首次以法律形式确立了北京市面向境内外各类投资者开放城市基础设施市场的重大政策，明确了市场开放的范围、社会资金进入的方式，提出了规范性的操作程序，设定了各部门的权责，并首次将存量基础设施资产的市场化以特许经营的形式纳入政策考虑范畴，改变了以往社会投资者进入无门、政策模糊、无章可循、难以操作的状况，有利于建立规范透明的市场准入制度和市场监管制度，为在北京城市基础设施项目投融资领域大规模引入社会资金、建立北京市城市基础设施建设和运营的市场化制度奠定了框架基础。

五、研究调整基础设施产品和服务价格，推动建立政府调控下的市场化价格形成机制

价格是决定基础设施项目是否具有可经营性的重要先决条件，为了给基

础设施投融资体制改革的顺利推进创造条件，北京市正在研究建立与基础设施运营企业的社会平均成本和利润、总体物价水平以及居民收入涨幅相适应的基础设施产品和服务价格形成的长效机制。此外，基础设施具有公益性的特征，北京市在改革中充分考虑社会公众的承受能力，强调价格调整必须在政府调控下进行，并为此建立实施了价格听证制度，以广泛征求社会各界关于基础设施价格调整的意见和建议。

六、改革政府对社会投资的调控方式

1. 把信息披露作为调控社会投资的重要手段

在改革中，北京市摒弃传统观念和做法，转变工作作风，不断提高政务透明度，高度重视信息披露对引导社会投资的作用，建立了信息披露制度，通过披露产业政策、行业规划、价格政策、社会总需求、经济运行情况、投资形势、产业投资指导目录、重大政府投资项目招投标等信息，引导投资者正确决策，促进社会资源的合理配置。

2. 通过完善土地供应机制来引导和调控社会投资

采取规划引导和参数控制两种方式，来推动建立和完善新的土地供应机制。就是根据国民经济和社会发展规划来制定产业和行业发展投资计划，指导编制土地供应计划；建立产业评价和筛选机制，制定行业发展和准入标准，对具体上市交易的土地设立项目参数，规范土地交易行为；通过编制土地供应计划，实现政府对建设用地的总量和结构调控，引导社会资金重点投向城市基础设施、现代制造业、高技术产业、郊区经济等政府鼓励发展的产业、行业和区域。

3. 以政府投资方向的变化来引导社会投资转变投向

在改革中，北京市注重发挥政府投资的导向作用。2004年，为保持投资的适度增长，推动经济资源向郊区和农村转移，加快产业结构调整，北京市提出并积极推进政府投资的“两个转移”和“五个倾斜”，通过优化政府投资结构来引导社会投资转变投向。其中，“两个转移”是指政府投资重点要从城区向郊区转移，推动和引导社会投资从房地产业向政府鼓励的其他优势产业转移；“五个倾斜”，是指推动政府投资向以下五个方面倾斜：一是向郊区基础设施、卫星城和小城镇建设倾斜；二是向轨道交通和城区道路建设倾斜；三是向农村公共卫生、义务教育等社会事业发展倾斜；四是向高新技术、现代制造业、现代服务业发展和结构升级项目倾斜；五是向城乡节水等资源节约和综合利用项目倾斜。按照上述要求，北京市发展和改革委员会对政府基本建设投资做出了相应安排，实现了城区与郊区的投资比例从2003年的20：80到2004年40：60的重大转变，使2004年北京全社会固定资产投资中郊区投资所占比重同比提高了一个百分点。

具体到基础设施领域，政府基本建设投资向郊区县基础设施建设进行了大幅度倾斜。据统计，2005年郊区基础设施投资比2003年增长了将近4倍，市级基本建设政府投资投向郊区县基础设施项目的资金达到50亿元：在市政府投资的导向作用下，区县政府投资结构、银行贷款投向以及社会投资者的资金投向都发生了相应变化，经济资源在政府投资引导下，出现了向郊区和农村加速转移的势头。

第二节
改革政府投资管理体制

实施城市基础设施投融资体制的市场化改革，充分发挥市场机制在配置资源中的基础性作用，必须依靠两条腿走路，即在开放基础设施建设和运营市场，引入社会投资并改善对社会投资管理的同时，还要改革政府投资管理体制，引入市场经济的理念、做法和竞争机制，进一步推动政府和市场的有机结合。

为此，北京市确立了政府投资管理制度改革的方向和原则，即实现政府投资项目全过程管理的公开、透明、规范、合理，提高政府投资项目管理的科学化水平，坚持全面管理与局部管理、源头控制和过程监督、事先预防和事后惩治相结合、资金投入形式和项目组织管理模式改革并重的原则，并按照上述原则从决策、投资、融资、项目管理、资金使用等各个方面对政府投资管理体制进行改革。

一、提高政府投资决策的科学化和民主化水平

城市基础设施建设，涉及全体居民的利益。必须对政府投资项目封闭式的传统决策机制进行大胆改革，以广泛听取社会各界的意见和建议，提高政

府对城市基础设施项目决策的透明度、开放度和科学化程度。

1. 建立了政府投资项目决策前的评估论证制度

2004年，北京市发展和改革委员会面向全社会公开招聘选择各类具有相应资质的中介机构，形成了总规模为50家的中介机构库。在审批政府投资的城市基础设施项目建议书、可行性研究报告、初步设计及概算时，从中介机构库中选择合适的中介机构，委托其以及其他专家进行第三方评估论证。根据中介机构和专家的论证意见，要求项目单位不断优化方案，政府科学确定投资。

此外，为提高中介机构的工作质量，除了对中介机构设定资质要求外，北京市注重对中介机构库中选聘中介机构的监督管理，通过设定“黑名单”、定期调查评估等方式和办法，初步建立了对聘任的中介机构的信用评价制度。

2. 在规划引导下，建立了包含基础设施项目在内的政府投资项目储备库

根据全市经济与社会发展需要和行业发展规划，按照“以规划确定项目，以项目落实规划”的原则，北京市建立了包含城市基础设施项目在内的政府投资项目储备库。按照“建设一批、储备一批、谋划一批”的滚动发展思路，从储备库中选择项目适时启动前期工作。

政府投资项目储备库的建立，有利于避免“资金等项目、项目不成熟就仓促上马”、政府投资决策流于形式的现象，减少了政府投资决策失误，提高了政府投资决策的科学化程度。

3. 推行政府投资项目的公示制度

北京市发展和改革委员会制定了《关于政府投资管理的暂行规定》，提出了对经济、社会和环境有重大影响的项目，在审批项目建议书前，应通过公示、专家评议等方式广泛征求社会各界和公众的意见，推行政府项目公示制度。

二、改进和加强政府投资项目的组织管理体制，加强对项目实施的过程监管

1. 改革政府投资项目管理体制的必要性

传统的项目管理模式，即由建设单位提出项目建议书和可行性研究报告、政府投资主管部门进行审批、财政部门核拨建设资金、再由使用单位组织基建班子进行建设的模式，存在着较大的弊端：

一是政府对项目投资建设过程难以有效监控，从项目开工到竣工验收期间，政府对项目的管理基本处于失控状态。尤其是对政府资金缺乏全过程监

管，资金拨付到位以后就基本脱离了政府管理。

二是由于建设单位与使用单位合一，建设单位往往擅自增加建设内容、扩大建设规模、提高建设标准，导致项目投资一超再超，政府对项目建设单位扩大投资的内在冲动缺乏有效制约。

三是许多项目建设往往自己进行建设和管理，由于不具有专业建设管理经验和技术能力，致使项目管理水平低下。

四是传统的项目组织和管理方式还容易导致暗箱操作和腐败行为。

因此，传统的项目管理制度，已难以适应完善社会主义市场经济体制的要求，已经到了非改革不可的地步。

2. 推广实施代建制，改进政府投资项目建设的组织和实施方式

（1）首先在公益性项目建设中实行代建制试点。为根治政府投资项目建设中超规模、超标准、超概算的现象，提高政府资金使用效率，节省政府投资，提高项目管理水平。2003年，北京市开始在公益性政府投资项目中进行代建制试点，取得了较好的效果。该试点项目是北京回龙观医院病房楼改造工程，工程完工后，不仅节约政府资金42万元，工程还获得了“结构长城杯奖”。

（2）制定了代建制的实施规范。2004年11月，北京市发展和改革委员会印发了《北京市政府投资建设项目委托代建合同（示范文本）》；2005年3月，北京市发展和改革委员会出台了《北京市政府投资项目代建制管理办法（试行）》，从政策上明确了实施代建制项目的范围，即对政府投资占总投资60%以上的公益性政府投资项目，一律实行代建制；并对代建的形式、代建人的产生、代建的合同管理、代建管理费、对代建人的奖励和处罚等进行了明确

的界定，提高了代建制的可操作性。

（3）代建制的实施，是北京市投资体制改革的重要创新性举措，明显提高了项目的管理水平，从机制上强化了投资约束，有效制止了项目的超概算现象，同时从根本上阻断了权力寻租的空间，有利于从源头上遏制腐败。

（4）扩大试点范围，在基础设施项目中推广实施代建制。鉴于代建制实施的良好效果，北京市计划在下一步改革中，扩大代建制的实施范围，除在社会事业领域继续推广完善代建制外，还在公安政法、党政机关、过街天桥等街道公共设施、公交站点中推广使用，尤其是计划在基础设施项目，主要是城市道路等非经营性基础设施项目中，按照先试点、后推广的办法，逐步加以应用。

3. 改进和加强对政府投资项目中政府资金的使用管理，逐步推行政府投资项目的贷款银行招标制

（1）政府投资项目贷款银行招标制的含义。政府投资项目的贷款银行招标，即对安排政府资金用于项目建设资本金、贷款贴息、投资补助、直接投入的项目，在筹措非政府投资部分的建设资金时，如果采用银行贷款的融资方式，须通过招投标方式选定贷款银行。

（2）北京市政府投资项目贷款银行招投标制的实施情况。

①首次公开招标选择政府投资项目的贷款银行获得成功。2004年11月，北京市发展和改革委员会首次采用公开招标方式选定了公主坟西延和车公庄西延热力管线工程项目的贷款银行。该工程主要包括公主坟西延热力管线工程、车公庄西延热力管线工程和公主坟西延泵站工程，总投资8.7亿元，由市热力集团贷款解决，政府给予适当贴息，招标工作委托国信招标有限公司具体实施。

招标公告发布后，北京市各主要银行反响热烈，积极参与投标，5天内即有6家银行购买了招标文件。经评标专家评审，最终以最优惠的服务承诺确定了中国农业银行北京分行作为该项目的贷款银行，项目建设单位不仅获得了全额贷款，而且获得了最优惠的贷款条件，贷款利率在国家规定幅度内最低，节约项目财务费用约6100万元。

②在其他基础设施项目中进行了推广应用。2005年6月，北京市又圆满完成了首个公路打包项目的贷款银行招标工作。该项目为北京市路政局2005年度公路新改建工程，共70项，总长673公里，计划投资23.9亿元，其中申请银行贷款15亿元，以养路费作为还款来源。

招标公开发布后，北京市共有9家银行购买了标书，同时汇丰银行、三菱银行等外资银行也通过电话查询。开标后，共有5家银行参加投标，经随机抽取的银行、投资、法律专家的评审和打分，最终中国工商银行北京分行中标。

（3）政府投资项目贷款银行招标制的实施效果和意义。实行政府投资项目贷款银行公开招标制，是对基础设施政府投资项目建设管理体制的一个重大创新，具有多方面积极效果：

一是规范了政府投资项目中的银行贷款行为，使政府和企业决策以及项目融资过程更加公开、规范、透明，有利于政府、银行及社会对项目建设贷款的监管监督，有利于加强国有企业债务管理，降低政府或有负债风险。

二是为银行搭建了一个公平竞争的平台，优化了金融业的发展环境。通过在融资环节引入招投标制，实现了政府投资项目的全过程招标，为所有银行提供了平等参与北京市基础设施项目贷款业务的机会。

三是使项目建设单位获得了条件较为优惠的金融服务和较低的项目融资成本，有利于提高政府资金使用效益，降低政府资金使用成本。

（4）进一步扩大政府投资项目贷款银行招标制的应用范围。据统计，2004～2010年，北京市发改委共组织实施25个政府投资基础设施项目的贷款银行指标，涉及贷款1396亿元，涵盖轨道交通、高速公路、热力管线、自来水管网、电力工程等领域，可节约财务费用160亿元以上。

4. 建立实行项目实施的稽察制度

（1）提出了政府投资项目百分百稽察的要求。在改革中，北京市建立了政府投资项目的稽察制度，规定凡是由北京市发展和改革委员会审批的政府投资项目，从2004年起实行百分百稽察。2004年，北京市发展和改革委员会负责稽察的政府投资建设项目总投资达370.5亿元。

（2）稽察的主要内容。稽察的重点是围绕基建程序审批情况、项目建设管理情况、工程质量管理情况、概算编制和执行情况、财务管理情况等五个方面进行。

（3）建立了多层次的分类稽察体系。具体工作中，北京市建立和完善了多层次的项目稽察体系。

第一，引入社会中介机构的参与。为弥补政府稽察力量的不足，同时避免政府稽察的缺陷，实现稽察工作的客观公正，北京市在稽察中也非常重视、引入了社会力量，聘请有社会信誉、具备适当资质的社会中介机构参与项目稽察，实施第三方稽察。

第二，市级稽察机关在加强自身工作的同时，注重引导和督促区县投资主管部门，加强对在本地区范围内的市级投资、区级配套的政府投资项目的监管稽察。

第三，市区两级政府投资的稽察机构在纵向上，配合国家稽察部门加强对国家和北京市共同投资项目的稽察，在横向上协助市级审计部门和纪检监察部门做好对政府投资项目的审计检查。

第四，实行了分类稽察。对使用国债资金的政府投资项目，实行优先稽察、全方位稽察和深度稽察；对政府投资数额较大的重大项目和重点建设项目，作为稽察重点，实行全方位的深度稽察；对一般政府投资项目，如使用政府投资补助、政府贴息资金、政府投资比重较小的非重点项目，进行专项稽察和全面检查，着重对政府补助资金和政府贴息资金使用情况进行稽察；对政府全额投资的一般项目，适时开展程序性稽察。

三、改革政府资金管理和投入方式，提高政府投资对社会投资的引导和放大能力

1. 积极探索政府资金集中管理和分散管理的最优途径

（1）管理过于集中和过于分散都不利于提高政府资金的使用效益。随着经济体制改革的深化、经济的发展和市场作用的增强，资源配置权力总体上呈现出由政府向企业、由上级政府向下级政府下放和分权的趋势，在这种大趋势下，政府投资资金管理也从集中管理逐渐向分散管理转变，政府投资决策权也随着政府资金管理权的转移呈现出分散化的趋势。但限于体制条件、政府职能和政策法律环境的制约，这种分散管理并没有带来政府资金使用效益的同步提高，政府投资的分散决策和分散管理虽然调动起了各个部门、各级政府及其他单位投资建设的积极性，提高了决策效率，扩大了资金来源，但也在一定程度上助长了不规范决策甚至盲目决策、低水平扩张、重复建设、重批轻管等弊端，降低了政府投资效益，具体工作中，也容易出现多头报批、多头审批、交叉管理带来扯皮等问题。

在改革中，北京市认识到，政府资金管理过于集中或者过于分散都不符合国情和市情，都不能实现政府资金的优化配置。政府投资的管理，必须伴随政府职能的转变、市场发育程度的提高以及法治环境的完善，将集中统筹管理和分散自主管理结合起来，寻找集中管理和分散管理的最佳结合点。

（2）北京市转变政府资金管理模式的思路和做法。改革中，北京市提出了转变政府资金管理模式的要求，将政府投资审批的简政放权与实行政府资金的统筹管理结合起来。

一是改革投资项目审批管理制度，切实落实企业投资自主权，下放管理重心。改革中，北京市投资主管部门提出，对采用投资补助、贴息方式使用政府资金进行投资的项目，只审批资金申请报告，不再审批项目建议和可行性研究报告；并且原则上对同一项目在整个建设期间的政府资金投入要进行整体审批，对同一项目的资金申请报告在整个建设期间也只能审批一次，不得对同一项目采取一年批一次的短期行为。同时，坚决下放管理重心，将市与区县投资主管部门办理项目的比例从以往的80：20变为15：85。

二是适度加强政府资金的统筹管理。积极推动政府投资由分散切块管理向集中统筹管理的转变，以提高政府资金的使用效益。在政府投资主管部门内部，将原来分散在各个处室进行切块管理的政府资金的管理权集中到一个处室进行统筹调度，减少扯皮和内部损耗，避免多头管理，提高政府基建资金使用效益。在政府主管部门以外，进一步加强与对专项建设资金使用和管理的各个行业主管部门以及财政部门的沟通和联系，提高交叉投资项目的统筹决策效率，合理分配出资比例，做好项目建设中基建资金、专项建设资金之间以及与项目建成后日常运营资金安排之间的衔接，提高政府资金的总体使用效益。

三是加强对政府资金的制度化、规范化管理。为规范对政府投资的管理，北京市发改委先后制定出台了《市发改委政府投资项目委内审批程序管理办法（试行）》、《关于政府投资管理的暂行规定》、《市发改委投资建设项目咨询评估前期工作计划管理规定》、《北京市政府投资建设项目代建制管理办法（试行）》等文件。

2. 转变政府资金的投入形式，实现政府资金由单一拨款向多种形式转变

为提高政府投资效率，突出政府投资的引导、放大和调控作用，吸引社会资金参与政府投资项目建设，北京市在改革中积极推动政府资金采取多种形式投入到项目建设中，并在规章制度上予以明确和规范。经过一年多的改革实践，北京市发改委于2004年11月出台了《关于政府投资管理的暂行规定》，提出了对政府投资领域内的建设项目，要根据不同项目的性质，政府投资可以分别采取直接投资、资本金注入、投资补助、贴息等方式投入；并根据投资体制改革和基础设施投融资体制市场化改革的要求，规定了每种投入形式的适用项目范围，减少了对经营性项目的投资，增加了对准经营性和非经营性项目的投资。

第三节 搭建城市基础设施投融资平台

根据北京市轨道交通发展规划，未来几十年内，北京地铁建设需要投入巨额资金，如果不进行改革，仍然按照原有的投融资建设和运营体制，完全依靠政府财力和银行贷款投资，不仅规划建设任务难以完成，而且会给政府财政带来沉重还款和补贴包袱，还会影响整个基础设施投融资体制改革的推进。

一、北京市2004年轨道交通建设和运营投融资体制改革的背景

1. 建设任务繁重

自从1969年北京第一期地铁工程投入试运营起，截止到2004年底，北京市共拥有轨道交通线路4条，分别是一线、环线、复八线及城市轻轨，总里程已达114公里，其中前三条为地铁线路总长73公里。

根据当时北京市市政府的部署，2008年以前，北京市轨道交通建设从两个方面展开，市区网将重点改善中心区交通，满足奥运交通需求，为古城保护提供条件；市郊网将尽快建成重点发展卫星城与市区之间的轨道交通线路，加强卫星城与市区之间的交通联系。市区线路包括5号线、4号线、10号线（含奥运支线）、机场线、亦庄线、9号线及15号线，计划建设市区线路总长155.3km。市郊线路包括昌平线一期和房山线一期，计划建设线路总长36.7km。

到2020年，北京轨道交通建设的目标是，市民在五环以内使用轨道交通能在20分钟内到达目的地；公共交通设施将成为八成左右市民的主要交通工具，其中一半的人将经常使用轨道交通。

到2050年，北京市区轨道交通网络将由16条地铁线路以及6条轻轨线路组成，规划线网长度为685.5公里，其中四环路以内规划线路长度为338.6公里，线网密度为1.08公里/平方公里；二环路之内规划线路长度为101.5公里，线网密度为1.64公里/平方公里。

2. 原有投融资体制难以满足地铁建设和运营需要

（1）投资额巨大，财政难以独立承担。据初步测算，2005～2008年，北京市基础设施建设项目共有863项，投资总额将高达3000亿元以上，根据国家投资管理政策的要求，北京市政府需要直接投资940亿元，如果考虑到

原有的举债建设模式下基础设施建设投资中的债务偿还和利息支付负担以及项目建成后的财政运营补贴，北京市政府的基础设施最终投资将会远远超过1000亿元。

而轨道交通建设投资，在全市基础设施投资中占到很大的比例。根据当时的城市轨道交通建设规划，到2008年，北京市将形成300余公里长的由地铁、轻轨、城市铁路组成的轨道交通网，新建线路总投资将达616.62亿元，约占交通设施投资的70%，约占基础设施总投资的20%。在2008年以前北京市各个基础设施领域建设任务都比较繁重的情况下，政府投资不可能一味地支持轨道交通建设，如果仍然采用原有投融资体制下的举债建设模式，如此巨额的轨道交通建设投资，将给北京市财政带来难以承受的负担。

（2）建设和运营主体单一，权责关系不顺。改革前，北京市地铁的投融资任务由北京地铁集团承担，地铁建设和运营分别由北京地铁建设公司、北京地铁运营公司独家运作，集团与建设公司、运营公司之间是母子公司关

北京市城市轨道交通近期建设规划调整（2007～2016年）示意图

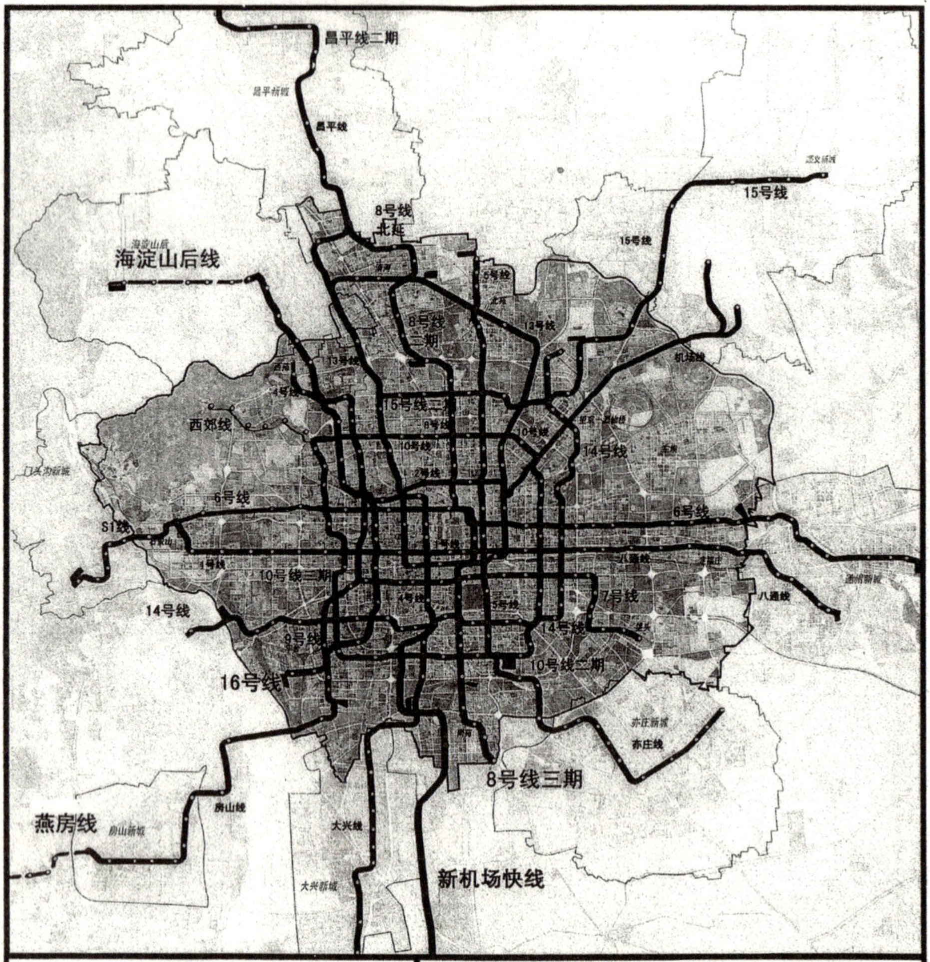

图 例

- 《建设规划》前运营线路
- 《建设规划》线路
- 《规划调整》线路
- 《规划调整》建设时机研究线路
- 6号线西延线
- 有轨电车西郊线

北京市轨道交通近期建设规划调整（2007～2016年）新增项目和内容表

项　目	起讫点	线路长度（公里）	总投资（亿元）	建设期
8号线三期	王府井～五福堂	16	144	2012～2016
16号线	永丰～榆树庄	36	366	2012～2016
新机场快线	北京南站（暂）～新机场	37	197	与新机场建设同步
《规划调整》项目小计		89	707	

海淀山后线永丰～北安河段和燕房线：建设时机和交通制式再作进一步研究。
其他调整内容：
1. S1线东段工程：将6号线西延工程替代S1线东段工程。
2. 有轨电车西郊线：纳入规划做好衔接工作。

系。全市地铁的投融资、建设和运营由这三家公司包揽，主体单一，事实上处于一种封闭和垄断状态，没有形成多元化的投资、建设和运营市场，社会投资者无法进入，招投标等市场竞争方式无法引入，达不到通过市场竞争来降低成本、提高效益、保证建设和服务质量的目的。

（3）主客观因素阻碍地铁投融资、建设和运营的市场化运作。从客观上看，地铁作为大型基础设施，具有投资额巨大、公益特征明显、运营受时空制约、投资回收慢、投资收益低等特点，对非政府投资者不具有吸引力，严重制约了地铁建设的市场化融资。

从观念上看，原有体制下，地铁一直被视为完全的公共物品，地铁建设完全由政府出资，忽视地铁所具有的私人物品属性，价格控制过严，不重视以地铁运营的票房收入来吸引社会投资者，而且地铁运营不讲究经济效益，地铁运营依赖政府补贴；地铁建设和运营企业实质上被当作事业单位看待，不具有市场主体意识，不具有独立的经济利益诉求；另一方面，对于地铁建设的外部效益研究利用不够，尚未对地铁开通后带来的周边房地产升值进行有效的、综合的市场开发，对地铁资产所附着的冠名权等无形资源经济价值的挖掘不力。

（4）地铁集团投融资功能不足。改革前，地铁集团总资产、净资产规模都很大，仅从资产规模上看，具备相当强的融资能力。但地铁集团的资产质量并不高，沉淀资产量大，资产盈利能力低，资产流动性差，因此在当前的金融市场环境下，地铁集团的直接和间接融资能力实际上都很低。并且在原有地铁运营模式下，非经营性资产与经营性资产混在一起，没有分开经营，进一步降低了对社会投资者的吸引力。

二、改造北京地铁集团，搭建基础设施投融资平台，确立轨道交通投融资、建设和运营企业的市场主体地位

为解决上述问题，保证北京市轨道交通建设的顺利进行，北京市以北京地铁集团为载体企业，在国有资产和政府资金的支持下，扩充其投融资功能，在2004年年初将其更名为北京市基础设施投资有限公司（以下简称京投公司），作为市级基础设施投融资平台，并明确其在建立初期的主要职责是作为北京市轨道交通投融资建设的政府投资方，首先解决轨道交通的政府出资建设以及推动投融资建设和运营的市场化运作问题；其次是随着基础设施投融资体制改革的不断深化，再作为其他新建基础设施的政府投资方，逐步将其投融资建设和市场化运作领域扩展到其他重大基础设施项目。

北京市以京投公司的设立为契机，对北京市轨道交通投融资、建设和运营管理体制进行了全面的改革，改变了过去将地铁建设和运营企业当作事业单位进行管理的模式，从体制和机制上解除了其对政府的非市场性依赖，强

化经济利益刺激以及风险和成本约束，赋予其独立的经济利益诉求，进一步确立它们的市场主体地位。

1. 通过搭建基础设施投融资平台，理顺地铁投融资主体与运营主体、建设主体的产权关系

（1）市国资委以地铁集团及其所属企业原来占有的国有资产作为对京投公司的出资，并将市政府每年用于轨道交通建设的资金作为资本金全部注入基础设施投资公司。

（2）将原运营公司更名为“北京市地铁运营有限公司”（简称运营公司），运营公司的出资人由原地铁集团变更为市国资委，将原地铁集团的一部分资产作为运营公司的注册资本。

（3）将原地铁建设公司更名为“北京市轨道交通建设管理有限公司”（简称建设公司），建设公司的出资人由原地铁集团变更为市国资委，将原地铁集团的2400万元现金投资作为运营公司的注册资本。

2. 明确投融资平台与运营公司、建设公司的职能定位，实行轨道交通项目投融资、建设、运营、监管的四分开

在改革中，北京市将运营公司、建设公司从原地铁集团中剥离出来，成为独立的市场主体，并清晰界定了各自的职责。

（1）作为市级基础设施投融资平台，京投公司承担北京市重大基础设施项目的投资、融资、还贷；京投公司以其所拥有的全部法人财产，在政府每年固定投资的基础上，在政府补偿政策支持下，按照市场化运作方式，建立地铁建设和运营的良性回报机制，吸引社会投资者进入，推进投资主体的多元化，实现适度竞争；京投公司参与轨道交通以及其他城市基础设施的发展规划。

（2）将原地铁集团与原运营公司、原建设公司的母子公司关系，改变为目前京投公司与运营公司、建设公司的合同契约关系。京投公司通过与运营公司、建设公司签订委托运营合同和委托建设合同，按照经济规律对运营公司和建设公司进行协调，对运营公司的运营成本和建设公司的项目管理成本进行审核。

（3）运营公司按照与京投公司签订的委托运营合同，具体负责已有地铁线路（主要是老线）的运营，统一管理地铁指挥调度系统。

运营公司的运营收入全部列入京投公司的收入范围，京投公司通过核定运营公司的运营成本以及相关运营指标后，核定其运营费用。

（4）建设公司按照与京投公司签订的委托建设合同及相关协议，具体负责轨道交通新建线路的初步设计，进行施工设计、施工企业、车辆设备的招投标，组织实施新建线路的土建结构、建筑装修和设备安装，组织进行新建线路的系统调试、开通、验收及交付运营。

京投公司作为建设公司的业主一方，根据建设公司的履约情况，支付其项目管理费用。

（5）运营公司与建设公司是两个独立法人，相互之间是平等的市场主体关系。

3. 为基础设施投融资平台顺利推行地铁投融资建设和运营的市场化运作创造条件

除了从市场主体方面进行改革外，北京市还从各个方面已经采取了或者拟采取多项措施，改善地铁投融资的环境，提高地铁建设和运营的可经营性，为市场化运作创造条件。

（1）市政府改变过去将每年用于轨道交通建设的资金直接投入项目建设的做法，转而作为资本金注入到京投公司。

（2）市财政根据新建线路的客流和具体运营情况，给予一定额度、一定时限的扶持性补贴。

（3）市财政仍然保留对已有线路的运营补贴，但要加强对运营成本的核算，并根据运营效益的提高，逐步降低补贴标准。

（4）在调查研究和科学测算的基础上，对轨道交通新建线路带来的房地产升值、沿线经济增长等外部效益进行量化，并建立相应收费制度，将增值收益中政府应得部分征收上来，用于轨道交通建设。

（5）支持京投公司开辟多元化的市场融资渠道。支持京投公司通过股权融资、发行企业债券、发行信托计划以及银行贷款等多种手段，进行市场化融资。十多年来，京投公司通过创新发行超短期融资券、开展资产管理计划等产品，扩大市场化融资规模，全面落实北京市城市轨道交通建设资金需求，有效降低融资成本，有效保障轨道交通项目建设。同时，依托轨道交通投融资，京投公司在轨道交通沿线土地一、二级开发、上盖物业、轨道交通相关产业投资、多种经营等业务领域取得了新的进展。2013年，京投公司总资产达到3270亿元，净资产达到1100亿元，拥有22家全资子公司和50家二级参控股公司，成为北京市资产规模最庞大的国有企业之一。

第四节
推动轨道交通投融资建设和运营模式的创新

一、转变观念，首次采用PPP模式对地铁的投融资建设和运营进行市场化运作

在轨道交通投融资体制改革进程中，北京市转变观念，大胆创新，采用新的投融资理念和模式，借助于新搭建的投融资平台，大力推进地铁建设和运营的市场化改革，首次在国内轨道交通的投融资建设和运营中引入PPP模式，取得了良好效果。此后，北京市还在污水处理、垃圾焚烧、燃气、水厂、京承高速二期、京通快速路等城市基础设施项目中运用了PPP模式。

1. 将新建轨道交通项目分为非经营性部分和可经营性部分，为引入PPP模式创造必要的条件

地铁具有典型的准经营性特征。地铁运营具有票务、广告等收入，并且可运营年限长，而且形成大规模的网络系统后能够吸引大量客流从而形成可观的票务收入，具有一定的可经营性特征。但相对于地铁建设的巨额投资，地铁运营后票务收入带来的现金流远远不足以保证社会平均水平的投资回报，如果以地铁项目全部投资为标的进行投资者招商，没有任何一家社会投资者愿意投资。从国内外的实践情况来看，轨道交通的建设如果单纯由政府投资建设并运营，或者完全由社会投资者出资建设，都不是一种最优的选择，对政府而言，负担沉重，效益不高；对社会投资者而言，无利可图，市场不会响应。

针对这种情况，北京市在改革中，首先转变观念，改变了过去将地铁看做纯公益性设施、完全不能进行市场化运作的传统观念，而是应用新的投融资理念，进一步发展了项目区分理论，将地铁这种准经营性项目区分为非经营性部分和可经营性部分（也可称为运营部分），非经营性部分由政府出资建设，可经营性部分吸引社会投资者出资建设。其中，非经营性部分包括洞体、轨道等土建工程，可经营性部分包括车辆、信号系统、自动售检票系统等设备购置安装以及（或者）车站建设。

北京市在轨道交通建设和运营的投融资体制改革中，创造性地将地铁项目划分为非经营性部分和可经营性部分，目的就是缩小地铁投资与运营收益不相匹配的状况，提供合理水平的投资者回报，为在必要的政府投资的基础

上，通过PPP模式引入社会资本、推进地铁建设和运营的市场化创造必要的条件。

PPP模式，即公共——民营合作制，是基础设施建设的一种市场化的项目投融资模式，无论在发达国家还是在发展中国家，PPP模式的应用越来越广泛。采取PPP模式，政府可以更加主动而灵活地运用市场领域的各种优势，同时又能保持对各项公共服务在质量和水平上的控制。在该模式中，政府和社会投资者共同承担项目建设和运营的责任以及投融资风险，不仅降低了政府的建设成本，而且也使社会投资者承担的风险降低到了可接受的程度。

通过PPP模式的实施，北京市在轨道交通建设和运营中，可以将政府的力量和市场的作用更有效地结合起来，既能够弥补政府在地铁建设投资上的资金短缺以及运营效益不高等方面的缺陷和不足，又能满足社会投资者的盈利性要求，还能保持政府对地铁建设和运营的必要控制和有效监管。

2. 将PPP模式引入新建地铁项目建设的基本做法

PPP模式本身又可以分为很多种形式，在北京市轨道交通建设中，主要是采取公共部门和社会投资者合资的形式，并由政府适当分担社会投资者的运营风险。

（1）框定地铁建设非经营性部分的政府投资与可经营性部分吸引社会投资的基础比例。根据世界其他国家进行轨道交通建设的经验和我国各个城市的地铁建设实践，轨道交通产品非经营性部分的投资约占总投资的60%～70%，可经营性部分的投资约占总投资的30%～40%。为便于轨道交通投融资体制改革的推进，北京市为轨道交通所有新建项目框定了一个政府投资与社会投资7∶3的基础比例，即70%的非经营性部分投资由政府负担，30%的可经营性部分投资通过市场化运作引入社会资金解决。具体到各条新建轨道交通线路的实际投资比例划分，可根据不同情况，对非经营性部分和可经营性部分进行尽可能准确的投资测算后决定。

（2）将地铁可经营性部分的投资与建成后地铁的运营收益联系起来进行市场化融资。北京市在改革中，明确了地铁非经营性部分的融资建设不与地铁建成后的运营收益相联系，其投资完全由政府承担；而将地铁可经营性部分与地铁建成后的运营收益相挂钩，以地铁运营的现金流入来吸引社会投资者投资建设地铁的可经营性部分，即进行新建地铁运营商的招标，由中标的社会投资者负责新建地铁线路可经营性部分的投资，建成后由中标的社会投资者负责运营该条线路，从运营收益中逐步收回投资。

（3）政府根据实际情况给予地铁运营商一定的政策扶持。城市轨道交通项目中，不同的线路，由于路由不同，线路所经区域的经济发展状况和沿线居民的收入水平、出行习惯以及公交替代工具的便利性、价格等因素的影响，客流量会有所差异，运营的票务收入会有高有低，有的可能不足以弥补运营商的投资成本和运营成本。针对上述情况，北京市在PPP模式的具体实施中，根据不同线路的实际情况，实行了不同的扶持政策，以保证地铁建设和运营市场化进程的顺利进行。

一是根据线路开通后沿线客流量预测和地铁票价改革情况，适当调低可经营性部分的投资比例，相应调高非经营性部分的投资比例，以降低社会投资者的投资成本；

二是保持非经营性部分与可经营性部分之间的投资比例不变，对中标成为运营商的社会投资者实行投资补偿政策。投资补偿政策可以通过以下几种方式进行：

对运营商进行现金补偿，即由政府通过对运营商的成本收益评估，对确实收益不足以抵补投资和运营成本、不能获得社会平均收益的运营商，采取政府购买运营服务或者给予政府补贴的方式进行补偿。

给予运营商一定的经营上的优惠政策，如充分运用土地的调控作用，将新建轨道交通沿线两旁一定范围内、一定地块或者地铁站口附近的房地产开发权、商业经营权授予运营商，以房地产开发收益和商业经营收益来弥补轨道交通运营收益的不足。

放松价格管制，给予运营商一定的定价自主权。即在全市统一的轨道交通定价政策下，根据某些线路的实际情况，对那些客流量较低或增长缓慢、运营收益不足以弥补投资和运营成本的线路，在科学测算的基础上，适当放宽价格管制，实行弹性价格政策，给予运营商在一定幅度内或一定时限内的定价自主权，由运营商根据自身实际和线路情况自主确定销售政策。

（4）对非经营性部分的政府投资实行灵活的务实的处置政策。北京市在推进和实施轨道交通建设和运营的投融资体制改革进程中，对轨道交通建设中70%的非经营性部分的政府投资，秉持了这样一种指导思想，那就是不单纯追求政府投资的经济收益，但要坚决保留政府对轨道交通运营的最终管制权。这种最终管制权，不是随意的通过行政干预的方式体现，而是以经济契约的形式予以明确和规范。

一是70%非经营性部分的政府投资所形成的洞体等国有资产，可以通过租赁或入股、以无偿或有偿的方式交给中标成为运营商的社会投资者使用和管理。经过成本收益测算，对于那些运营收益不足以保证运营商获得稳定的社会平均收益的线路，可将政府投资形成的资产通过租赁、只收取象征性租金的形式租给运营商使用，或者通过入股、只占一股、不参与分红的形式进入运营企业；对于那些经过测算、运营收益超过社会平均收益的线路，可将政府投资形成的资产通过租赁、收取适当租金的形式租给运营商使用，或者通过入股、只占一股、适当分红的方式参与运营企业经营。

二是政府要在运营企业以金股权的形式保留最终管制权。不管是以租赁的方式还是以入股的方式，政府在运营企业中必须占有金股地位，拥有金股权，即政府或其委派的代表，对于运营企业的经营决策不具有参与管理和决策的权力，不具有分红等收益权，但具有知情权，并从社会公益角度出发，依据相关法律法规和政府与运营商签订的协议，对运营商不符合国家法律法规、损害公众利益的经营决策拥有否决权。

3. 以PPP模式的实施来带动轨道交通投融资体制的全面市场化改革

北京市在轨道交通建设和运营的项目投融资模式市场化改革中，不仅采取了PPP模式来进行项目的投资建设，而且还通过PPP模式的推行来推动市场化改革在更深的层次上、更宽的领域内全面深入地进行。这种全面深入的改革大体按照三个层次推进：

在项目的整体层面上，将线路建设区分为非经营性部分和可经营性部分后，通过公私合作的PPP模式，将政府投资非经营性部分和社会投资可经营性部分结合起来，共同完成项目建设。

在项目的可经营性部分，主要采取BOT的投融资模式引入社会资金，将线路的特许经营权授予社会投资者。这部分建设投资全部由社会投资者运用自有资金或通过市场化融资自行解决，其投资通过线路特许经营的运营收益予以收回，并获得合理的投资回报，特许经营期限到期后，将线路的运营权移交回政府指定的企业。

在项目的非经营性部分，主要由政府投资，但改变以往委托建设的传统做法，将具体施工作业采取招投标的方式选择确定施工建设主体。同时，改变了以往政府全额出资的做法，而是通过作为政府基础设施投融资平台的京投公司，作为这部分政府投资的出资方，在政府资金和国有资产的支持下，通过市场化融资筹集建设资金，以弥补政府投资的不足。2004年，京投公司积极采用发行企业债券的形式筹集建设资金，经过国家审批，最终发行了20亿元的地铁建设债券，大大缓解了市政府的当期投资压力。

4. 北京市在轨道交通建设和运营中引入PPP模式的情况

（1）经过研究，北京市率先采用PPP方式建设了北京地铁4号线，4号线也成为我国第一条采用PPP方式建设的地铁线路。4号线全长28.2公里，工程总投资153亿元。2004年下半年，4号线的特许经营方案获得市政府批准，随即展开了在全球范围内公开选择运营商的工作。经过竞争性谈判，最终确定了香港地铁有限公司与首都创业集团组成的联合体作为投资运营商，负责4号线可经营性部分的投资建设和4号线的运营。2006年，联合体组建的京港地铁公司在北京注册成立，同年4月，京港地铁公司与北京交通委正式签署特殊经营协议。北京市政府根据协议，授予京港地铁公司投资、运营地铁4号线的特许权，特许经营期限为30年。通过采用PPP方式，4号线共为政府节省了初期46亿元投资，再加上经营期内更新改造费用、租金，综合起来，预计4号线项目总体可节约政府财政支出100亿元。

（2）在地铁4号线成功引入PPP模式的基础上，北京市继续以PPP模式推进地铁14号线和16号线的融资工作。2014年11月和2015年2月，北京市相继与京港地铁公司签署北京地铁14号线、16号线的项目特许协议（16号线为草签特许经营协议），授予京港地铁公司14号线、16号线的特许经营权。京港地铁公司分别投资150亿元人民币，负责14号线、16号线车辆、信号、通信等主要设备的投资建设任务，并在30年的特许经营期内负责两条线的运营和维护。

二、在地铁建设中引入BT模式

北京市在新一轮基础设施投融资体制改革中，除了采取PPP模式和BOT模式相结合的方式运作地铁4号线以外，北京市还根据不同线路的具体情况，在新建地铁项目建设中引入其他市场化投融资模式进行运作，由京投公司作为政府出资代表推动实施，采取BT模式来加快轨道交通建设，缓解政府投资压力，提高投资和建设效益。

BT模式，即建设（Build）—转让（Transfer），广泛应用于国外大型基础设施工程的建设，但在国内基础设施领域还属于一种新型的投融资建设方式，尤其是在北京市轨道交通建设领域尚属首次采用。

1. BT模式在北京基础设施建设中的应用情况

（1）在奥运支线建设中引入BT模式的进展情况。BT模式在北京市基础设施建设中的应用尚处于尝试阶段，到目前为止，经过市政府批准，只在地铁奥运支线建设中采用了BT模式运作，一定程度上带有试点的性质。

经过竞争性招标和谈判，奥运支线BT模式运作最终确定了由中国铁路工程总公司等三家公司组成的联合体为中标者，并于2005年5月与中标人签订了BT投资建设协议。协议签订后，由中标人组建项目公司，负责地铁奥运支线的投资建设和移交。

（2）地铁奥运支线的基本情况。地铁奥运之线为地铁10号线的子项目，全长4.7公里，全部为地下线路，全线设车站4座，总投资约24.2亿元，工程于2005年上半年开工建设，2008年7月正式开通运营。

（3）地铁奥运支线实行BT模式的基本做法。

①将奥运支线工程划分为BT工程部分和非BT工程部分。其中BT工程部分主要包括土建工程和车站机电设备工程等，约需投资15.6亿元；非BT工程主要包括前期征地拆迁、通信、信号及车辆购置等工程，约需投资8.6亿元。

②扎扎实实做好奥运支线项目的前期准备工作。项目前期工作是BT模式能否成功运作的基础，前期工作的质量决定着BT协议的周密性和明确性。通过项目的前期工作，要将各个环节的不确定性因素减到最低，提高项目规划设计方案的稳定性和可操作性，避免因为细节和各种不确定性因素影响BT模式的实施效率和效益。

③通过招标确定奥运支线BT工程部分的投融资建设主体，由政府投资的代表方与中标者签订周密、合理的BT投资建设协议。协议要对BT工程部分的投资建设中各方的权利义务、融资方案、建设方案、质量标准、回购和移交方案等进行全面、详尽和明确的规定。

（4）奥运支线应用BT模式建设的效果。在奥运支线建设完成之前，BT模式的全部实施效果还无法全面评价。但从招标结果来看，采用BT模式建设奥运支线，通过投标者的竞价降低了建设费用，节约了政府资金，中标报价比工程估算投资降低3.4亿元。而且从机制上看，通过BT模式的应用，在北京轨道交通建设中引入了市场竞争机制，改变了地铁建设历史上一直采用委托建设的传统做法，有利于打破建设和施工上的国企垄断，是对现有建设工程管理体制的改革和创新。

2. BT模式与BOT模式的区别

BT模式不属于基础设施市场化主要运作方式中管理权参与和所有权参与中的任何一种，与BOT模式最主要的区别在于不涉及项目建成后的运营和管理，与BOT模式相比，它的市场化程度没有BOT模式深。BT模式中，承担投资建设任务的主体，虽然要出资建设项目，但不是通过项目本身的未来运营收益来收回投资，而是在项目竣工后通过项目转让从业主手中收回投资。因此，BT模式不属于项目融资的范畴，而且在BT模式中，项目业主在融资上所获得的实质上是一种短期的融资便利，因而只能在项目建设期内暂时缓解项目业主的出资压力，不像BOT模式可以由运营商出资建设，而不需要项目业主进行投资。

3. BT模式与垫资建设的区别

BT模式与垫资建设的最主要区别在于BT模式是一套规范的、透明的市场化运作方法，而垫资建设则是在市场经济不成熟的环境下一种不规范的、带有暗箱操作性质的过渡性的运作方式。从建设施工主体的选择上来看，BT模式采用公开招标的方式来选择作业主体，可以有效地节省投资，提高效益。而垫资建设则是通过委托建设、不公开的私相授受的方式确定施工作业主体，因而存在普遍的预算软约束的现象；从施工作业主体获得投资回报的方式来看，BT模式中的施工作业主体根据BT协议的明确规定从回购资金中获得投资回报。垫资建设中的施工作业主体则是从项目建设费用中获得回报，存在建设费用超概算的普遍现象；从契约化程度及其法律约束力上看，BT模式的契约化程度比较高，其中项目业主和施工作业主体之间通过签订BT协议，对双方的权责关系和风险收益分配都进行了明确的规定，大大减少了潜在的发生各种纠纷的风险。而垫资建设由于操作的不规范，合同的周密性受到很大的影响，存在着许多潜在隐患，不仅容易影响工程质量，而且也容易发生经济或责任纠纷，一旦发生纠纷，也不易解决。

4. BT模式在轨道交通建设中应用的作用和意义

在轨道交通建设中应用BT模式的主要作用有以下三个方面：

一是可以提高投资效益，节省投资，锁定投资成本。相比于委托建设，采用BT模式选定施工作业主体，可以通过投标者之间的相互竞争有效压低建设费用，节省业主投资，并在BT协议签订时就能锁定业主的投资成本，避免出现投资超概算而不断追加投资的现象。

二是可以为业主提供短期的融资便利，缓解当期投资压力。当新建轨道交通线路的未来预测运营收益较低，不足以吸引社会资本投资建设，而政府又在当期拿不出足够的财政资金进行投资建设时，应用BT模式，可以通过施工作业主体的出资建设，为政府提供短期的融资便利，等于使政府获得了期限相当于项目建设期的“搭桥贷款”；

三是可以提高建设效率，降低时间成本。轨道交通建设的投资额巨大，适合引入有实力的战略投资者。但战略投资者进行大规模投资时一般非常谨慎，需要在决策之前进行大量的市场调查和收益成本测算。而在政府方面，引入社会资本也非常慎重，需要由聘请的投融资顾问，通过尽职调查后制定详尽的市场化融资建设方案。因此，新建轨道交通线路的市场化运作，需要一定的时间进行前期准备和合同谈判。当新建轨道交通项目的建设工期较紧时，不允许花费较长时间进行市场化运作来引入社会资本来投资建设。此时，应用BT模式进行建设，由于BT模式不涉及项目建成后的运营问题，工作环节和合同条款都要少于旨在引入战略投资者的其他市场化运作方式，因而可以加快建设进度，节约时间成本。

四是BT模式的应用，如果安排得当，就不会成为运用其他市场化运作模式来引入战略投资者的障碍，反而会在不影响项目建设进度的情况下，为采取其他市场化模式引入社会投资者、置换出项目业主的投资赢得时间。例如，北京地铁10号线奥运支线项目，因工期较紧，计划采用BT模式建设，但又打算引入社会资本，节省政府投资。在这种情况下，就可以根据实际情况，既可以在其建设期间，也可以在建成之后，开始实施TOT模式，进行奥运支线的运营商招标。也就是说，在奥运支线运用BT模式建成后，可以继续采用TOT模式，进行更进一步的市场化运作，从而达到置换出政府投资、引入社会投资者进行投资和运营的目的。从这个角度来看，BT模式和TOT模式的组合使用，相当于应用BOT模式，但要比BOT模式节省时间。

5. 在轨道交通建设中应用BT模式需要注意的问题

（1）政府必须考虑实施BT模式的可行性，并为BT模式的实施创造适宜的条件。

政府在确定实施BT模式的项目时，必须考虑两方面因素，一是政府财力的合理调配和综合平衡。实施BT模式的地铁项目建设完成后，政府必须按照BT协议进行回购，因此，需要考虑建设期结束后政府是否有足够的回购资金；二是市场的可接受性。一般来讲，如果实施BT模式的项目投资额过大，投资、融资等市场风险会相应增大，则对市场的吸引力就会有所下降，因此大投资额的项目，实施难度增大，采用BT模式的可行性会变小。

另一方面，对于BT模式的应用，国家和地方都还没有制定颁布相应的法律法规，因此在实施过程中，政府部门必须给予规划上、政策上或者融资上的支持和协调。

（2）必须事先对BT模式的应用范围进行明确的界定，尽量减少投资建设中的不确定因素。一些基础设施项目中，由于许多不确定性因素的影响，项目投资规模往往难以确定。如果投资建设内容不确定，就无法在协议中对权利义务和各个环节的责任进行明确的界定，对投资者投标的吸引力不大，从而难以实行BT模式。即使签订了BT投资建设协议，也会因为工程变更、投资额度出现变化等影响协议的有效执行，带来经济利益和法律上的纠纷。

因此，必须对应用BT模式的范围进行明确的界定，剔除那些会影响投资额度变化、不易掌控的因素。例如在奥运支线应用BT模式中，北京市把奥运支线中投资难以框定、政策性强、变数较大的征地拆迁部分划为非BT部分，增强了BT模式的可行性。

（3）实施BT模式必须制定规划周密的工作方案，做好前期设计工作。在轨道交通项目中实施BT模式运作，并不代表政府部门或政府委托的国有企业，可以减少工作量，反而是提出了更高的要求。在传统的委托建设模式下，国企垄断建设市场，政企不分，项目前期工作可以不用做得很周密，在项目建设过程中出现的问题可以随时在国企和政府之间通过行政干预的方式得到解决，虽然会导致投资效益不高，但可以保证效率。但在实施BT模式后，一切要在合同规范的范围内行事，要求用经济手段代替行政手段，不能再沿袭传统体制下头疼医头、脚疼医脚、计划跟不上变化的做法，而要制订详细的有约束力的规划和计划，保证建设内容和设计方案的稳定性。

（4）必须对BT模式的实施进行有效的监管。在地铁建设中实施BT模式，除了要做好前期工作外，必须加强对BT模式实施的监管。除了政府有关部门的市场监管外，政府委托的出资方或项目法人一方，也要对BT实施主体进行技术、质量等业务或作业上的监管。其中在建设监理上，必须要由项目法人一方聘请建设监理；在移交方案的设计上，要考虑设立质量保证期和保修期，并将回购资金的支付与工程质量联系起来。

（5）必须考虑BT部分与非BT部分的衔接。一是在工程技术上的衔接，保证整个工程的工期和质量；二是在机制上的衔接和配合。BT部分由招标选定的市场主体建设完成，采取的是市场竞争机制。而非BT部分仍然采用传统模式，由政府委托国有企业作为政府出资方，承担非BT部分的建设和整个项目的推进实施，因此在BT模式的实施过程中，相关政府部门和作为政府出资方的国有企业，必须处理好市场机制和原有委托机制的关系，将市场力量和政府作用较好地结合起来。

[北京地铁建设模式创新案例 1]
——地铁 4 号线的特许经营

国内外经验表明，轨道交通是缓解交通紧张状况、解决大城市交通问题的必由之路，在现代城市建设中占据重要地位。按照北京市政府当时的轨道交通建设规划，2008 年以前，北京市将力争新增市区轨道交通线路 155.3 公里，新增市郊轨道交通线路 36.7 公里，到 2008 年，本市轨道交通运营总里程将超过 300 公里。在北京新建城市轨道交通项目中，地铁 4 号线是一条重要的交通主干线，是国内轨道交通领域第一个采取特许经营方式（PPP）进行市场化运作的基础设施项目。

北京地铁 4 号线的特许经营期拟定为 30 年，项目总投资约 153 亿元人民币。根据协议，北京市政府和联合体组建的特许公司按照 7 ：3 的比例进行投资，特许公司获得建设运营北京地铁 4 号线的特许权。北京市负责征地拆迁和土建工程方面的投资建设，特许公司负责 4 号线的车辆、信号、通信等主要设备的投资建设，并在特许经营期内负责 4 号线的运营和管理。特许经营期结束后，特许公司将项目设备无偿移交给北京市政府。

（一）地铁 4 号线特许经营项目基本情况

1. 基本情况

地铁 4 号线是贯穿城区南北的一条交通主干线。线路南起丰台区马家楼，穿越丰台、宣武、西城和海淀，北至海淀区龙背村，正线长度 28.7 公里，共设车站 24 座，是市区西部南北交通大动脉。计划于 2007 年底竣工，2008 年正式投入运营，日客运量预计将达 50 万人次以上。该项目可行性研究报告已经国家发改委批复。

2. 特许经营运作模式

2006 年，北京市与联合体组建的京港地铁公司正式签署特殊经营协议。北京市政府根据协议，授予京港地铁公司投资、运营地铁 4 号线的特许权，特许经营期限为 30 年。

地铁 4 号线按建设责任主体划分，全部建设内容为 A、B 两部分。A

部分主要为土建工程，投资额约 107 亿元，占 4 号线项目总投资的 70%，由已成立的北京地铁 4 号线投资有限责任公司（以下简称“4 号线公司”）负责投资建设。B 部分主要包括车辆、信号、自动售检票系统等机电设备，投资额约 46 亿元，占 4 号线项目总投资的 30%，由社会投资者组建的北京地铁 4 号线特许经营公司（以下简称特许公司）负责投资建设。

4 号线项目竣工验收后，特许公司根据与 4 号线公司签订的《资产租赁协议》，取得 A 部分资产使用权。特许公司负责地铁 4 号线的运营管理、全部设施的维护和除洞体外的资产更新，以及站内商业经营，通过地铁票款收入及站内商业经营收入回收投资（见项目运作模式示意图）。

特许经营期结束后，特许公司将 B 部分项目设施完好、无偿地移交给市政府指定部门，将 A 部分项目设施归还给 4 号线公司。

3. 项目运作情况

2004 年，北京市交通委、北京市发改委、北京市国资委、北京市基础设施投资有限公司等单位组成的谈判小组与港铁—首创联合体为主的社会投资者开展竞争性谈判工作。12 月 3 日签署了《投资、建设及运营北京地铁四号线之原则协议》，为《特许协议》谈判奠定了基础。2005 年 2 月 7 日，北京市交通委代表市政府与香港地铁有限公司和北京首都创业集团有限公司组成的联合体草签了北京地铁 4 号线的特许经营协议。2006 年，联合体组建的京港地铁公司在北京注册成立，同年 4 月，京港地铁公司与北京交通委正式签署特许经营协议。这是国内轨道交通领域第一个以特许经营方式进行市场化运作的基础设施项目，也是第一个采取引入港资、以公私合营模式进行的项目。见图 6–1。

（二）地铁 4 号线特许经营项目投融资情况

特许公司属外商投资企业的，遵守《国家工商行政管理局关于中外合资经营企业注册资本与投资总额比例的暂行规定》，且中方投资者占有的权益不小于 51%。按照上述规定，在成立的特许公司中，坚持中方控股原则，且各方均以现金出资，资本金以外的部分由特许公司通过融资解决。各出资方按出资比例进行收益分配。由联合体组成的投资方对特许公司的日常经营管理具有决策权，政府投资方在特许公司遇突发事件、违反《特许协议》或公司进行资产处置、抵押等重大事件上具有决策权。特许公司按与市政府有关部门签订的《特许协议》的规定自主经营、自负盈亏。

（三）地铁 4 号线特许经营项目的意义

（1）以特许经营方式运作地铁 4 号线，是北京城市基础设施领域投融资体制改革的重要创新。《特许协议》，明确了政府、投资者和特许公司在 4 号线项目投资、建设和运营各环节的权利和义务，通过法律契约关系使“软约束”变成“硬约束”，有利于克服现有体制下资本金不到位、建设超预算、建设和运营无法有效衔接、线路运营多年却无竣工决算、运营过度依赖补贴、运营服务水平无法量化等弊端，使地铁项目的投资、建设、运营各环节有机结合，良性发展，逐步步入市场化、规范化、法制化轨道。

（2）特许经营有利于促进政府转变职能，实现政企分开，推进公用事业市场化进程。市政府通过《特许协议》制定规则、强化监管，使政府部门实现从地铁间接经营者向监管者的职能转变，既有利于企业自主经营、充分发挥企业积极性、提高地铁运营管理水平，又可以通过完善政府监管确保运营安全，维护社会公共利益。

（3）地铁 4 号线合资成功后，将在轨道交通行业引入高水平的运营服务，使 4 号线成为一条高效、优质的运营线路。根据目前港铁和首创运营服务承诺，4 号线接近香港地铁的运营水平，如发车间隔平峰时段为 6 分钟，高峰时段为 2 ～ 3 分钟，市民将享受更优质的服务。更重要的是特许公司的成立将在北京地铁运营领域引入竞争机制，加快北京地铁运营管理体制改革，促进地铁一线、环线、城市铁路和八通线运营效率和服务水平的提高，提升整个网络的运营管理水平。

（4）地铁 4 号线特许经营项目大大降低了市政府在运营期的财力投入。按照 PPP 方案，政府不需要对 4 号线运营进行补贴，只需对所承担的土建部分投资还本付息，大量节约了市政府的财力投入，同时，政府在运营期还将大大增加所得税收入。目前，北京地铁 4 号线运行顺利，日均客流量已超过 130 万人次，4 号线实际早高峰最小发车间隔已

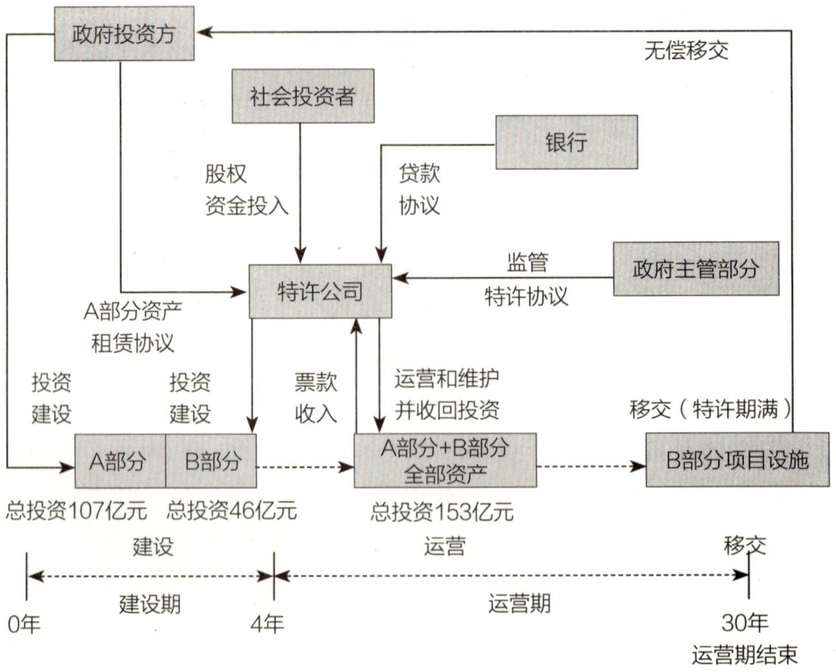

图6-1　项目运作模式示意

达到1分43秒，成为国内地铁发车间隔最短的线路，为市民提供了良好的运营服务。此外，京港公司还向政府每年上交4250万元租金，综合起来，预计4号线总体可节约政府财政支出约100亿元。

[北京地铁建设模式创新案例2]
——奥运支线BT项目

北京地铁建设长期以来一直采用委托建设管理方式，竞争主体单一，缺乏有效的市场竞争。为推进地铁投资、建设的市场化运作，按照市政府关于深化本市基础设施投融资体制改革实施方案的意见，北京地铁奥运支线工程首次尝试BT方式，即建设—转让。这是由招标方通过公开招标的方式确定建设方，由建设方负责项目资金筹措和工程建设，项目建成竣工后由招标方回购的一种项目建设方式。BT方式较广泛地应用于国外大型基础设施工程建设，但在国内基础设施领域，尤其在轨道交通建设中尚属一种新型的融资建设方式。北京市采用BT模式建设地铁奥运支线，有利于推进工程建设项目管理体制的创新，逐步建立和完善工程建设管理的市场化竞争机制，合理改善政府投资项目的负债结构，缓解当期政府资金压力，锁定建设成本，适当转移建设风险。

（一）地铁奥运支线 BT 项目基本情况

北京地铁奥运支线起点为北中轴路熊猫环岛站，沿北中轴线中间的绿化带和奥林匹克公园中轴线向北，穿过北四环路、成府路、大屯路、辛店村路后，终点设在规划的森林公园南门。线路全长 4.7 公里，全部为地下线路，全线设 4 座车站，总投资约 24.2 亿元。工程于 2005 年上半年开始动工建设，2008 年 7 月正式开通运营。

地铁奥运支线由北京地铁 10 号线投资有限责任公司（以下简称 10 号线公司）负责投资、建设和运营。10 号线公司委托北京轨道交通建设管理公司负责奥运支线前期的建设管理工作。

（二）采用 BT 模式投资建设地铁奥运支线的基本思路

（1）将奥运支线项目以初步设计概算 24.2 亿元为基础，划分为 BT 工程和非 BT 工程两部分。

BT 工程主要包括土建工程及车站机电设备工程等，折合投资约 15.6 亿元，由奥运支线项目的业主单位北京地铁 10 号线投资有限责任公司（以下简称 10 号线公司），通过公开招标方式选择的投资者负责投资和建设。工程施工由中标的投资者以工程总承包的方式承担，工程建设监理由 10 号线公司通过公开招标的方式确定。

非 BT 工程主要包括前期征地拆迁、通信、信号及车辆购置等工程，折合投资约 8.6 亿元，建设资金由 10 号线公司负责筹措，前期征地拆迁委托北京市轨道交通建设管理公司（以下简称建设管理公司）负责，车

辆购置及通信、信号设备等部分通过公开招商确定社会投资者进行建设。

（2）BT 招标的基本方案。为有效锁定建设成本，招标采用固定合同价格的方式。评标采用三阶段综合评分法。第一阶段为商务部分评审；第二阶段对通过商务评审的投标人的建设方案进行评价打分；第三阶段综合评定确定中标人。

（3）中标的投资者负责组建“奥运支线项目公司”（以下简称项目公司），项目公司负责奥运支线 BT 工程的投融资、建设和移交。项目公司的资本金不能低于 BT 工程投资的 35%，资本金以外部分由项目公司融资解决。

（4）10 号线公司将与项目公司签署《BT 投资建设协议》（以下简称 BT 协议），项目公司按 BT 协议的约定对 BT 工程的投资、质量和工期全面负责。工程建成、验收合格后，项目公司将符合建设标准的工程移交给 10 号线公司。10 号线公司按合同约定向项目公司支付回购款，完成工程回购。

（三）项目公司的运作模式

（1）由中标的投资人负责组建项目公司，公司性质为有限责任公司，中标人在项目公司的股份比例不得低于 95%。项目公司作为对奥运支线投资建设的项目法人，负责该项目的投融资、建设及移交等工作。

经营期限自项目公司经合法批准成立之日起，至项目公司与 10 号线投资公司签订的 BT 协议约定的权利、义务事项履行完毕后止。

（2）融资方案。项目公司的注册资金比例不能低于 BT 工程总投资的 35%，约 5.5 亿元。项目公司注册时，资本金到位 1/3，其余部分于规定日期前到位。

项目公司可采用股东担保贷款或利用项目回购承诺函进行质押贷款，也可以利用自有资金或其他合法融资渠道筹集资金，其融资方案及协议应报招标人备案。

（3）建设方案。项目公司对 BT 工程的工程质量、进度和投资负全部责任，按招标文件中约定的技术标准、工期要求完成工程建设，并承担投资超支的风险。如有重大变更（如工程范围、工程方案、技术标准变更、工程进度），项目公司必须取得招标人书面同意并获得原审批机构的批准才能实施。

对于非 BT 工程，由 10 号线公司委托建设管理公司负责建设管理，在委托书中将对工程的质量标准、接口要求、工期要求、施工配合等予以详细规定。建设管理公司将对非BT工程的工程质量、工程进度和投资负责。

（4）回购和移交方案。回购主体为招标人，即10号线公司。回购资金来源由10号线公司自筹资金（资本金或银行贷款），北京市基础设施投资有限公司对项目回购出具回购资金担保函。回购资金＝项目建设费用＋项目融资费用。项目建设费用指工程投资，主要包括土建工程投资、设备工程投资及工程建设其他费用等。项目融资费用指项目公司筹集建设资金所需要支付的贷款利息支出及自有资金回报。项目回购分期进行，共分3次支付。其中，BT工程部分经招标方验收合格后支付回购款的60%；奥运支线工程验收合格后支付回购款的30%；奥运支线工程质量保证期到期并按合同履行维修责任完毕后再支付余下的10%。移交人为项目公司，接受人为10号线公司。移交时间为项目投资建造完成，并通过竣工验收后的10日内。作为移交人的项目公司，在项目移交后，承担保修期内的规定义务。作为接受人的10号线公司或其委托人，按BT合同约定履行分期支付回购款项的义务；对项目进行运行和维护的义务。

（四）项目实施的意义

（1）通过项目事前防范、事中监管、事后补救的具体规定，有利于防范风险。与传统建设管理方式相比，采用BT模式进行投资建设，将通过合同法律关系大大降低工期拖延、资金不到位、质量缺陷等风险。

事前防范，是在招标阶段规范运作，选择有实力、有经验的中标人，从源头上降低投标人违约的可能性。为保证合同履行，在建设期间将要求中标人提供一定额度的履约保函，客观上提高投标人违约代价，使投标人不敢轻易违约。

事中监管，是在建设期间加强监管，确保BT协议的严格执行。建设阶段，10号线公司将聘请监管公司负责对项目公司全过程的监督管理，包括工程质量、工程进度和建设资金的监管。一旦项目公司出现违约行为，将采取收取违约金、没收履约保函等风险防范措施。

事后补救，是制定应急预案，一旦中标人出现重大违约行为，由10号线公司接管工程的投资建设。

（2）通过引入BT模式，为北京地铁的投资、建设引入了新的竞争机制，有利于打破垄断，培育市场化投资建设主体。

（3）采用BT模式能有效改善10号线公司的融资结构，部分缓解市政府2008年以前的资金压力。BT模式能降低工程造价，锁定工程建设成本，超支风险全部由投资者承担。采用 BT 模式，奥运支线的招标价格与概算价格相比可节约 10% 左右。

（五）项目运作的经验总结

从项目公司角度看，BT 项目的成功运作，需重点做好以下工作：

（1）积极取得政府主管部门的支持，在项目审批上提前解决障碍。由于没有明确的 BT 方面的法律法规，BT 招标有一定的政策不明之处。在项目实施过程中，积极、及时与相关政府主管部门进行咨询和沟通对项目的顺利实施具有非常重要的作用。

（2）建立公正透明的项目运作程序。奥运支线 BT 项目严格按照国家和北京市项目招投标的有关规定，采用公开招标方式。通过公开招标，规范运作，能最大程度地减少投资者的不合理投资要求，降低风险。同时，吸引了社会投资者的踊跃参与。

（3）前期工作扎实与否直接影响项目成败。要成功实施 BT 项目，必须使项目的提出、规划、可行性研究、投资者确定、开工建设等各个环节保持一致性和前瞻性，提前做好项目规划，杜绝边设计、边施工、边筹资现象。项目规划设计方案的稳定程度、详细程度对项目投资的成功实施与否影响极大。如设计方案不稳定，就可能导致工程变更、洽商等一系列问题的出现，项目投资可能因此大幅度增加。

（4）重视专业中介机构的作用。在项目招标投标过程中，聘请中介机构为项目包装、融资方案设计、合约起草谈判等方面提供专业化协助，可以最大限度地挖掘、展示项目吸引力。

（六）有关启示

BT 是一种新型、特殊的投资方式，同其他融资方式相比，由于 BT 模式诞生的时间短、经验少，在实际操作中需政府给予支持。

（1）BT 相关的法律法规亟待完善。国内目前没有专门针对 BT 项目的法律法规，使 BT 项目在实际操作中缺乏明确的法律保护。建议国家有关部门加快立法步伐，尽早出台一部完善的能对 BT 投资起保护作用的法律。

（2）由于 BT 项目的特殊性，BT 项目公司的股东和 BT 工程的承包商大都存在一定的关联性，双方利益趋向一致。在实际运作过程中，对 BT 项目公司的监管尤为重要，如何确保 BT 项目公司严格执行合同、强化监管体系、建立 BT 风险应对机制等问题是 BT 实施过程中需要解决的重要问题。

第五节
推动高速公路投融资体制的市场化改革
——京承高速公路二期工程项目市场化运作

一、概况

京承高速公路是连接北京至河北承德的高速公路，与北京三环、四环、五环和六环路互相连接，为收费公路。

京承高速公路分为一期、二期、三期和河北部分。一期路段（北京北四环至北六环）于2002年10月建成通车。二期路段南起高丽营，北至密云沙峪沟，同时包括北京三环、四环路连接线，二期工程于2004年8月开始拆迁。

二期工程通过招标确定了中国铁道建筑总公司作为项目合作投资人，与首都公路发展有限公司一起组建了项目公司，合作开展此项目，这是北京新建高速公路项目首次实现市场化运作。

二、京承高速公路二期工程市场化运作基本情况

1. 二期工程基本情况

京承高速公路二期工程起点为北京顺义区高丽营，途经顺义、昌平、怀柔、密云，终点为密云县沙峪沟，全长约47公里，按双向六车道高速公路标

准建设。按照工程可行性研究报告估算，项目总投资约为34亿元人民币，最终交通部批复初步设计概算为39.2亿元（含建设期贷款利息）该工程为2008年北京奥运会配套工程，于2006年9月正式开通。

2. 项目运作方式

根据北京市政府关于全面开放基础设施市场，引入社会资本盘活现有存量、参与增量的基础设施投融资体制改革思路，经政府有关部门批准，2003年9月，北京市首都公路发展有限责任公司（简称首发公司）公开推介了京承公路北京高丽营至沙峪沟段合作投资项目，采取市场化的方式选择项目的合作投资人。

具体方式是，首发公司通过招标方式选定项目合作投资人，按《中华人民共和国公司法》和有关法规、规定与首发公司共同组建项目公司。北京市人民政府批准授予项目公司特许经营权，在特许经营期及特许经营区域内，项目公司依法享有对项目进行建设、运营、养护并收取过往车辆通行费的权利；依法享有以行政划拨方式取得项目规划建设用地使用权的权利；依法享有以项目设施中全部或部分资产进行质押、为项目建设和运营进行融资的权利；享有利用项目附属服务设施从事招商经营或独自从事经营活动的权利等。项目的特许经营期包括项目建设期和商业运营期。特许经营期拟定为30年，自项目开工之日起计。

三、京承高速公路二期工程市场化运作过程

2003年12月，由北京市交通委、发改委、国资委、路政局等政府部门和首发公司共同组建的京承公路北京高丽营至沙峪沟段项目合作投资人招标委员会正式成立，并全面主持招标工作。本项目公开招标信息发布后，先后有中国铁道建筑总公司、建通投资有限公司、中国建筑工程总公司、北京首都创业集团有限公司等4家单位表达了投资意向。招标委员会拟定中铁建为本次招标中标人。经市政府同意，2004年3月，北京市交通委发文正式批准中国铁道建筑总公司（简称中铁建公司）为京承路二期合作投资者，京承高速公路北京高丽营至沙峪沟段项目由首发公司建设、运营及管理的模式正式改变为由中铁建公司与首发公司合作建设、运营及管理的模式。

2004年3月23日上午，首发公司与中铁建公司就京承高速公路北京高丽营至沙峪沟段项目合作经营协议举行签字仪式。双方共同组建项目公司建设京承高速公路二期工程。在项目公司中，中铁建公司出资占项目资本金的

70%，首发公司出资占30%。2004年4月8日，项目公司（京承通达高速公路有限公司）正式成立。按照协议的有关规定，项目公司对京承公路北京高丽营至沙略沟段的资金筹措、建设实施、运营管理、养护维修、债务偿还和资产管理等全过程负责，自主经营，自负盈亏，经营期满后将项目无偿移交北京市人民政府授权的机构管理。

四、项目实施意义

（1）京承高速公路二期项目是北京市经过招标形式引进社会资金的第一个高速公路项目。项目合作投资协议正式签署，标志着北京市新建高速公路项目首次进行了市场化运作，是首都高速公路投融资方式改革的重大突破。

（2）通过引进中铁建，北京高速公路建设领域引进了约36亿元的社会资金投入，减轻了政府负担，在高速公路建设领域实现了投资主体多元化。

（3）京承高速公路是101国道的一部分，建成后北京市民到承德避暑胜地仅需一个多小时。这也是北京市最后动工修建的通往外省的放射性高速公路，建成后北京的高速公路网络将基本形成。

第六节
推进燃气、污水和垃圾处理项目的市场化运作

除了对轨道交通项目和高速公路项目投融资模式首次进行了市场化改革外，北京市在基础设施投融资体制改革中，还大力推进其他基础设施项目投融资建设运营模式的市场化，积极吸引社会投资者进入。

一、改革主要特点

对轨道交通和高速公路以外的基础设施项目进行的投融资模式的市场化改革，具有以下较为鲜明的特点：

一是以项目投融资模式的市场化改革为主。轨道交通和高速公路领域的投融资体制改革，具有一个共同的特点，那就是行业企业经营管理体制改革

与新建项目投融资模式改革同时进行。而对轨道交通和高速公路以外的基础设施项目，考虑到改革的渐进性、解决问题的紧迫性和与人民生活联系的紧密性，只对重点新建项目的投融资模式实施了市场化改革。

二是采取了多种招商引资方式。除了采取招投标之前的与潜在投资人接触等方式外，北京市政府各有关部门还为基础设施的市场化改革搭建各种招商引资平台，一方面通过信息披露、借助投资北京服务平台等渠道将引资意愿披露出去；另一方面是通过集中推介招商方式。例如在2003年10月的京港洽谈会上，推出了包括城市和工业园区基础设施项目在内的320个招商项目；又如在2003年9月的科博会上，重点选择了23个基础设施项目，面向社会投资者进行了推介招商，其中总投资2.36亿元的北苑、定福庄、东坝、垡头和五里坨5个郊区污水处理厂项目完成了招标工作，采取BOT模式，全部引进社会资金进行建设和经营。

三是多采用内外资联合的方式组建项目公司，其中保留了国有资本成分，而没有采用外商独资的形式。基础设施具有公益性特征，必须保持政府对市场和项目投融资模式改革的适度控制，同时北京市的基础设施投融资市场尚处于改革开放初期，市场还很不成熟，在项目公司资本构成中保留国有资本成分，是一种必要的风险防范手段，对于国家有规定的基础设施行业内的企业，在推行股权多元化引入外资时还必须保持国有资本控股权。

四是具体情况具体分析，将以项目融资为主的多元化市场融资方式与特许经营制度的实施结合起来。在项目公司的组建中，中方公司除以现金、设备入股外，还在政府支持下，以国有土地作价入股，以解决资金短缺问题。项目建设资金除了以项目融资方式吸引的股权投资外，还在政府支持下，申请了国外政府贷款和世界银行贷款等。

二、燃气项目建设中首次实施特许经营之案例——亦庄路东新区燃气特许经营项目

北京经济技术开发区（以下简称“开发区”）于1991年8月经北京市人民政府批准开始筹建，坐落于亦庄卫星城。1994年8月国务院批准为国家级经济技术开发区，是目前北京市唯一一个经国务院批准的国家级开发区。2003年4月，北京市政府按照国务院批复，正式批准开发区扩大24平方公里，其中向京津塘高速公路以东方向扩大建设用地约14平方公里，称为亦庄路东新区。

为满足亦庄开发区工业和居民用气需要、提供优质的燃气供应服务，2004年北京市政府向社会投资者推出总投资约1.33亿元的亦庄路东新区燃气特许经营项目，第一次在燃气行业实行特许经营制度，首次通过公开招投标方式选择特许经营者，由中标人负责该区域天然气设施的投资、建设和经营管理。由北京市燃气集团、香港中华煤气有限公司和广州市恒荣投资有限公司组成的京港亦庄天然气投标联合体中标，在特许经营期内，将通过向用户收取燃气使用费的形式取得投资回报。

1. 亦庄路东新区燃气特许经营项目基本情况

亦庄路东新区地处亦庄卫星城东部、京津塘高速公路东侧，规划总面积13.2平方公里，规划总建筑面积907.2万平方米。根据开发区东部区的控制性详细规划和北京市有关环保要求，开发区东部区的开发建设使用清洁燃料。在开发区东部区开发建设的同时，须建设天然气供应设施，为区域内工业和民用住户供应天然气。该地区天然气总用气量预计可以达到2.26亿立方米/年，高峰小时用气量为10.97万立方米。

亦庄路东新区天然气项目主要建设内容包括：约50公里天然气管道和3座次高压调压站，总投资约1.33亿元，其中，建设投资1.30亿元，流动资金300万元。

为扩大融资渠道、加快北京市城市基础设施建设，经市政府研究决定对北京经济技术开发区路东新区天然气项目实施特许经营，以公开招标方式确定项目法人，由取得特许经营权的项目法人负责项目的投资、建设、运营和维护管理。由北京市发改委、北京市政管委、北京经济技术开发区管委会等有关职能部门组成的招标委员会，代表北京市政府组织该项目的招标工作。

2004年4月18日，在北京市奥运经济推介会上对项目进行了发布。根据招标结果，由北京市燃气集团有限责任公司、香港中华煤气有限公司、广州市恒荣投资有限公司组成的京港亦庄天然气投标联合体以综合评分第一名作为中标候选人。11月11日，招标方与中标候选人草签《特许经营协议》。

2. 项目运作模式

开发区路东新区天然气项目的建设和运营采用特许经营方式，特许经营权期限为25年（含建设期3年）。在此期间由政府协调中标人与上游公司签订天然气囤售协议，中标人负责出资建设开发区路东区天然气管道及相关设施，在特许经营期内，通过向下游用户收取燃气费取得投资回报，到期后项目公司将资产无偿移交给北京市政府。本次中标方成立的项目公司为中外合资经营企业，合资中方为北京市燃气集团有限责任公司和广州市恒荣投资有限公司，合资外方是香港中华煤气有限公司，合资期限26年。

3. 项目融资结构

根据特许经营协议的要求，项目公司合资合同规定，项目总投资1341.1万美元，注册资本536.4万美元，占投资总额的40%。中外三方北京市燃气集团有限责任公司、香港中华煤气有限公司、广州市恒荣投资有限公司的出资比例为50：49：1；中方以人民币现金入资，外方以美元现金入资。项目贷款融资804.7万美元，占总投资的60%。

由于本项目投资相对不高，盈利性较强，且由政府负责保证项目公司的特许经营并落实天然气囤售协议，同时还制定了相关的调价规定，所以项目本身的抗市场风险性能力较强。中标各方均是具很强资金实力且信誉良好的企业，本项目融资的信用保证程度较高。

4. 项目意义

（1）本次天然气特许经营权的招标，是基础设施领域吸引多元化投资、打破行业垄断的又一有益探索。

（2）原来开发区一期15平方公里建设中，开发区要投资建设天然气管网并无偿移交给燃气集团，且工业用天然气价格高达1.8元/立方米。本次招标采取了市场化运作，减少了开发区1.2亿元的天然气管网投资，且工业用气价格降为1.31元/立方米。

（3）本次招标进一步优化了北京经济技术开发区的投资环境，降低了企业生产成本，提高了市场竞争力，有利于促进开发区整体发展。

三、污水处理厂实施特许经营案例——卢沟桥污水处理厂项目一期工程特许经营

北京市卢沟桥污水处理厂项目是北京市第一个污水处理市政基础设施领域利用外资的项目。实施对象为卢沟桥污水处理厂项目一期工程，对其采用了创新性的投融资结构设计，通过国际公开招标确定了威立雅水务与嘉里公用事业公司联合体，由该联合体与北京排水集团组建非法人的联营企业，获得卢沟桥污水处理厂项目20年的特许经营权，在特许经营期内负责污水处理厂的运营和管理。

1. 一期工程特许经营项目的基本情况

（1）基本情况。北京市卢沟桥污水处理厂是1993年经国务院批准的《北京市城市总体规划》中拟建的16个污水处理厂之一，也是北京市世界银行贷款环

境二期项目污水子项目之一，负责北京西南部石景山、卢沟桥和丰台西部地区的污水处理，工程总投资7亿多元。规划流域面积55.8平方公里，服务人口约36.4万人。卢沟桥污水处理厂一期规模为10万立方米/日，远期为20万立方米/日，一期工程总投资初步设计概算约3.75亿元。卢沟桥污水厂一期项目于1999年经国家计委批准立项，2001年4月获得可行性研究报告批复，2002年5月通过初步设计。一期工程2002年12月开工建设，2004年10月投入运行。

（2）融资模式。卢沟桥污水厂一期工程总投资初步设计概算约3.75亿元人民币。市政府安排配套资金约1.75亿元，用于征地拆迁及外围市政配套设施的建设；厂区土建工程所需资金的40%及设备所需的全部资金共计11646万元，由北京排水集团利用世界银行贷款提供；其余资金8470万元人民币通过国际性公开招标解决。

（3）项目运作过程。2002年6月，根据北京市政府关于加快基础设施投融资体制改革精神，经市领导批准，市发改委与市政管委等有关部门组成卢沟桥项目招标委员会，在《中国日报》发布国际公开竞争性招标通告，邀请有意投资方与北京城市排水集团一起共同投资、建设及运营污水处理厂。

经过招标委员会的评审，确定了威立雅—嘉里联合体被选为第一谈判人。2002年10月起政府组织市政管委等有关部门开始与第一谈判对象进行谈判。2003年8月，威立雅—嘉里联合体与北京排水集团之间就设立联营企业共同投资、建设、运行污水处理厂的合同条款，以及市政管委与三家投资方之间的特许服务协议合同条款基本达成一致。2003年9月，联营企业——北京排水集团威嘉污水处理厂注册成立。9月10日，卢沟桥项目特许服务协议签约。

此后，威立雅—嘉里联合体与北京排水集团开始就成立卢沟桥污水处理厂运营公司的合同进行谈判，双方于2004年10月12日正式签署合同。同时，卢沟桥污水处理厂也已正式完工。12月10日卢沟桥污水处理厂运营公司——北京卢南污水运营有限公司注册成立。2004年12月17日卢沟桥污水处理厂正式步入商业运营。

2. 项目投融资情况

（1）融资安排。最终选择威立雅—嘉里联合体作为资金提供方。按照有关合同条款，威立雅—嘉里联合体在联营企业成立30日内注入首笔3000万元人民币的资金，其余资金也按计划随后到位。卢沟桥项目公开招标进行部分融资的目标顺利实现。

（2）融资特点。在8470万元的招商融资过程中，有关信用保证情况良好。在建设过程中，中方合作者承诺外方提供的资金加上中方提供的联营条件能够建成一座完好的污水处理厂。如果实际建设成本高于预期，则中方合作者负责资金缺口或成本超支部分。实际建设时，由于项目按照世界银行的有关规定和程序操作（如土建工程及设备供货采用的最低价中标原则），使最终建设成本较好地控制在工程预算额度内。

运营过程中，招标方承诺污水处理厂来水量至少可达到设计能力的80%，即8万立方米/日。如果实际来水量低于此水平，则政府购买方按保证水量付费。这种水行业融资项目中广泛采纳的或取或付（Take or Pay）原则较好地排除了运营方的市场风险，增加了项目融资的吸引力。

（3）项目结构。按照世界银行不能改变贷款主体的有关政策要求，以及将污水处理水价控制在合理水平，项目分别设计了联营企业和运营公司。联营企业拥有卢沟桥污水处理设施的资产，并与市政府签署特许服务协议；运营公司接受联营企业的委托，负责项目资产的实际运行管理。特许经营期结束时联营企业在保证设施完好率95%的基础上将其无偿地移交给北京市政府。在项目建设期间，由北京排水集团负责项目建设，项目公司投入的资金将委托北京排水集团按照世界银行要求的程序管理使用。

3. 相关政策规定

（1）市场准入。城市污水处理作为市政基础设施公用行业，涉及广大市民利益，关系到城市环境和公共卫生安全，政府主管部门需要对市场进入者在资金、技术、经验等方面进行一定的资格限制。卢沟桥项目招标文件中明确规定，只有满足条件者方能参加项目竞标。这些条件包括，在过去5年中具有3个以上、处理规模10万吨/日以上参与污水处理厂投资及运营管理的良好项目业绩及经验；在过去5年中，参与污水处理厂投资总规模应达5000万美元以上；在过去3年中，年度总营业额应达1亿美元以上；具有良好的财务状况及资信状况，过去3年中无违法及不良记录。

上述市场准入措施，从项目起始就规避了市场参加方在资金实力、专业技术能力方面存在的风险，有效保护了公众利益。

（2）特许经营制度。为规范市政公用事业经营活动，加强市场监管，保障社会公共利益和公共安全，在卢沟桥项目上，北京市政府采取特许经营方式，授予项目投资经营者在一定期限和范围内从事污水处理的独家权利，并明确投资经营污水处理设施应履行的义务。北京市市政管委（现变更为北京市水务局）与联营企业在2003年9月签署的《北京市卢沟桥污水处理厂特许服务协议》，对双方在污水处理厂所有权、计量、运行和维护、污水处理费及调价、监督检查、移交、不可抗力、争议、终止等事宜进行了详尽规定，为项目实际执行提供了依据。

（3）其他政策。按照北京市政府办公厅《关于给予吴家村污水处理厂等市政工程政策性优惠有关问题的通知》，卢沟桥污水处理厂享受市政工程政策性优惠，免交耕地占用税等多项建设费用，土地按划拨建设用地处理。按照国家税务总局的有关规定，污水处理企业还可享受所得税方面的优惠政策。目前联营企业及污水处理厂运行企业正积极申报，等待税务部门的批准。

4. 项目实施效果评价

（1）卢沟桥污水处理项目采用国际公开招标形式运作，按照国际惯例组织项目招商、谈判和实施，维护了政府公平、公正、公开的形象，有利于改善北京市投资环境和树立良好的国际声誉。作为北京市第一个污水处理市政基础设施领域利用外资的项目，项目运作是对市政基础设施融资新机制的探索，是污水行业投融资体制改革政策实施的重要成果。项目在不影响北京市污水处理厂总体建设进度、不影响世界银行对北京环境贷款二期项目实施的前提下，经过政府计划、外资、税务、财政、物价等多个部门的协商，咨询机构的献计献策，招标委员会集思广益，设计出满足各个限制条件的项目结构，顺利实现成功招商并引进技术的目标。

（2）该项目对污水处理行业实行特许经营制度具有示范作用。政府主管部门与联营企业签署的《北京市卢沟桥污水处理厂特许经营协议》，是国内污水处理行业第一部特许经营合同，其框架结构、涉及内容、处理方法和原则、核心概念的定义等都具有一定的示范作用。卢沟桥项目对水费调价、不可抗力的处理、争端的解决等重大问题的处理方法和原则都做了明确规定。

（3）依据合同办事，政府部门不能超越法律法规和项目合同赋予的权利之外享有更多额外的权利，这是中方参与者的普遍体会。通过卢沟桥项目特许服务合同的谈判，政府行政主管部门与污水处理企业之间的关系界定得很清楚，各自的权利义务在条款中得到明确规定。政府部门如果提出额外要求或不按照合同办事，外方企业有权拒绝。这种严格按照现有法律法规和已签署的合同来履行项目的做法，有助于加强政府依法执政的观念。

（4）该项目引进了先进的水处理技术和企业管理经验。通过与具有150多年水处理运营经验的威立雅水务集团合作，可以引入国外先进的水处理技术与运营管理经验，共享威立雅水务在全球的有用资源，提高北京市排水企业治理污染的水平和经营企业的能力。按照有关合同，威立雅水务已在卢沟桥污水处理厂安装了其在全球使用的资产管理软件和自动化运行管理软件，这势必有助于卢沟桥污水处理厂的高效优质运行。

5. 主要经验

（1）配套政策要到位、具体。国内项目招标工作之所以复杂，其中一个重要因素就是配套的法律、法规以及政策没有到位。如果一些核心原则、程序、方法在示范文件中已规定得很清楚，就没有必要在谈判中反复争论，不必耗费大量的时间和人力。

（2）风险分担要合理。项目的成功运作依赖于合作方面的双赢，将项目风险过分地压在某一方的头上都会潜在地危害项目的根基。项目风险分担原则是最能实施有效约束和控制该风险的一方承担，而不是取决于谁是招标方、谁是投标方；谁是投资方、谁是承包方；谁是政府、谁是企业。价格也是风险分担的一个指标，单纯的价格本身并不能说明什么问题，只有将价格与其背后的支持条件——如调价公式的设计、调价的频率和幅度、价格补偿机制、各种风险的分担程度综合起来考虑才有意义。卢沟桥项目通过多方的合理谈判，综合考虑各种风险分担情况，最终确定了一个政府与企业都比较满意的污水处理价格。因此，风险合理分担是项目成功的一个前提条件。

（3）准备工作要细致。卢沟桥污水处理厂项目充分证明了前期准备工作的重要性。准备工作不仅包括项目结构的设计、招标文件的编制等具体实施阶段的内容，实际上更应从项目的概念设计阶段开始考虑，即依据项目特点，分析和判断何种融资方式较为实际，是否适合采用招标的形式选择投资人，究竟采用公开竞争招标还是邀请招标等。2003年底5个污水处理厂的招商实践，就充分吸收了卢沟桥项目的经验，招标文件编制合理，操作程序考虑得当，准备工作比较充分，较好保证了项目的顺利实施。

四、垃圾处理项目实施特许经营案例——高安屯生活垃圾焚烧厂项目的特许经营

北京市区垃圾处理设施严重滞后于城市发展建设步伐，城市生活垃圾长期稳定消纳、垃圾处理二次污染等问题尚未从根本上解决，没有形成高效的垃圾管理处理机制。

北京高安屯垃圾焚烧厂是全市第一个垃圾焚烧处理项目，是北京市城市垃圾处理规划的重点建设项目，是北京市实施可持续发展战略的重要组成部分。为引进国外垃圾焚烧先进技术，建设具有国际先进管理水平的垃圾焚烧厂，较大程度地改变环卫工作的落后面貌，北京市对高安屯垃圾焚烧厂项目实施了特许经营制度。

1. **项目基本情况**

北京高安屯垃圾焚烧厂是全市第一个垃圾焚烧处理项目，位于北京市朝阳区楼梓庄乡、朝阳区垃圾无害化处理中心院内，是在原垃圾堆肥场的基础上兴建的，可利用原有的垃圾运输渠道，垃圾来源有保证。该项目于1998年11月立项，1999年6月进行第一次可研评估，2000年11月取得批复，2003年1月获得可研调整报告批复，2004年12月18日开工。该项目是北京市重点工程项目，也是北京2008年奥运会的市政及环保基础设施配套项目。

2. **项目运作模式**

（1）该项目采用BOOT（Build-Own-Operate-Transfer）模式即建设—拥有—经营—移交模式运作，由金州控股集团有限公司控股、北京金州工程有限公司、北京国朝国有资产运营有限公司、北京华联达环保能源技术开发有限责任公司和中国对外经济贸易信托投资有限公司于2003年5月参股组建北京高安屯垃圾焚烧有限公司（项目公司），属中外合资企业，对高安屯垃圾焚烧厂进行投资、建设和运营，合资经营期限50年。

（2）融资方案。该项目可研批复总投资7.5亿元人民币，项目资本金2.5亿，由企业投资。项目公司由美国金州控股集团有限公司、中国对外经济贸易信托投资有限公司、北京金州工程技术有限公司等股东按各自比例以资金入股，北京国朝国有资产运营有限公司以土地入股。除注册资本外，其他资金通过国内商业银行以项目融资形式贷款5亿元解决。

3. **政策支持**

（1）项目建成后，垃圾焚烧发电厂提供垃圾处理服务，利用焚烧余热发电，政府支付垃圾处理费，并保证焚烧发电厂电力上网销售，投资者由此回收成本并获得合理回报。特许经营者和政府签订的《垃圾补贴协议》和《购售电协议》是项目成功运营的经济保障和利润来源，95元/吨的垃圾补贴和0.74元/度的电价为项目提供了运营资金。特许经营期届满后，投资者按照协议规定，将垃圾焚烧发电厂的所有权和经营权无偿移交给政府。

（2）“协议照付”原则。“协议照付”（take or pay）原则是特许经营项目中重要的信用保证形式。在垃圾焚烧发电厂的运行期，政府或其授权机构必须按照《垃圾补贴协议》规定向垃圾焚烧发电厂提供垃圾和接受垃圾处理服务，并支付垃圾处理费；如果政府未能按照协议规定向垃圾焚烧发电厂提供垃圾，政府同样要按预先的预定支付垃圾处理费。设置“最低（年）垃圾供应量”是实施“协议照付”原则的主要措施。

（3）政府将遵守“协议照付”原则，同时力求“物尽其用”，根据实际情况，合理规划垃圾处理设施。根据规划和有关协议，垃圾焚烧发电厂在一定区域内通常具有独占性。垃圾焚烧发电厂特许经营模式的独占性还表现为对同一区域内扩建或新建垃圾处理项目的种种优先权。

（4）根据国家税务总局的有关规定，垃圾处理企业可享受所得税方面的优惠政策。

4. 社会意义与建设经验

（1）本项目凭借国际先进的垃圾焚烧工艺技术、目前国内垃圾焚烧工程的最大规模、高标准的国产化设备、先进的运行管理模式，以及严格的污染物排放控制标准，有效实现朝阳区城市生活垃圾的无害化、减量化、资源化处理目标，对固废处理行业有较大的示范效应。

（2）建设、运营的一方应是具有一定的资金和技术力量，在环保行业中有丰富经验，并具有一定资信能力的公司。

（3）与项目有关的基础设施安排，必须与政府相关部门充分沟通，争取符合和利用市政已有规划。与项目有关的政府批准，必须切实遵守执行，以树立各股东的投资信心，吸引银行贷款，保证项目的顺利开工和远期计划的制定与实施。

第七节
实行加油站的特许经营

加油站作为保证城市主要交通基础设施之一的城市道路和高速公路正常发挥功能的附属而必要的成分，也是城市基础设施的组成部分。2005年7

月，北京市首次对高速公路沿线部分加油站进行了特许经营试点。

一、加油站实行特许经营权招标的背景和概况

为体现市场经济“公开、公平、公正”原则，打破垄断和暗箱操作，提高政府资源配置效率，多渠道募集城市建设资金，北京市提出改革加油站行政审批管理模式，实行特许经营制度，在考虑运营商合理利润的基础上，面向社会公开进行加油站特许经营权招标，这是完善政府城市管理和服务职能的重要措施，可以增加政府收入，化政府资源为基础设施建设资金。基本思路是先对六环路沿线部分新建加油站进行特许经营权招标试点，以后再逐步扩大到其他加油站。

经北京市政府批准，北京市发展和改革委员会组织对六环路沿线5对加油站特许经营权进行了招标，中石化公司以6亿元投标报价等优势，被评标委员会推荐为中标候选人。

二、项目基本情况

1. 项目招标的范围

进行特许经营权招标的六环路沿线5对加油站分别是：胡西段顺义加油站、胡西段昌平加油站、通马段通州（北火垡）加油站、黄良段大兴加油站和西温段加油站。

2. 特许经营方式

该5对加油站拟采用TOT（移交—运营—移交）特许经营方式。首发公司代表政府负责完成5对加油站用地手续等前期准备工作和组织施工建设，竣工验收后移交中标人；运营期满，中标人将完好的加油站移交政府指定机构。

3. 特许经营期

在综合考虑加油站设备使用期限特点、提高特许经营费收益、分摊投资成本、为投资者提供适当盈利空间等因素的前提下，将5对加油站特许经营期定为30年。土地使用期限与特许经营期一致。

4. 特许经营费

根据当前我国加油站行业平均收益水平，以内部收益率IRR=8%为基准进行测算，依市场汽油、柴油的批零差价计算可收取的特许经营费；实际特许经营费按中标人报价收取。特许经营费由特许经营人上缴市级非税收入专户。

5. 特许经营人的选择

对项目投标人，从特许经营费、企业资质、资信、油品来源保证、销售渠道保证和品质保证措施、运输及配送能力、运营方案等方面进行综合评估，择优选择特许经营人。

三、招标情况

2005年7月18日加油站招标工作启动，中石化等9家公司参与了竞标。

8月10日，由工程经济、法律、加油站规划设计、油品管理等方面的7位专家组成的评标委员会进行了评标。中国石油化工股份有限公司因为具有良好的企业资信与知名度，供油渠道稳定、配送体系完善、经营方案完备、可操作性强，财务测算科学合理，且投标报价最高，为6亿元，综合评审排序第一，评标委员会专家一致推荐其为中标候选人。

四、加油站特许经营权招标的意义

（1）实行特许经营制度，有利于打破传统的加油站行政审批模式，创造公开、公平、公正的市场环境，促进政府转变职能和作风，实现决策的科学化、民主化。

（2）有利于提高政府城市管理水平，对公共资源进行有效的整合利用。在经营者取得合理利润的基础上，征收一定的特许权使用费，将公共资源转化为政府基础设施建设资金。

（3）有利于引进竞争机制，提高加油站经营水平，保证可靠的油品质量，为消费者提供更好的服务。

第八节
推行街道公共设施建设运营的特许经营

街道公共设施虽然不是城市基础设施的主体内容，但作为为居民生活提供一般公共条件的公共设施，也是城市基础设施的重要组成部分。对街道公共设施实施特许经营，可以提升城市形象，提高城市管理水平；提高设施建设和运营管理的社会效益和经济效益，降低政府财政补贴费用。

一、城市街道公共设施的范围和城市街道公共设施特许经营模式

城市街道公共设施，是指街道两旁能够行使城市功能与构成城市景观的设施，主要包括候车亭、电话亭、书报亭、商亭、信息亭、电子信息发布牌、阅报栏、社区布告栏、地图牌、指路牌、环保信息牌、旗杆、装饰路灯、活动厕所、座椅、分类垃圾桶、街头时钟和名胜古迹说明站等设施。

城市街道公共设施特许经营，即SFC（Street Furniture Concession）模式，是指城市政府通过签订特许经营合同，将城市街道公共设施上附属的广告经营权授予城市经营公司，同时城市经营公司根据政府意图及按照与城市主体建筑风格相协调的原则，负责街道公共设施的投资建设、维护保养，并与政府按一定比例对广告经营利润分成的一种经营模式。

城市街道公共设施特许经营（SFC）运作机制包括：

（1）投资机制。在SFC模式下，政府不再对街道公共设施投资，由专业化的城市经营公司进行投资建设。政府将配套户外广告特许经营权授予城市经营公司，并通过签订长期经营合同予以保障。

（2）经营机制。城市经营公司在城市政府及主管部门提出的设计理念之下，按照与城市主体建筑风格相协调的原则，由专业设计人员对街道公共设施进行整体设计。街道公共设施建成投入运行后，由城市经营公司的专业人员负责设施的全面维护保养。

（3）分成机制。从国外实例看，实行SFC后，政府无需再出资建设和维护管理街道公共设施，不承担任何投资风险，并根据实际情况还可以从城市经营公司分得10%～15%的净利润。目前，城市街道公共设施特许经营模式，已在巴黎、伦敦、悉尼等众多世界知名城市管理中得到应用。

二、我国城市街道公共设施存在的问题和原因

1. 城市街道公共设施存在的问题

（1）街道公共设施设置的随意性较强。近年来，各种街道设施逐年增多，但摆放随意性较强，杂乱无章现象普遍存在。如广告牌随处可见，候车亭、电话亭、书报亭选址随意，垃圾筒、灯柱、座椅等设施设置也缺乏规律性。

（2）街道公共设施存在诸多不协调现象。由于缺乏整体设计，街道公共设施与城市主体建筑难以形成统一协调的格局，而且各类街道设施之间也存在着诸多不协调的地方。

（3）街道公共设施质地和美观度普遍较差。高品位的城市需要高质地的街道设施，而目前街头使用坚固耐用材料生产的高质地且美观的设施不多，甚至有些设施粗制滥造，成为视觉污染。

2. 主要原因

（1）街道公共设施实行多头管理，资源难以形成合力。目前书报亭由邮政部门管理，电话亭由网通公司等电信运营商经营，候车亭由公交或巴士等公司设置，广告牌由各类广告公司经营，垃圾筒、灯柱、座椅等设施由市政部门管理。城市街道公共设施管理政出多门，各类极具价值的资源被分割成多块，没有形成整体的规模效应。

（2）尚未形成良性的街道设施开发与运营机制。街道公共设施的开发与经营既存在垄断经营，也存在无序竞争。各类设施经营者短期行为较为严重，注重眼前利益，不愿进行长期开发利用，不愿在整体设计、建设与维护保养上下大功夫。

（3）街道公共设施投融资体制改革滞后，投资渠道单一。街道公共设施投融资体制改革落后于整体经济改革，绝大多数街道公共设施由政府投资建设，社会资金还未有效参与进来。较为单一的投资渠道，致使街道公共设施投资力度不够；投资资金不足又制约了设施的建设质量与发展速度，难以在高层次的设计、制造、安装与维护保养之间，投资与收益之间形成良性循环。

三、北京城市街道公共设施试行特许经营工作方案

通过分析研究，北京市提出采用SFC模式，对城市街道公用设施试行特许经营，即采用国际上通行的“整体街道公用设施投入+配套户外广告特许经营权”方式，建立城市街道公用设施的市场化开发与经营机制，提升城市整体形象，解决街道公用设施建设维护资金来源问题。

（1）确定试点区域。本着“先试点、再推广”的原则，逐步进行。首先选择试点街道，把有潜在收益和没有潜在收益的街道公共设施合理捆绑，按照SFC模式经营。

（2）特许经营权招标。根据“设计、投资、建设、运营、维护”整体运作原则，面向国内外公开招标试点区域的街道公用设施特许经营权。

（3）建设运营。中标的城市经营管理公司与政府有关职能部门签订长期经营合同。根据合同的具体约定，经营管理公司进行相应的投资、建设、运营及维护保养。

（4）利益分配。在考虑城市经营管理公司合理收益的前提下，约定政府与公司之间的利润分成比例，由公司定期向政府上交分成利润。或者将分成比例作为招标标的之一，进行特许经营招标。

（5）实施过程中难点问题的处理。北京市城市街道公共设施情况较为复杂，为更好地开展街道公共设施特许经营权公开招标活动，可以由国内外有经验的城市经营管理公司直接投标；也可以由该类公司与公交、巴士、电信公司等组成联合体投标，以充分考虑现有利益格局。街道公用设施上原有未到期的广告合同或协议到期后中止运行，并划转给中标的城市经营管理公司经营；或者由政府出面协调，中标公司采用商业手段解决某些遗留问题。

四、实施城市街道公共设施特许经营的政策效应和意义

（1）试行城市街道公用设施特许经营，对于科学管理和改善北京市城市环境，节省政府投资，实现“新北京、新奥运”目标具有重要意义。

城市街道公共设施的规划设计、投资建设、维护保养是城市政府管理的基本内容之一，是提高城市公共服务效率、提升城市整体形象的重要组成部分。提供功能完备、景观优美、文化内涵丰富的城市街道公共设施是实现“新北京、新奥运”战略目标的内在要求。

（2）实施城市街道公共设施特许经营（SFC）可以吸引社会投资进行街道公共设施建设维护，减轻政府财政支出压力；同时还可以为政府带来可观的收益。

据有关机构分析，与北京一样具有深厚历史文化内涵、面积和人口规模也相当的巴黎市，实施SFC30年来，累计吸引街道公共设施建设和维护投资约30亿欧元。面积略小于北京城八区的美国芝加哥，2002年实施SFC后，成功引入了1亿美元以上的投资，并每年节约街道公共设施维护支出1200万美元。

第九节
北京市城市基础设施投融资体制改革工作总结

一、深刻认识城市基础设施投融资体制改革的丰富内涵和重大意义

与以往进行的城市基础设施投融资体制改革不同，新一轮改革的目的是要对现有城市基础设施投融资体制进行符合市场化方向的变革，而不是某些方面、某些环节或领域的局部性变革。

1. 确立了市场化的改革方向，并对市场化的内涵进行了更加准确丰富的诠释和界定

（1）北京基础设施投融资体制改革确立市场化的改革方向，是结合自身实际对国家政策的创新和发展。

党的十六届三中全会通过的《中共中央关于完善社会主义市场经济体制若干问题的决定》中指出："更大程度地发挥市场在资源配置中的基础性作用"、"放宽市场准入，允许非公有资本进入法律法规未禁入的基础设施、公用事业及其他行业和领域"、"加快推进和完善垄断行业改革。对垄断行业要放宽市场准入，引入竞争机制。有条件的企业要积极推行投资主体多元化。加快推进铁道、邮政和城市公用事业等改革，实行政企分开、政资分开、政事分开。对自然垄断行业要进行有效监管。"2004年7月发布的《国务院关于投资体制改革的决定》中也指出："要按照完善社会主义市场经济体制的要求，在国家宏观调控下充分发挥市场配置资源的基础性作用。"

按照上述国家导向性政策方针，北京市认真研究借鉴了国外发达国家从20世纪70年代开始推行基础设施民营化的有益经验和做法，并总结以往改革实践中的经验和教训，深刻认识到，深化北京市基础设施投融资体制改革，不能再延续以往改革中采取的在政府绝对控制下在部分环节引入市场竞争机制的做法，而应从根本上培育并确立市场机制的基础性地位，推行和实施市场化改革。此次基础设施投融资体制的市场化改革，与以往基础设施投融资体制改革相比，与一般商品领域中的市场经济体制改革相比，被赋予了新的更加丰富的内涵。

（2）北京基础设施投融资体制市场化改革的实质是要在基础设施领域从根本上理顺政府与市场的关系。既不是以往改革中由政府支配市场、控制市场的关系，也不是由市场完全主导基础设施资源配置、政府居于从属地位的关系，而是政府与市场互为补充、相互制约、有机结合的关系。

一是政府对基础设施领域资源进行配置的职能要建立在市场能够充分发挥配置资源的基础性作用的基础之上。表现在具体政策上，就是政府对基础设施领域的投融资调控必须由直接干预转变为间接的宏观的调控，通过市场准入、价格政策、产业政策、信息发布、合同约束来实现政策目标，就是政府对基础设施建设和运营市场的监管由主要依赖行政性监管转变为依靠经济手段、法律手段辅之以必要的行政手段来进行监管。表现在政府资金运用上，就是要采取资本金注入、股权融资、政府贴息等市场化的手段和方式来引导社会资金进入基础设施领域，而不再进行财政包揽和单纯的政府直接投资。

二是在基础设施投融资建设和运营的所有环节上引入市场经济的原则、理念和做法，而不仅仅是在少数环节上引入市场竞争的机制。市场经济最重要的原则和理念是公开、公平、透明和理性，在此基础之上进行的市场竞争才是充分的市场竞争，而在信息严重不对称、选择权不公平的情况下进行的市场竞争，是不充分的市场竞争，达不到优化资源配置、节约成本、提高效益的最佳效果。市场经济规则还要求权利义务要对等、风险收益要匹配，而原有的基础设施投融资体制恰恰在责任约束机制和风险约束机制方面有很大欠缺，急需完善。这种全面深入的市场化，表现在改革政策上，就是要摒弃以往改革仅在少数环节上只引进竞争机制的简单做法，而在基础设施投资、融资、建设等各个方面，在政府投资决策、政府投资管理、全社会投资的宏观调控、项目管理、资金筹措以及投资回收等各个环节上，建立公开、透明、规范的操作程序和规则，以及在基础设施投融资的所有可竞争的环节引入竞争机制，尤其是在投资决策上以市场的理性辅之以科学、民主的决策制度和权、责、利相匹配的责任约束机制，来杜绝或者最大限度地减少政绩冲动和拍脑门式的简单决策所造成的决策失误甚至决策错误的发生。

三是政府保留对基础设施建设和运营的最终直接干预权。由于基础设施具有不同于一般商品的经济属性、社会属性以及自然垄断属性等特征，因此在基础设施的建设和运营领域，政府作用和市场机制都有发挥作用的空间，既存在政府失效的方面，也存在市场失效的方面。有鉴于此，为达到基础设施建设和运营的最佳效果，必须将政府作用和市场机制有机结合起来，找找到二者的最佳结合点，既不能由政府完全操控，也不能由市场自由发挥，既要引入竞争，又不能搞过度竞争，从而达到互为补充、互为制约的最优化效果。因此在政府作用机制中引入市场经济的理念和做法、在投融资环节上引入市场竞争机制的同时，必须完善政府对市场的制约机制，保留政府的最终干预权。这种干预权分为两个方面，一方面是在基础设施发展规划和投资决策上，政府具有最终决定权；另一方面是在市场监管上建立市场救援或市场清出机制，除日常监管外，如果基础设施建设和运营主体因为不可抗力或者因为自身经营管理上的原因，不能按照合同约定有效履行普遍服务义务或普遍服务义务被破坏，不能有效供给合乎标准的公共产品和基础设施服务，政府必须提供行政救济、进行行政直接干预、予以政府接管或将不合资质企业清出市场。

（3）市场化改革的目的或要达到的实施效果，不再被仅仅局限于解决城市建设中的资金短缺，还包括提高基础设施建设和运营的效率和效益以及塑造公平竞争的市场环境。

在以往的北京城市基础设施投融资体制改革中，改革的最初动力大都来自于城市建设资金短缺的压力，但都往往忽视通过改革来提高基础设施建设和运营的效益和效率。这种情况下的改革举措，主要是在项目公司层次而不是基础设施企业母体的层次引入社会资本，注重在打破垄断、开辟多元化投资和融资渠道方面进行改革，而忽视对政企关系、政资关系、政事关系的重塑，忽视对政府投资管理体制以及国有基础设施企业的改革。这是一种不完全、不彻底的改革模式，这种模式下，原有体制的种种弊端仍然难以消除，例如，国有企业仍然是基础设施领域的主要的单一投资主体，在增量建设上，一有项目就争、争到了就不着急、一动工就收不住投资，投资超了也无人负责；在存量基础设施的运营上，国有企业垄断经营，管理不善，经营亏损与政策性亏损相互交织。

因此，为改变上述状况，北京城市基础设施投融资体制市场化改革，在政策的设计阶段，就把提高整个基础设施建设和运营的效率和效益摆在与建立多元化的投融资格局同等重要的地位对待。此外，北京城市基础设施投融资体制的改革，还把建立公平的市场环境放在重要位置加以考虑。在完善社会主义市场经济体制的大背景下，政府必须通过改革，给予非国有资本以平等进入基础设施建设和运营市场的权利。因此，北京市推进城市基础设施投融资体制的市场化改革，不仅仅是把打破垄断作为解决资金短缺的手段，还将开放市场、增强政府投资管理和调控的透明度上升到创造公平竞争的市场环境的高度加以重视。

2. 对基础设施投融资体制改革做了更广义的理解

北京城市基础设施投融资体制改革很重要的一个特点是，对投融资体制的理解不再仅仅局限于项目投资主体和融资来源这一较为狭义的范围，而是扩展到基础设施建设和运营中从项目决策、资金筹措、投入到使用、监管、回收的全过程的制度安排和运作机制，对基础设施投融资体制的改革必然会涉及与投融资体制密切相关的政府职能转变、国企改革，以及由于投融资工具创新而涉及的财政金融体制改革等更广泛的方面和领域。

在研究制定改革思路时，政策设计者已经意识到，当前改革已经进入综合推进阶段，北京城市基础设施投融资体制改革的成功与否，已经不再仅仅取决于投融资体制本身的改革，还取决于各个方面改革举措的综合配套和系统推进。虽然由于整个经济体制改革的宏观大背景和现实可能性的制约，要想在基础设施投融资体制改革涉及的各个方面同步推进非常困难，但在改革政策的设计上必须统一考虑，注重改革的综合性和系统性，提高改革政策设计的科学性，这不是改革成功的充分条件，但却是必要条件。

3. 将务实精神与改革积极性较好地结合起来

新一轮改革自酝酿到实施，改革的实施者始终秉持稳妥进行、稳中求进、实事求是的改革态度，主要表现在以下几个方面：

一是审慎对待存量改革，采取了在试点中逐步推进的策略。解放以来，北京经过多年的建设，城市基础设施已经累积了庞大的存量资产。据统计，1991～2003年北京市地方基础设施投资达1800亿元，到2003年底，经营性净资产已高达500多亿元，绝大部分由国有企业运营。在基础设施国有企业改革和基础设施定价改革没有根本到位的情况下，企业缺乏自主权和积极性，企业的经营成本往往大于基础设施的实际运营成本，垄断、保守和靠财政补贴吃饭的观念以及既定的利益格局都很难打破；同时，由于历史上城市基础设施建设投入不足，国有企业基础设施中还存在许多需要解决的历史遗留问题。在这种状况下，要对如此大规模的存量资产的投融资运营管理体制进行全面改革，几乎是不可能的。而从外部因素来看，基础设施建设和运营市场尚处于发育阶段，还远未成熟，还缺乏壮大的公有资本以外的成熟的战略投资者群体，也从根本上制约着北京市大规模的存量资产投融资体制改革的进行。另一方面，北京是首都，在基础设施存量资产投融资运营体制的改革过程中，必须把保持稳定放在首位考虑，基础设施企业的稳定、职工的稳定就是社会的稳定、首都的稳定，在没有超前考虑好和妥善处理好基础设施企业现有在岗人员以及离退休人员的安置问题、体制转换成本问题，把宣传工作、发动工作、基础设施运营平稳交接等各项具体工作做实做细，并在试点中取得经验之前，不能轻率地发动全面的存量基础设施资产投融资运营体制的改革。

二是积极推进增量资产的全面改革，实施以增量改革带动存量改革、存量改革促进增量建设的策略。2008年以前，北京市城市基础设施的建设任务较重，累计大约需要投资3000多亿元，项目涉及轨道交通、高速公路、燃气、热力、电力、污水等几乎基础设施的所有领域，项目类型多、收益情况也各不相同，客观上为采取不同投融资模式推行改革提供了较大的运作空间。而且，增量建设项目的投融资体制改革由于不牵扯大量的历史矛盾和问题，相比于存量资产改革要容易得多。另一方面，增量项目的改革确实可以有效地带动存量资产的改革。在增量项目的建设期引入社会资本所采取的各种投融资模式中，大多将项目的建设和运营统一考虑，这样增量建设项目竣工投入运营后形成的新增存量资产中，运营主体自然是含有社会资本的运营主体，事实上打破了国有企业的独家垄断经营局面，尤其是在定价上，有了该含有社会资本的新经营主体的成本参照，国有企业的成本不再是社会成本，政府的基础设施价格政策有了更合理的定价基础，国有企业也无法以政策性亏损来掩盖经营性亏损。此外，增量建设还可以得到存量改革中通过资产盘活置换出的资金的支持。在存量改革中，盘活存量资产所回收的资金，统一用于新建非经营性和有经营收入但不足以收回成本的城市基础设施项目的建设和运营。

三是采取了分难易、分阶段实施改革的策略。在本轮改革具体推进落实上，北京市按照实际情况，采取了先易后难的策略，具体是先增量、后存量，先有形资产、后无形资产，以开放市场来带动国有企业、政府投资管理体制改革以及政府职能转变。在增量改革上，又采取了分阶段推进的策略，具体划分了2003～2004年、2004～2008年、2008年以后三个时间段，并给每个时间段设定了不同的改革任务。在投资和融资两个方面，考虑到融资受金融体制改革和金融市场发育程度的制约，北京市侧重于投资方面的改革。

二、北京市推进城市基础设施投融资体制改革的工作体会

1. 对基础设施投融资体制市场化改革必须要有清醒的认识

深化基础设施投融资体制改革是大势所趋，从总体上看利远大于弊，但任何事物都有两面性，市场化也会带来一些问题，要在改革中对此有清醒认识，兴利除弊，以避免当前改革给下一步改革造成障碍。

一是市场并不是万能的，竞争不能完全解决所有问题，要在改革中不断探索政府机制与市场机制的最佳结合点，促进政府管制下的市场竞争。政府和市场都存在低效甚至失效的领域，基础设施投融资体制的市场化改革，打破了基础设施领域内政府与市场之间的原有平衡，政府要逐渐退出市场有效领域，逐渐加强对市场低效和失效领域的介入。但多数基础设施项目具有公共物品的特性，政府不能放弃对基础设施市场的监管，还要加强对市场有效领域的政府监管，逐步探索达到一种政府与市场之间的新的平衡，形成政府管制下的市场竞争局面。

二是市场化不仅不能减少政府工作，反而对政府职能提出了更高要求。基础设施投融资体制的市场化改革，要求政府行政方式由单一化、简单化、直接化向多元化、精细化、间接化转变，由主要依靠行政手段配置资源转向主要依靠经济和法律手段引导和调节资源流动，会相应增加许多工作，不仅需要转变政府原有职能，如政府投资管理体制改革、全社会投资管理职能转变；而且增加了新的职能，如市场化前期工作的组织实施、市场准入和市场监管政策的制定和执行；还要提高履职能力，如健全和完善投资调控体系、创造良好的引资环境、提高行政行为效率和规范性等。

三是市场化改革有可能存在与提高效率和效益相冲突的地方。推进市场化改革与提高投资效率和效益之间并不完全是相互促进的关系，有可能存在冲突和矛盾的地方。市场化改革会促进基础设施建设规划和项目决策的科学化和民主化水平提高、项目的组织实施方式由行政指令方式转向通过经济和法律的市场运作方式，虽然有利于在基础设施建设上引进社会投资，建立竞争机制，抑制行政冲动，提高投资效益，但由于增加了听证、咨询评估、投资者进行市场调查、招商引资、招投标、合同谈判等环节，会相应增加时间成本，拉长项目建成时间，降低项目的组织实施效率。另一方面，改革中也有可能出现投资效益和社会效益对立和冲突的情况，市场化改革一般情况下会明显提高基础设施项目的投资效益，但如果政府监管不到位，企业在逐利本性的驱使下，有可能会在基础设施项目建设和运营中出现只顾自身利益而

损害公众利益的情况，导致社会效益的降低。

2. 深化基础设施投融资体制改革要坚持“进中求稳”的总体指导思想

深化基础设施投融资体制改革要有大局观、机遇观，要在保持改革不出现影响经济社会稳定发展大问题的前提下，大力推动改革的加快进行。

（1）加快基础设施投融资体制改革是各方面的共同迫切要求，因此深化基础设施投融资体制改革必须要有紧迫感，要树立积极进取、勇于创新的改革精神，推动改革进程加快进行。

加快基础设施投融资体制改革，不仅是为了解决基础设施领域存在的各种问题，改变基础设施投融资体制改革滞后局面，以及缓解北京市2008年奥运会前城市建设中的资金短缺，还是经济增长转型和政府转型的需要。“十一五”期间，我国经济增长从投资拉动型向消费带动型的转变将加快，政府也将从建设型政府加快转变为服务型政府，客观上要求基础设施投融资体制改革能够尽快到位。

（2）基础设施投融资体制改革是一个持续的、长期的、渐进性的过程，在加快推进改革的过程中，既要有系统思路设计，也要有阶段性工作目标。

基础设施投资、建设和运营市场的培育是一个长期的过程，潜在投资者群体的发育壮大需要时间；基础设施投资作为政府投资的重要组成部分，基础设施投融资体制改革进度受限于政府投资体制改革的进展；基础设施投融资体制改革还与金融市场的发育息息相关。所有这些涉及政府职能转变、国有基础设施企业改革、市场规则制定、市场化环境创造以及各方利益关系调整等各个方面的深层次问题，都极为复杂而艰难，都需要稳妥处理。从维护首都经济社会稳定、保证改革顺利进行的角度出发，必须认识到改革不能操之过急，积极进取不等于急躁冒进，推进改革要分阶段进行。

3. 深化基础设施投融资体制改革必须处理好几种关系

一是基础设施投融资体制改革与投资体制改革的关系。基础设施投融资体制改革是投资体制改革的一个重要方面，要以基础设施投融资体制的改革来促进投资体制改革的开展，以投资体制改革的深入实施来保证基础设施投融资体制改革的顺利进行。在深化基础设施投融资体制改革的同时，必须推进投资体制改革的进行。

二是解决资金短缺与推进制度创新的关系。推进改革的主要目的不是为了解决资金短缺，而是实现体制机制的改革，创新管理经营制度，提高基础设施的管理和服务水平。因此在引进社会投资者时，要设定资质要求，不仅要有资金实力，还要有一定的专业化经营管理能力。如果社会投资者只有资金实力，而没有专业化能力，则必须要求其与有资质的企业组成联合体才可以参与基础设施项目的投资建设和经营。

三是全局与细节的关系。基础设施投融资体制改革要有全盘考虑和设计，但绝不能忽视细节。一些细节问题，可能会成为某些改革举措致败之因，尤其是体制、机制变动中一些程序性障碍往往给实际改革工作带来极大被动。还有必须重视新旧体制和机制的衔接，防止体制转换中的漏洞，对旧体制下的未结工作也要区别对待、分类处理。

四是垄断与市场化的关系。垄断分为自然垄断和政府垄断，推进基础设施投融资体制的市场化改革，首先指的是打破政府垄断，即取消禁止或限制民间资本进入的政策；其次是要打破比政府垄断更甚的政府包揽，理顺政府和基础设施企业之间的关系；最后是要在尊重某些基础设施行业自然垄断规律的前提下推进市场化。自然垄断具有正反两方面作用，既具有规模经济效益，又有可能对公共利益产生危害。市场化的目的不是竞争本身，而是要通过引入竞争来提高效益。在市场化改革过程中，为防止自然垄断对公共利益的危害，要加强对自然垄断行业的政府管制，禁止通过政府垄断来强化自然垄断，但不能以引入市场竞争的名义来随意肢解自然垄断行业内的企业，以免造成效益损失。此外，还要区分竞争环节和自然垄断环节，在竞争环节实行多元主体。

五是政府与基础设施国有企业的关系。由于基础设施所具有的公共物品属性，负责运营管理基础设施的国有企业也具有不同于一般竞争性领域国有企业的特点，使基础设施国有企业的改革具有独特性。但国有企业改革政策中并没有为基础设施国有企业改革提供差别化设计，在基础设施国有企业建立现代企业制度的过程中存在较为复杂的情况，一方面政府对公共服务的责任要求政府必须加强对基础设施国有企业的管制，加强基础设施领域国有资本的控制力，尤其是负责运营某些非经营性基础设施的国有企业必须依靠政府的财政补贴，不可能完全做到政企分开；另一方面，某些负责运营经营性基础设施的国有企业完全具备市场化的条件，可以不必依赖政府而独立生存。因此在改革实践中，不能拘泥于一种改革模式，而要按照市场化的改革方向，推行政府管制下的市场竞争，区分基础设施国有企业的类别，推进不同程度的市场化改革，对于运营经营性基础设施的国有企业，可以在政府的市场监管下完全推向市场；对于运营非经营性基础设施的国有企业，可以在政府管制下在某些环节上引入市场运作机制。

六是监管与被监管的关系。实施基础设施投融资体制市场化改革，开放基础设施建设和运营市场，要构建完备的市场监管体系，必须处理好行政监管与法律监管和经济监管之间、程序性监管与实质性监管之间、准入管制与价格管制和普遍服务义务管制之间的关系。另一方面，不能忽视对政府监管部门的监管，既要为进入基础设施建设运营市场的社会投资者提供反馈其利益诉求、监督政府部门行政行为的渠道，也要加强投资主管部门对行业主管部门，以及财政审计部门和人大、政协对改革推进、实施部门的监管，并建立社会监管机制。

4. 深化基础设施投融资体制改革首先要统一思想，更新观念，部门联动，形成合力

通过反复研究协商，以更新观念、求得共识、统一思想，看似浪费了时间，实际上有利于加快改革。北京市在推进基础设施投融资体制改革之初，没有急于出台改革工作方案，而是在市委、市政府主要领导的亲自指导下，进行了充分的研究、协商和酝酿，通过课题研究、赴外省市调研、聘请专家讲课等方式，学习借鉴了大量的国内外经验和做法，首先统一了改革方案制定部门内部的思想认识，又反复征求各个部门的意见和建议，并聘请知名社会中介机构进行方案研究，进而取得各个行业主管部门的共识，最终扫清了思想认识上的障碍，在要不要改革和怎样改革的问题上达成了基本一致，为后续改革措施的实施和开展奠定了坚实的基础。

改革必须破除部门利益的束缚，争取部门联动，综合推进，形成合力。基础设施投融资体制改革涉及很多部门，对工作的协调配合有较高的要求，单靠一个或少数几个部门的单兵突进，改革是无法持续进行下去的。要做好改革具体推进过程中各项改革举措的部门间衔接工作，加强沟通和协调，讲究整体配合，明确职责分工，避免推诿扯皮。

此外，必须加强对改革工作的组织和领导，提高行政执行能力，保证改革举措真正落到实处，防止改革决策、投资决策在实际执行中被曲解、肢解和扭曲。

三、北京市基础设施投融资体制改革的工作设想

1. 健全政府和社会资本合作（PPP）机制

建立政府投资、购买服务和协议价格的协同机制。完善政府投入及管理方式，尽快形成有利于促进PPP模式发展的制度体系。新增PPP项目要将现行的财政运营补助政策转变为政府购买服务，按企业主营业务计入收入，建

立健全建设和运营统一核算的财务制度。

分行业制定PPP项目管理办法、操作细则和项目监管体系。细化并发布各领域、各行业PPP项目的标准合同文本，推动共性问题处理方式标准化，健全争议解决程序和风险防范机制，提高合同编制效率和谈判效率。

建立PPP项目评估论证机制。按照物有所值评估方法，综合考虑公共服务需要、责任风险分担、产出标准、关键绩效指标、支付方式、融资方案和所需要的政府投入等要素，平衡好项目经济效益和社会效益。

完善轨道交通运营竞争机制。适度增加轨道交通运营主体，进一步强化该领域的市场竞争。积极吸引具备实力的社会投资人与运营主体成立联合体参与轨道交通PPP项目。

规范垃圾处理设施投资运营机制。建立健全服务标准体系，分类设定技术规范，明确准入和运营标准。逐步优化物流调配机制，完善垃圾处理各环节的成本分担与定价核算、生活垃圾异地处理补偿以及配套设施政府投入机制，促进垃圾处理与收运一体化。

2. 优化社会投资服务机制

加快社会投资项目审批制度改革。建成市政务服务中心和审批信息化平台，实现审批管理标准化、便利化和透明化。全面落实企业投资项目核准目录，着力构建以备案为主、核准为辅的企业投资项目管理制度。全面清理企业投资项目核准前置审批手续，规范中介服务行为，推动项目核准与其他相关行政审批并联办理，构建纵横联动的投资服务体系。

完善优质经济资源引进机制。加大地方企业与中央国有企业、外资企业、民营企业的资源整合和合作共建。特别是发挥中央项目服务平台功能，突出中央国有企业对重点领域项目建设运营的带动作用，争取更多资金和优势资源配置到本市基础设施领域和关键环节。

3. 完善价格政策

逐步理顺重点公共服务领域价格。按照补偿成本、合理收益、优质优价、公平负担的原则，适时调整市政基础设施以及非居民用水、用气、用电、用热价格，使价格逐步反映运营成本。试点放开可以市场充分竞争的服务价格。放开部分机动车停车场的停车收费价格。

4. 加大政府财力支持

合理界定政府投资界限。发挥好政府投资的引导带动作用，完善重点领域政府投资政策，改进政府投资使用方式，制定政府投资支持社会投资项目的管理办法。

落实本市政府向社会力量购买服务的实施意见，进一步明确政府购买服务的范围和支持政策。在交通运输、市政市容、环境保护等公共服务领域，全面推广政府购买服务方式。

加强财政部门与商业银行之间的合作。鼓励各商业银行支持本市基础设施建设，并做好财政投融资与金融投融资之间的衔接。以安全为前提，以公开为原则，以市场化为基础，启动国库现金管理运作，增加的财政收益可用于支持基础设施领域市场化项目建设。进一步落实垃圾处理等基础设施项目的税费优惠政策。

5. 加强融资支持

创新信贷服务，支持开展收费权、特许经营权、政府购买服务协议预期收益、集体土地承包经营权质押贷款等担保创新类贷款业务。

鼓励金融机构对社会资本举办的社会事业提供资金支持。鼓励社会资本发起设立主要投资于公共服务、基础设施等领域的产业投资基金。

支持基础设施领域建设项目开展股权和债权融资。大力发展股权投资计划、债权投资计划、资产支持计划等融资工具，引导社保资金、保险资金等用于收益稳定、回收期长的基础设施和基础产业项目。推动轨道交通、高速公路、机场、供水、供热、发电、污水和垃圾处理等有收益权的项目企业开展预期收益质押贷款，发行应收账款证券化类产品。

6. 推动国资国企改革

规范国有资本增量进入领域。加大国有资本对民生工程、基础设施、城市运行服务的投入力度，提升城市综合保障水平。

积极发展混合所有制经济。鼓励有诚信、负责任、实力强的民营企业，参与国有企业改制重组，促进国有经济与民营经济相互促进、共同发展。在基础设施领域积极引入社会资本参股国有资本投资项目，放大国有资本功能。推动城市公共服务类市属国有企业完善投资运营机制，实行以政企分开、政资分开、特许经营、政府监管为主要内容的改革，在运营领域加强市场化运作，积极盘活存量资产，引入社会资本参与投资运营。

提升市政基础设施建设运营企业市场化发展能力。推动相关单位向独立核算、自主经营、自我发展的现代企业转变，建立“借、用、还”一体的融资建设机制。

第七章

国内其他城市基础设施投融资市场化即PPP改革实践

第一节
地区统筹引进社会资本　加快城市基础设施建设

安徽省全面放开城市基础设施投资建设运营市场，多渠道加快城市基础设施建设。截至2014年，全省城镇管道燃气、污水处理、垃圾处理、市政设施管护及城市供水采取市场化方式建设运营的比例分别达到98%、80%、92%、82%、23%。已向社会推介了第一批城市基础设施PPP试点项目共42个，总投资约710亿元。主要做法是：

一、加强组织引导

1. 健全工作机制

省政府高度重视引进社会资本推进城市基础设施建设工作。2014年初，省政府印发了《关于加强城市基础设施建设的实施意见》，明确要求全面放开城镇基础设施投资、建设、运营市场。省住房城乡建设厅成立了PPP模式专题工作组，与省财政厅等有关部门密切配合，加强基础研究，起草操作规范，抓好试点推进。

2. 开展基础研究

一是案例分析。研究国外PPP模式的演变历程、基本做法和发展趋势，收集整理省内外成功和失败的典型案例，为规范推进PPP模式提供借鉴。二是需求预测。按照住房城乡建设部批复的安徽省城镇体系规划，对到2020年全省城市基础设施投资需求进行预测。经测算，年均约需1500亿元。三是行业调查。会同省财政厅召开专题座谈会，摸清城市供水、燃气、供热、污水和垃圾处理等行业的税负、财政补贴、行业平均收益率等现状，为政策制定提供参考。

3. 组织宣传发动

召开了《安徽省人民政府关于加强城市基础设施建设的实施意见》宣贯会、城市基础设施PPP试点工作推进会、市政公用领域投融资改革座谈会、试点项目调度会等一系列会议，统一思想认识，明确目标任务，形成改革氛围，增强各市县探索推进PPP模式的积极性、主动性。

二、坚持典型引路

1. 抓好两类试点

一是行业试点。选择城市快速通道、城际轨道交通、综合管廊及共同沟、新城区基础设施建设、城镇供水、园林绿化建管养一体化、污水处理厂网一体化、垃圾收运处理一体化、水环境综合整治、市政设施管护等方面作为试点，力求试点一个，形成一类可操作的规范，为在行业全面推开提供经验。二是城市试点。对部分基础条件较好、积极性高的城市，开展推进PPP模式综合试点。目前确定了合肥、宿州、蚌埠、滁州、马鞍山、芜湖、铜陵、池州、安庆、黄山10个城市作为试点城市，青阳县、金寨县、巢湖市、全椒县4个县（市）作为试点县（市）。省财政统筹安排近2亿元资金补助各市县开展PPP前期工作，要求试点市县出台一个指导性文件、公布一批面向社会的基础设施项目、建立一套工作班子。

2. 抓好项目示范

对试点项目，省住房城乡建设厅定期调度、加强指导，力求发挥好示范作用。目前，池州市“以市带县、厂网一体”试点工作已取得实质性进展。该项目涉及全市市政排水管网和污水处理厂两部分的建设、运营以及市区水环境治理，项目总投资约80.4亿元。项目一期为主城区污水处理厂、管网投资运营和管护，投资20.54亿元，已完成招投标工作。池州市的主要做法：一是“厂网一体、以市带县”。将市、县项目整体打捆，将经营性污水处理厂和管网建设、维护进行整合，招标选择合作伙伴，中标方与政府合作成立项目公司（SPV公司）。二是合理确定投资回报。引进专业咨询机构，测算项目投资和运营成本，参照行业平均利润率、同期银行利率等，合理确定企业内部收益率、财务成本以及运营费用等关键指标，并最终通过招标竞价锁定。三是细化监管标准。通过与投资人签订特许经营和政府购买服务协议、合资合作协议，明确双方责权利，细化污水管网管护技术标准，并通过建立价格成本监审制度、委托第三方机构定期检测等方式，构建政府监管体系。四是盘活存量资产。将现有污水处理厂和管网进行资产评估后，向投资人转让经营权、使用权和收益权，所得款项除部分作为合资公司资本金外，余款作为政府购买市政基础设施服务准备金，纳入财政预算管理，专款专用。此外，安徽省及时总结滁州市苏滁产业园基础设施投资建设做法，用以指导全省产业园区建设。滁州市引进中新集团合资成立中新苏滁公司，注册资本8亿人民币，中新集团、滁州市城投公司分别占56%、44%的股份。以中新苏滁公司为开发主体，负责园区基础设施投资、建设、运营和管理，通过园区产业发展及土地综合开发利用，实现投资回报和可持续发展。截至2014年，已完成基础设施投资30亿元，已建成面积9平方公里，签约项目37个，项目总投资180亿元。

三、注重规范运作

1. 加强专题培训

省住房城乡建设厅和省财政厅分别组织全省住建系统、财政系统和市县政府有关负责同志，进行城市基础设施领域PPP专题培训，邀请国务院政策研究中心等专家进行讲解。同时，深入各试点城市，与市政府主要负责同志进行座谈，帮助各市理清思路、编制方案、梳理项目、规范操作。

2. 编制操作指南

一是抓好项目分类。通过“使用者付费”实现合理投资回报的经营性项目，如供水、燃气、污水和垃圾处理等，实施合资合作、特许经营。准经营性项目，如轨道交通、综合管廊等，实施特许经营和政府购买服务组合。非经营性项目，如道路、桥梁、园林等，实施政府购买服务。二是严格准入条件。对水、气、路、园林及污水垃圾处理等项目建设和运营，根据投资总量、技术难度等要求，合理设置准入门槛，择优选择一批投融资能力强、既往业绩好、技术路线先进的企业。三是规范操作流程。围绕项目论证、实施方案、清产核资、资产评估、合资合作谈判、招投标、组建项目公司合同签订等环节，制定操作流程，确保规范运作。四是编制法律文本。城市基础设施PPP项目，在不同阶段涉及不同类型的法律文本，包括资格审查文件、招标文件、投标文件、评标文件及项目合同等，科学合理地编制并运用法律文件，确保项目成功实施。

3. 完善相关标准

对城市基础设施工程建设标准现状进行调查、摸底和总结，围绕城市基础设施建设、运营、维护的需要，开展城市基础设施建设标准化工作研究，重点补充完善行业运行维护、服务质量和设施评价标准，为推进城市基础设施建设PPP模式提供技术规范支撑。

第二节
采取PPP模式运作污水处理及市政排水设施购买服务项目

为积极探索推进政府和社会资本合作示范项目，安徽省池州市采取了PPP模式运作污水处理及市政排水设施购买服务项目。

一、池州市污水处理及市政排水设施购买服务项目采用PPP模式实施方案

1. 项目概况

池州市按照“以市带县”方式，将市区及各县区项目整体打捆，包括污水处理厂、市政排水管网、泵站，总投资约41.45亿元。项目分两期实施，一期项目以主城区为试点项目，二期项目包括青阳、东至、石台三县及江南产业集中区。

一期主城区试点项目采用“厂网一体”运营模式，将污水处理厂和排水管网项目整合打捆，选择已建污水处理厂2座（10万吨/日）、已建排水管网750公里、已建污水泵站7座（10.45万吨/日），项目总资产7.125亿元。特许经营期26年，按照厂网一体、存量增量一体的原则授予项目公司投资、建设新建项目以及运营维护污水处理及排水设施的特许经营权，特许经营期满终止时，项目公司将设施的所有权、使用权无偿交还政府。政府每年支付污水处理服务费和排水设施服务费。

池州市政府在北京大岳咨询公司的协助下完成了项目前期工作和实施方案编制，并委托北京国融兴华资产评估有限责任公司对本项目实施资产评估，截至评估基准日2014年5月31日，在持续使用条件下，经重置成本法评估，评估价值71251.35万元，并报市国资委核准和备案。之后，池州市编制了《池州市主城区污水处理及市政排水购买服务项目招标文件》，确定了中标候选人，并根据《资产转让协议》、《合资合作协议》、《特许经营协议》等法律文本，就合作的具体事宜进行商务谈判，签署合同等法律文书。

2. 合作伙伴选择

（1）确定投标人条件

该项目确定的投标人条件如下：

1）投标人应是本项目招标文件购买人，且应是独立法人，不接受联合体投标。

2）投标人应具有良好的银行资信、财务状况以及相应的融资能力，截至2013年12月31日，净资产不低于3亿元人民币。

3）具有良好的业绩。截至2014年6月30日，在中国大陆地区，投标人应具有城市污水处理厂的投资、建设和运营经验与业绩（投资、建设和运营三项经验须至少具备两项），且已经成功运行一年以上；具备城市排水设施运营的经验与业绩，且已经成功运行一年以上；应具有实施本项目所需的技术能力、管理能力和融资能力。

4）在近三年（2011年6月以来）内没有发生过重大生产安全和质量事故，或因违反法律法规受到处理的事件。

（2）招标标的

该项目确定资产转让价格、特许经营期和基本水量等边界条件，投标人针对已建污水处理厂以及排水设施分别投报污水处理服务费单价（单位：元/立方米）和排水设施服务费单价[单位：元/（公里·年）]作为主要标的。

（3）中标确定

为体现公正、公平、择优的原则，该项目在安徽省住建厅《推荐参与安徽省城市基础设施PPP模式有关企业名单》中将所有涉及污水处理的9家企业确定为招标拟邀请对象，发出招标邀请，共有4家企业报名。池州市已通过邀请招标的方式确定了第一中标候选人为深圳市水务（集团）有限公司。

3. 项目公司组建及运作

（1）池州市政府指定池州市自来水公司与选定的投资人合资组建项目公司。

（2）池州市人民政府授权市住房城乡建委与项目公司签署《特许经营协议》，授予项目公司特许经营权。项目公司购买已建污水处理厂及排水设施；在特许期内投资建设规划中的污水处理厂及排水设施等；负责运营、维护和更新排水设施及污水处理厂；项目公司在特许经营期结束后将正常运行情况下的上述设施无偿移交给池州市人民政府或其指定机构。

（3）由产权所有人与项目公司签署《资产转让协议》，将主城区已建的清溪污水处理厂（一期、二期）、城东污水处理厂、排水设施等转让给项目公司。

（4）池州市财政局根据项目公司提供服务情况经住建委提出审核意见后向项目公司支付购买服务费。

（5）鉴于改扩建项目、新建项目存在不确定性，该项目招标及《特许经营协议》签订的核心内容是围绕已建污水处理厂及排水设施，对于改扩建项目、新建项目仅做原则性约定，待项目条件成熟后，参照《特许经营协议》中约定的相关原则，另行签订补充协议。

4. 项目投融资结构

项目一方面应符合国有资产产权转让的要求，另一方面还应符合国家关于公用设施产业化特许经营政策的有关规定，所以该项目在实施中需要将已建设施的资产产权转让和授予特许经营权同步进行，确定协议结构如图7-1所示。

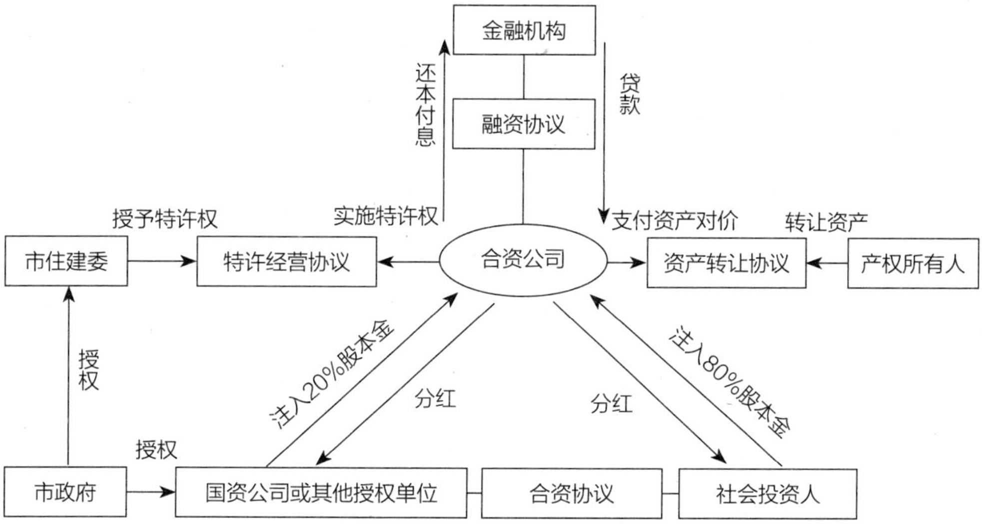

图7-1　项目投融资结构图

关于项目结构图的说明：

（1）通过公平、公开、公正、择优的原则，采用邀请招标的方式选择项目合作伙伴。

（2）中标人和市自来水公司在池州市合资组建项目公司，按照80%：20%比例签署合资合同和章程，并注入资本金。

（3）项目公司与金融机构签订融资协议，融资金额为资产转让价款与资本金之间的差额。

（4）项目公司与产权所有人签订《资产转让协议》，项目公司购买已建污水处理厂及排水设施等资产并支付转让费用，转让费用由项目公司股东资本金出资和融资解决。

国家开发银行积极参与了该项目的PPP运营方案、融资方案设计，并给予了贷款期限15年、贷款利率较基准利率下浮10%的优惠政策。

5. 财务测算与风险分析

采取PPP模式后，政府为购买服务向项目公司支付的费用，相比较于目前政府自身运营模式所支出费用，短期内将有所增加，但是由于引进了专业机构，运营效率将得到很大的提升，当前厂网分离运行、管网维护管理不到位、污水处理效益不高等问题将得到解决。

6. 特许经营协议

主城区污水处理及市政排水购买服务项目招标完成后：

（1）组建项目公司：中标人将与市政府指定的主体在池州市组建项目公司，中标人拥有该公司80%股权，市政府指定的主体拥有该公司20%股权。

（2）特许经营谈判：市住建委受市政府委托，将与项目公司进行特许经营协议谈判，签订《池州市主城区污水处理及市政排水购买服务项目特许经营协议》，授予项目公司独家的特许经营权，由项目公司自行承担费用、责任和风险，负责池州市主城区已建污水处理及排水设施的运营、维护和更新改造，负责新建项目的投融资、建设及运营维护，并取得购买服务费。

（3）中央补贴资金抵扣：为鼓励项目公司积极争取中央项目资金，国家各级各类补贴资金和银行贷款的利率优惠按照8（政府）：2（项目公司）的比例分配，80%的资金用于抵扣政府购买服务费。

（4）新（改、扩）建项目：主城区污水处理厂及排水设施新（改、扩）建项目特许经营权一并授予项目公司，服务费用根据项目具体情况另行约定。

（5）期限：特许期2015～2040年，确定本项目特许经营期为26年。

7. 服务费单价的调整

在特许经营期内，服务费单价每满三年调整一次，每次调价工作自价格调整年前一年的11月1日开始，并于该年的12月31日之前确定调整后的污水处理服务费单价。届时，项目公司可向住房城乡建委提出调价申请，并接受价格主管部门的监审。市住房城乡建委会同市财政局和市物价局等部门审核其申请，就价格调整做出决定，项目公司应遵照执行。

二、示范项目主要特点

一是采取“厂网一体”、“以市带县”、“肥瘦搭配”，避免把管网、县等“难啃的骨头”留给政府。二是分步实施，第一步将城区现有污水处理厂和管网采取TOT方式进行，第二步将城区新建污水处理厂和管网采取BOT方式进行，第三步由城区逐步扩大到县镇，有序开展。三是量入为出，通过实施方案的编制来平衡购买服务的规模与财政购买能力之间的关系。四是运作规范，在项目提出、资产评估、标的确定、招标方式等环节规范运作，明确项目形成的固定资产最终归政府所有。五是盘活存量资产，用于新建城镇污水处理厂和管网再投入，使政府有限的资金加快周转，起到“力量倍增器”的作用。六是将购买的服务费纳入政府财政预算，以财政兜底方式解决收费不到位的问题，每3年进行一次价格调整，破解“玻璃门、弹簧门、旋转门”。七是通过公开、公平、择优的原则选择专业公司，解决地方技术力量薄弱等问题，同时，有利于专业公司做大做强，提高产业集中度。从项目的进展情况看，基本达到试点的目的和要求。

池州项目试点体现了“政、企、银”的合作机制：政府开放市场，转变市政公用服务过去由政府背债投入来提供的方式，并为社会资本的进入创造条件与保障，解决资金短缺问题；企业通过公平竞争获得项目的投资、建设和运营权，自主融资和经营、自负盈亏，利用专业化运营和管理优势取得收益，提高公共产品的效率、质量和服务水平；银行等金融机构从原来主要向政府放贷转为向企业放贷，在贷款规模、期限和利率方面提供优惠，向大型专业企业倾斜，提高产业集中度，防范金融风险。中央财政通过运营补贴和贴息等方式，鼓励和引导市政公用领域推行PPP。

第三节
采取PPP模式推进城市河流流域治理

根据南宁市国民经济和社会发展需要，结合竹排冲上游那考河段流域治理项目实施的必要性、重要性和可实施性以及产生的社会效益，南宁市实施了竹排冲上游那考河流域治理PPP项目。

一、基本情况

1. 项目背景

竹排冲是南宁市城区18条内河之一，担负着排洪、景观等多种功能。竹排冲上游那考河段包括主河道5.4公里，支流河道1.235公里，全长6.635公里。治理项目分三阶段实施，第一阶段完成截污、河道整治、部分沿岸景观建设。在一阶段治理的基础上，第二阶段完成污水处理厂建设等全部治污工作和全部沿岸景观建设。第三阶段完善流域范围雨污分流、流域范围农业种植污染治理及产业结构优化调整、流域范围水土恢复及保持。

2. **项目实施内容**

本项目总投资12.3亿（含第一、第二阶段，未含第三阶段），总体规划，分步实施。

第一阶段：自2014年10月～2015年6月。完成截污系统、河道清淤及防洪排涝、沿岸生态修复、生态湿地、滨河交通、景观营造、除臭系统、信息化监控系统建设，初期雨水收储、同步启动污水厂建设、雨水收储、上游面源点源污染治理，投资估算为8.38亿元。

第二阶段：自2015年6月～2015年12月。污水厂建设、雨水收储、上游面源点源污染治理，投资估算为3.92亿元。

第三阶段：自2016年～2020年。完善流域范围雨污分流、流域范围农业种植污染治理及产业结构优化调整、流域范围水土恢复及保持，投资纳入市政建设规划，由政府统筹安排、分步实施。

3. **实施步骤**

采取竞争性谈判综合比较各竞争单位的技术方案、商务方案、融资方案，选择该项目投资服务人（合作伙伴），由其负责项目的投资、建设及运营。通过竞争性谈判等方式选择那考河流域治理项目的投资服务人（合作伙伴）。

（1）科学调查，严格审批程序

南宁市政府组织专家和技术人员，对整个那考河段主河道支流河道的6.635公里所有污染源进行了现场勘查，对沿河33个断面的水质、水量数据进行检测，对沿线生态状况、臭气来源进行调查分析，摸清了那考河段污染外源、内源等各类污染物的强度、排放量和贡献，确定了主要污染源和污染物，为系统提出治理任务创造了基础条件，以此为基础上编制项目建议书、项目可行性研究报告、环评报告、项目实施方案等。

（2）方案论证

南宁市人民政府组织工作人员、项目意向投资服务人（合作伙伴）、流域整治专家等召开了关于那考河段流域整治实施方案的会议，听取了项目技术方案的汇报，详细讨论了那考河流域治理的水质标准，并审阅了相关资料，经质询和讨论，各方均对项目实施方案较为满意。

（3）第三方专业咨询

由于那考河流域治理是一项投资巨大、运行复杂的系统工程，对专业技术、资金保障要求很高。引入有实力的社会力量负责治理项目的融资、设计、建设和运营管理，让“专业人干专业事”，是解决政府资金短缺和专业技术力量不足的问题的关键。实施过程中，市政府委托了第三方专业咨询机构

（协助政府经济性测算、风险分析、评估实施方案、起草协议等），根据实施方案，制定了PPP项目采购文件，组织职能部门和省内外专家论证修改后，并以竞争性谈判方式予以实施。

二、项目实施

1. 投融资

项目总投资依据政府职能部门、专家评审及市政府批准通过的项目方案和地方定额依法依规测算取得，投资服务人（合作伙伴）负责项目总体投融资，政府通过购买公共服务，支付水环境综合治理服务费平衡项目投资及收益。

2. 技术

通过治理外源、内源和面源污染，治理臭气、修复生态和建设监控平台等，实现那考河“水畅、水清、岸绿、景美”的目标；根据那考河缺水、污水收集困难等特点合理布局；同时，建设湿地，种植挺水、沉水植物，进一步提升水质，提供丰富的再生水资源，作为流域内中水回用及河道景观用水补充，节省那考河调水补水投资成本；充分利用地下空间建设下沉式污水处理厂。

3. 实施

按照“统一规划、分步实施”的原则对项目进行经济测算，有效降低成本并减少项目投资的盲目性。

三、实施效益

1. 环境效益

治理城市内河，推动改变城市核心区生态环境。通过项目的实施，消除水质黑臭现象，提升感官效果，河道逐步呈现出连续性的景观轴线。通过河道补水、中水回用、增加服务面积、完善及新建管网，使河道景观环境全面改善，注重滨河生态环境，主动融入投资城市纵深区域生态景观，城市内河沿线将呈现出生态环境与城市景观交相辉映的新局面。

2. 社会效益

那考河治理，给广大市民拓宽城市休闲生活空间，从避之不及的“污水河”到提供了城市生活便利的“景观河”，全线便民设施诸多，灯光亮丽，让老百姓感觉到了民生工程的成效。那考河水环境治理经验，对南宁市的环境保护教育意义重大，通过那考河的治理成效及大量生态建设的实例，广泛发动群众参与监督，保持那考河长久治清和管理水平的持续提升，进一步体现出明显的社会效益。

3. 经济效益

（1）结合项目实施的经济性科学规划布局

那考河原“下游建大型污水处理厂，上、中游不建厂”的污水处理规划方案，经专业团队整体性研究，重新论证，优化调整为“适度集中、就地处理、就近回用”的原则。在上中游增加2座小型污水处理厂，节约城市用地，占地仅有传统地面式污水处理厂的1/3，并在地面修建活水公园，实现了城市污水处理与城市用地开发有效统筹。

（2）最大程度降低财政开支风险

过去政府只算显性支出，没有计算隐性支出，通过引入市场机制，将政府的隐性支出显性化，政府支出透明，有利于财政预算的规范管理，从长远控制政府债务，提高资金使用效率。经财力压力测试及风险控制分析，按PPP项目模式，在相关政策的支持下，此项目建设支付及持续管理风险完全在市财政可控范围内。

（3）专业化团队高水平的管理和技术服务

通过专业团队精细化流程实施，充分发挥硬件设施和设计的使用效能，实现了运营专业团队的盈利，也体现了财政溢出效应，最终，“政府、企业、社会”三方共赢。

四、实施方式

1. 运作模式

通过公开方式选择投资服务人（合作伙伴）全程负责本项目的投融资、设计、建设、运营、期满移交，投资服务人（合作伙伴）按政府购买服务协议约定享有合理回报。

2. 投融资结构

项目总投资12.3亿元，由投资服务人（合作伙伴）负责投融资，获得的相关政策补贴（不计入投资服务人的投入）专项用于项目建设。投资服务人（合作伙伴）投入资金及收益在不少于3年期的河道治理服务费、25年污水处理服务费中逐年按比例支付。

3. 采购方式

采用“政府购买河道治理服务+污水处理服务”的组合模式，政府购买河道服务，运营期限不少于3年；新建污水处理厂服务期限为25年；经测算，预计总投资的12.3亿元，政府通过安排财政预算逐年逐期支付服务费用，平衡项目投资及收益。

4. 权利与责任

在污水处理服务期限内，投资服务人（合作伙伴）拥有新建污水处理厂项目设施的所有权，并行使占有权、使用权及收益权。在污水处理服务期届满时，投资服务人（合作伙伴）将该等新建项目设施无偿移交给南宁市政府或其指定机构。

5. 服务费支付方式

投资服务人（合作伙伴）以提供污水处理服务的方式运营污水处理厂，政府以支付污水处理服务费方式向投资服务人（合作伙伴）购买污水处理服务。投资服务人（合作伙伴）以提供河道综合整治服务的方式投资、建设、运营、维护南宁市那考河流域治理工程，政府以支付河道服务费的方式向投资服务人（合作伙伴）购买流域治理服务。污水处理服务费、流域治理服务费，纳入南宁市年度地方财政预算管理。

6. 风险分配承担

项目设计、建造、财务、运营维护等风险由投资服务人（合作伙伴）承担，不可抗力等风险通过投资服务人（合作伙伴）购买保险获得补偿，超出保险承保范围的不可抗力风险由政府和投资服务人（合作伙伴）合理共担。

五、配套措施

1. 政府组织保障措施

南宁市政府组建以分管副市长为组长、各主要局委主要负责人任副组长的PPP项目推进工作领导小组，专门负责对本项目进行研究、推动和落实。

2. 支付污水处理及河道综合整治服务费的措施

项目支付污水处理及河道综合整治服务费资金来源经南宁市政府及人大批准，全额纳入年度地方财政预算管理，确保及时足额支付。并建立配套的中长期预算安排，将本项目涉及政府支出责任的部分予以明确列示，以确保项目能够得到及时支付。

3. 税收优惠及政策优惠

投资人在本项目污水处理及河道综合整治期内无需缴纳营业税与增值税；应缴纳的所得税按南宁市相关规定，享受税收优惠政策；在污水处理服务期内，投资人不承担污水处理厂土地使用权的任何税费。投资人可以在政府及相关机构书面同意时质押项目的服务用于再融资；投资人可依法依规享受南宁市招商引资与重点工程项目的优惠政策，以及国家公用事业项目的政策补贴；投资人使用的土地采取划拨方式提供，并在经营服务期内无偿使用。

4. 项目监督管理措施

（1）投资人履约担保

潜在投资人（竞争性谈判人）在竞争本项目污水处理及河道综合整治服务权时，应向政府相关机构提交竞争性谈判保证金，作为履行竞争性谈判承诺的担保；竞争性谈判人在确定为本项目投资候选人后，应向政府提供条件担保，作为投资人履行本项目协议的担保；竞争性谈判人确定为本项目投资服务人后，应向政府提供移交保函，以经济手段约束投资服务人的行为。

（2）建设期监管

政府相关工程质量监督机构有权依据适用法律的规定，对投资人建设本项目工程实施工程质量监督；引入第三方跟踪审计单位，对项目全程依法依规进行工程质量及造价跟踪审计。

（3）运营期监管

政府及其监管部门有权监督投资人履行法定的和污水处理及河道综合整治服务协议约定的义务，对投资人提供的服务数量、质量、价格，以及安全生产、环境保护、清洁文明等情况进行监督。

5. 对投资人的补偿措施

政府及其机构在发生下述事件时对投资人给予补偿：发生不可抗力事件；污水处理及河道综合整治服务期内国家税收政策调整带来的投资人企业税负变动；应政府及其机构的要求进行的工况调整和设备改造，导致投资人资本性支出或运营费用增加；应政府及其机构的要求对本项目区域外的相关设施设备进行的抢修，导致投资人运营费用的额外增加。

6. 项目绩效评价措施

项目绩效评价管理主要分为项目管理、完成时间、完成质量三个方面，考核的重点在于项目质量和管理效率。一是政府绩效评估，指定机构部门作为资金拨付机构必须成为政府绩效评估的主体，是事前评价的核心。履行事前、事中、事后全过程审计监督。二是专家与中介评价，让专家和民众广泛参与评议，保障公众的知情权，切实实现政务公开，提高公民评议的水平和效率。三是审计部门评估，以审计部门作为评价组织体系中事后监督评估的主体，以保证评价结果的客观公正。

7. 项目污水处理及河道综合整治服务期满后移交配套措施

政府及相关机构在本项目污水处理及河道综合整治服务期届满之前一年内，应组织专家对项目运行情况进行评估；运行设备设施状况符合污水处理及河道综合整治服务协议的要求；污水处理及河道综合整治服务期限届满或者解除污水处理及河道综合整治服务协议后，依照法律、法规等规定和污水处理及河道综合整治服务协议的约定，向政府或政府指定的其他机构移交本项目。

第四节
通过系统整治改善城市水环境

贵阳市南明河被贵阳人民誉为“母亲河”。虽几经治理，但随治随污。近年来，河道黑臭现象突出，为此，贵阳市政府下决心引入社会力量进行系统整治。

一、整体谋划

1. 排查现状

现场查勘了36.4公里干流、5条支流和58公里河道的所有污染源，对沿河多个断面的水质水量数据、沿线生态、臭气来源等进行调查分析，找出了主要污染源，明确了各类污染物的种类和排放量。

2. 明确目标

2013年前，消除河道黑臭现象；2015年前，实现南明河“水变清、岸变绿、景变美”；2025年前，形成“水清岸绿、内涵丰富、经济繁荣”的生态环境带。

3. 系统治理

改变以往“头疼医头、脚疼医脚”的思路，统筹整治任务，系统推进河道整治、生态修复、污水处理、再生利用、面源治理等，将水的收集、净化、回用作为整体，形成循环系统。一是统筹上游和下游治理，实现南明河上下游联动；二是统筹干流和支流治理，涵盖贵阳城区南明河主河道及支流；三是统筹河流和岸线治理，进行清淤、翻转坝改造等河道整治和沿岸绿化、灯光等岸线景观工程，改善沿河人居环境；四是统筹内源和外源治理，河道底泥等内源污染和沿河工业点源、生活污水、农业面源等外源污染治理并重；五是统筹再生水和雨水利用，提升污水处理厂出水水质标准达到再生水要求，建设人工湿地对雨水、再生水进一步生态处理，使其作为河道的重要补水来源，每年可以节省调水费1.58亿元。

4. 明确任务

一是污水处理厂建设与改造，规模42.5万立方米/日，投资20亿元；二是管网改造与建设，总长度63公里，投资6.3亿元；三是河道整治与生态修复，改造翻转坝5座，河道清淤100余万立方米，建设人工湿地10万平方米，投资12.1亿元；四是截污与臭气治理，截污口密封改造255处，建设5处等离子除臭和2处生物除臭装置，投资0.5亿元。

5. 引入社会力量

放开市场，让“专业人干专业事”。政府和企业各负其责，政府做好“裁判员”，协调督导征地拆迁、质量监管等工作；企业做好“运动员”，负责项目的投融资、设计、建设、运营维护。

二、调整规划

贵阳市政府组织对原污水处理规划方案重新进行了论证，认为“南明河下游建大型污水处理厂，上、中游不建厂”的“大截排”规划思路不适合实际情况，对原规划进行了调整，按照“流域统筹、系统治理、上下共治、集散结合”的原则，在上中游增加12座小型污水处理厂，实现污水处理再生利用的就地处理、就近回用。规划调整后，可节省管网收集系统、调水补水等建设投资十余亿元，每年节省再生水利用等运行费用约3000万元。

三、分步实施

贵阳市政府按照“远近结合、分步实施”的思路，分三阶段实施。

1. 第一阶段

以治理水体黑臭为主，实施了河道截污、治污（现有污水处理厂运行管理），河道清淤、坝体改造、臭气治理等工程。项目投资18.69亿元，全部由投资人从资本市场筹集。其中现有污水处理厂运行投资7.01亿元，采用特许经营（TOT）模式，运营期限为25年，政府支付污水处理费0.83元/立方米；

截污、清淤、改坝等河道治理投资11.68亿元，采用企业投资建设、政府支付的方式，工程验收合格达到治理效果后，分4年支付。贵阳市政府的经费来源为中央节能减排资金、污水处理收费和沿河土地出让增值收益等。项目实施后，南明河劣五类水质水体由原有的51%下降到17.4%，基本消除了干流黑臭现象。市民对治理效果非常满意。国内水环境治理专家也认为，南明河治理模式对国内城市河道黑臭治理具有示范作用。

2. 第二阶段

以提升水质为核心，主要实施南明河干流和支流沿线污水处理厂及配套管网改造建设、生态修复等工程，使干支流水质和感官效果明显好转。项目总投资约20.27亿元，全部由投资人从资本市场筹集。其中，污水处理厂及配套管网改造建设投资18.57亿元，采用特许经营（BOT）模式，运营期限为30年，政府支付污水处理费0.97元/立方米（考虑提高出水标准达到再生水要求）；生态修复等河道整治投资1.7亿元，采用政府购买服务模式，期限为10年，验收合格且达到治理效果后，政府分10年支付。政府费用来源为当地财政预算、污水处理收费和土地出让增值收益等。

3. 第三阶段

以实现南明河长治久清为目标，调整沿岸产业结构，治理农业面源污染，实施流域范围内水土保持和生态恢复，建立污染防治和治理长效机制。

四、市场化的体会

通过引入社会资本进行河道综合治理，有4点体会。一是只有统筹流域、系统治理，才能达到“标本兼治”的目标。二是通过开放市场，引入专业力量具体实施，解决了政府建设资金和综合技术能力不足的问题，同时也促使政府转变职能，提高财政预算管理、公共服务提供和政府监管方面的能力和效率。三是改变以往按照投资量支付服务费的做法，以治理效果（水质）作为政府付费的重要依据，确保治理效果。四是改变了认识，原来大家认为引入社会资本后会增加政府财政支出、倒逼水价上涨，结合南明河治理实践，发现过去政府只计算显性支出，没有计算隐性支出，引入市场机制将政府的隐性支出显性化，这是财政支出增加和水价上涨的真正原因，且政府支出公开透明后，有利于财政预算的规范管理，从长远控制政府债务，提高资金使用效率。

第五节
企业经营垃圾分类实现资源利用垃圾减量

成都市引入企业（成都绿色地球环保科技有限公司）经营垃圾分类。成都绿色地球环保科技有限公司是一家专业从事废品回收资源化的企业，自2012年开始参与成都市锦江区垃圾分类工作，通过两年多的试点运行，初步建立起了“签约注册、垃圾积分、积分兑换”运作体系。

一、困局

1. 垃圾组分

我国城市居民产生的生活垃圾包括3个部分：可回收、厨余和其他，分别占40%、35%和25%左右。可回收部分有4类：一是高价值或量大的回收物，如废家电、纸板等，约占总量的15%，有人卖、有人收，销往回收站；二是有价值的零散回收物，如塑料瓶、易拉罐等，约占10%，扔进垃圾箱后有人拣、有人收；三是难拣出的回收物，如碎纸、瓶盖等，约占5%，可回收、没人拣；四是价值低的回收物，如牛奶盒、玻璃、织物等，约占10%，有价值、没回收。目前，前两类可回收物进入废品回收系统；后两类进入环卫系统，可以进行分类减量。厨余部分也有分类潜力：一是通过在家庭内过滤、挤压等方式，能降低占总量10%左右的水分；二是采用食品处理机打碎后进入下水道，可使厨余降低到总量的5%；三是就地或集中生物处理，减少进入末端设施的处理量。

2. 分类受阻

我国生活垃圾资源化利用虽然已有较长历史，但主要是依托于废品回收体系，既没有做到应收尽收，也没有与垃圾分类相结合。垃圾减量分类工作推进不力，主要存在如下问题：一是废品回收不规范。据不完全统计，成都市从事拾荒的人员有上万规模，散乱无序缺乏管理。同时，废品再生领域存在大量灰色地带，极易产生旧衣物变黑心棉、废旧家电无序拆解等环境及社会问题，而且碎纸、玻璃、牛奶盒等低价值废品无法得到有效回收。二是垃圾分类不叫好。政府和社会高度关注垃圾分类工作，对垃圾分类寄予厚望，层层部署、层层动员，但工作停留在贴标语、发传单、放桶等形式上，对垃圾组分没有认真分析，可回收部分分类效果不明显。居民觉得该卖的都卖了，剩下的分与不分一个样，逐渐失去兴趣。三是分类投入不持续。在垃圾减量效果不明显的情况下，政府对持续投入感到吃力。公益组织和物业公司主导的垃圾分类虽取得了一定效果，也因资金需求巨大难以支撑。此外，没有达到相应的服务规模，企业难以探索出可持续的商业模式。

3. 主动参与

在认真分析现状后，成都绿色地球环保科技有限公司从中发现了市场机会：首先，政府越来越重视垃圾分类；其次，城市再生资源回收领域乱象丛生，急需变革创新；最后，通过规模化的集中分类，可以提升再生资源利用率和垃圾减量率，同时还可获得经济收益。2012年，锦江区政府垃圾分类实施“管干分离、服务外包”，公司通过招投标进入锦江区垃圾分类市场。

二、做法

1. 政企携手谋划

一是政策推动。区政府制订了垃圾分类试点三年推进计划，头三年以采购服务方式进行补贴，每年投入700万元。三年采购期结束后，企业继续提供垃圾分类服务。二是分步推进。三年推进计划明确，2012年覆盖居民2万户，2013年覆盖居民5万户，2014年覆盖居民8万户推进目标。公司将自己定位为垃圾分类和资源化的现代服务企业，建立分类机制、建设分类设施，利用信息技术，以用户体验服务为切入点，组织社区居民开展垃圾分类。三是部门协调。区城管局作为牵头单位，主要负责帮助企业协调房管、环保、街办、社区之间的关系。

2. 设计服务流程

垃圾分类也是服务。通过分析城市居民投放垃圾的心理和行为习惯，公司设计了周密细致的分类服务流程，并辅助以信息技术提升用户体验，保障了参与效果。一是进行实名注册。向居民免费发放分类回收桶、垃圾袋、积分卡和用户手册，为每个家庭实行实名注册，建立信息档案和绿色账户。二是引入二维码技术。二维码贴纸成为每袋垃圾的身份证，可以溯源到家庭，根据分类情况为居民进行环保积分。三是做到废品全回收。通过在便利的位置设置回收箱方便居民投放，把过去回收站不收、本身又有再生价值的包装盒、旧衣物、利乐牛奶盒、薄塑料、碎玻璃等集中收集，真正做到减量化、资源化。目前，公司已回收低价值包装杂纸442.5吨、利乐牛奶盒193吨、碎玻璃460.2吨、各类塑料薄膜和织物鞋帽等731吨，占总回收量的65%以上。

四是建立信息平台。将关键运营信息实时分享，供政府和社会进行监督。管理人员随时可以掌握分类投放情况、兑换数据等信息。

3. 形成激励机制

居民家中可回收物数量不少，但产生不集中、不好存放、交售不便，收益又很低，使得居民对垃圾分类不“感冒”。为此，公司采取多种措施，调动居民参与垃圾分类的积极性。一是分类简单易行。居民与公司签订协议并实名注册后，只需在家中将垃圾分为可回收、不可回收两类，并在可回收垃圾装袋贴上二维条码投入指定的垃圾箱即可。二是建立兑换体系。可回收垃圾被集中运往二次分拣中心，由工人进行扫描称重分拣，每袋垃圾对应的积分自动记录到居民的绿色账户中，实现了“垃圾”到“积分”的转换，成功建立起“垃圾银行”。居民可随时登录账号查询积分情况，并以线上和线下两种方式参与积分兑换活动。通过设置回收物的不同积分标准，引导居民进一步对可回收物进行细分投放。三是兑换礼品多样。充分考虑用户的不同需求，积分兑换礼品包括日用品、绿色产品、话费、Q币充值、公益渠道捐赠等，下一步还将考虑与银行、超市、公共交通等对接。截至2014年7月，公司共兑换积分2790万分，兑换礼品15.5万件，总价值超过150万元，居民参与垃圾分类处理的积极性大大提高，垃圾分类活动得以持续推广。

4. 强化闭环管理

一是自建收运系统。为了避免先分后混，公司建立了自己的收运系统，包括两辆中型回收车、6辆小型社区回收车，每天负责110个小区380多个回收箱的收集清运。二是自行集中分拣。公司租地2.5亩建立了二次分拣中心，按照行业标准对收集到的可回收物进行细分类和初步整理，经过分拣的可回收物分为7大类50多个细类。三是对接正规企业。为避免出现环境风险，公司已与一批经过国家和地方有关部门认定的正规再生资源下游企业建立合作关系。回收的废旧灯管、节能灯、镍镉电池等少量有害垃圾，由专业公司进行无害化处理处置。

三、成效

1. 政府层面

一是减少末端垃圾量。该项目特许经营期限为10年，保守估计每年可回收资源4000吨，低值回收物占65%，10年预计可多回收2.6万吨，实现垃圾减量。每吨垃圾处置费240元，至少可为政府节约处置费用624万元。以8万户居民一年产生8.76万吨生活垃圾计算（24万人，每天240吨），低值回收物减量约3%左右。

二是打下分类基础。在已经形成分类习惯的小区，今后可以尝试进行“可回收、厨余、其他垃圾”三分类试点，实现垃圾全面分类减量。

三是增加就业机会。项目提供了20多个岗位，这些工人得到了完善的就业培训和社会保障，平均月收入高于成都最低工资水平。

2. 社会层面

一是增强居民环保意识。目前，公司在成都市锦江区已试点覆盖6个街道110个社区，参与分类居民达64235户，占全区总户数的20%；居民注册参与率超过80%，知晓率超过80%，日常活跃投放率接近50%，分类正确率超过95%。试点以来，共回收可回收物2649吨。这些关键指标在国内外开展垃圾分类的城市中都是非常高的。从2012年起，组织开展环保“进校园”活动，已有6所中小学每学期对近万名学生进行一次环保宣传教育，在学校内设置了回收箱，以班级为单位进行垃圾分类回收，让分类意识转化为实际行动。二是改善小区人居环境。居民和物业公司反映，开展分类活动的小区公共区域更加整洁了，每周举行的现场活动也增加了居民之间的交流机会，让邻里关系更加融洽。三是减少对资源环境的消耗。如果把回收的再生资源量化为环境影响，共计减少树木砍伐10131.65棵、减少原油消耗21906.05桶、减少二氧化碳排放10977.48吨。

3. 企业层面

一是获得经费支持。在前三年，政府每年投入采购服务资金，主要用于公司基础设施建设（信息系统研发、分拣厂地建设、车辆采购、社区回收箱设计等），用户服务配套（为每个参与家庭免费提供一套回收桶、垃圾袋、条码和手册等物料，社区回收箱的制造安放等），还有培养用户习惯进行的活动（初期礼品奖励、大量市场宣传活动等）。这些资金在居民形成稳定分类习惯、企业达到核心业务盈亏平衡之前，起到了非常关键的作用。二是确定盈利规模。基于目前的运营数据核算，公司将垃圾分类服务范围确定为8万户。8万户的用户规模在分类习惯养成后，每月可以回收各类可回收物300～500吨，销售收入约30～45万元。其中，回馈居民的积分价值约占一半，而负责日常回收分拣的人工和场地车辆成本约为10万元，再划出一定的宣传和活动费用3～5万元，总体来看是略有盈余的。如果未达到8万用户和回收规模，收入就难以支持运营所需的车辆、人力、场地等固定成本。三是坚定发展信心。三年政府补贴结束后，8万户居民形成稳定分类习惯，企业可在长期保持微利的情况下为这些居民提供服务，保障垃圾分类减量效果持续下去，不再需要政府的资金投入。如果在补贴期结束后，政府提供场地、运输、税收等方面的政策优惠，则可以帮助企业进一步降低成本并提高服务水平。

四、试验

从2014年7月1日开始，公司开展了厨余垃圾的分类试验。在总户数355户的蜀光新城小区中，居民参与率已达70%，每天可分出厨余垃圾约170千克，目前送到成都市双流餐厨垃圾处理厂进行堆肥处理。

第六节
污泥餐厨垃圾协同处理　资源全利用实现零排放

污泥与餐厨垃圾如何处理，是各城市必须面对的问题，襄阳市引入企业（国新天汇环境有限公司，以下简称公司）在襄阳开展了污泥与餐厨垃圾协同处理，实现了资源全利用、废物零排放。

一、问题

与其他城市一样，襄阳的污泥和餐厨垃圾处理也走过同样弯路。襄阳市污泥产生量约200吨/天，绝大部分污泥采取简单填埋方式处理，鱼梁洲污水处理厂产生的污泥全部堆放在厂区内，累计达15万吨。为解决露天堆置的环境风险，2009年投资1000多万元建设了一套污泥简易热干化系统。尽管经过简易热干化实现了一定程度的减量化，但污泥中有机质并没有经过有效降解，烘干过程中仍会产生恶臭，造成新的二次污染，且烘干后的污泥“烧苗”，根本无法使用。襄阳市餐厨垃圾产生量约180吨/天，曾尝试集中收运处理，但由于餐厨垃圾点多面广、成分复杂，政府部门无论是在技术、设备、人员还是资金方面都不具备大规模集中收运处理条件，收运处理一直停滞不前。调研分析表明，污泥与餐厨垃圾处理涉及前端收运、中间处理、末端产品利用等问题，技术复杂，管理难度大，而且二者分属不同管理部门，单纯依靠政府很难解决，必须通过市场化手段，依靠专业公司提供专业服务。襄阳市政府以特许经营的方式，引入专业公司从事污泥与餐厨垃圾协同处理，全面实现了资源化利用，取得了较好的成效。

二、做法

1. 创新技术路线

公司确立了“垃圾全消纳、资源全回收、过程全绿色、能源全平衡、经济可接受”的理念，创新了污泥与餐厨垃圾共用一套系统协同处理的技术路线。一是实现了设施协同。一般项目都是分别选址、分开建设、独立运营，浪费土地和投资，二者协同处理，比各自单独处理节约占地80亩，节省建设投资6000万元，综合处理成本降低30%。二是实现了技术协同。厌氧消化的适宜碳氮比是10～20。而污泥的碳氮比一般为5～9，餐厨垃圾碳氮比一般为20～30，污泥和餐厨垃圾的互补性决定了两者协同处理的可行性和经济性。当污泥与餐厨垃圾按照（0.5～2）：1混合时，厌氧消化能够提高产气量，提高处理效率和运行稳定性。

2. 研发技术装备

结合我国城市污泥特点，公司自主研发了污泥高温热水解技术、高浓度厌氧消化技术、高干度脱水技术和低温余热干燥等核心技术，取得了12项专利。采用高温热水解技术，使得有机物分解率与产气率较传统消化提高50%，厌氧消化浓度提升1倍以上，厌氧消化后脱水率由传统的80%降至65%，沼渣达到国家卫生标准，余热干化的能耗仅为传统干化的1/6，并实现了氮磷的循环利用和沼气的外部输出。同时，公司自主研发了高温水解、离心脱砂、余热回收、低温蒸发、沼气提纯等核心装备，装备的国产化使高温热水解比国外同等装备造价低30%，余热干燥较国外的带式干燥装备造价低50%，大大节省了项目投资和占地面积，单位占地面积约33平方米/吨，单位投资约20万元/吨。

3. 源头制浆、收处一体

目前，多数城市在餐厨垃圾规范管理后，由于缺乏源头分类，特别是打破了以往的利益链，餐馆对餐厨垃圾收运有抵触心理，将盘子、叉子、塑料袋混入餐厨垃圾，使餐厨垃圾质量难以满足工艺要求，二次分拣成本很高。同时，由于收运与处理分开，收运以量计价，导致掺砂掺水现象严重。为了保证餐厨垃圾的质量有利于后续处理，公司采用了“前端分类、源头制浆”新工艺，将公司研制的餐厨垃圾粉碎制浆机安装在酒店厨房，餐厨残渣进入生活垃圾处理系统，粉碎后的浆液及时由全封闭自动抽吸车辆收运，到厂内后直接通过密闭管道输送至处理系统。针对小型酒店与临街餐馆，公司放置不同型号的专用餐厨垃圾桶，研发自动升降倒料、筛选、粉碎制浆、运输一体车，在车上完成粉碎制浆与残渣分离。分散制浆、集中收运提高了收运效率，方便了酒店、餐馆及时集中倾倒，控制了进入处理系统的餐厨垃圾质量，有效避免厂内分选带来的二次污染；同时收运与前端预处理的造价可降低约30%，并节省建设用地。实现了“餐厨源分拣，只收盘中餐，饭店打成浆，集中变资源”。

4. 拓宽产品出路

协同处理过程中产生的产品，公司做到了物尽其用，实现系统高效集成、资源循环利用。一是气。沼气提纯后甲烷作为清洁的车用燃气，从沼气中分离的二氧化碳进行压缩后作为工业原料气进行使用。项目可实现热源的全平衡，并还可每天向外供应1500～2000立方米CNG车用燃气。二是渣。沼渣呈黄豆大小均匀颗粒状，有机质约35%，总养分超过12%，完全达到国家的园林用肥标准，产生的沼液作为液体肥，均可用于种植花卉苗圃。三是树。公司研究开发了利用有机碳土作为底肥、通过高效透气性盆栽技术产业化种植苗木的新方法，将其余30%左右的有机炭土用于种植广玉兰、紫薇、含笑等高价值树种，被誉为城市的“移动森林”。

三、处理效果

1. 实现碳循环、能源循环

餐厨垃圾和污泥协同处理，使困扰政府的难题初步解决，实现了碳和能源的循环利用。2014年，主城区餐厨垃圾试点片区已达到每天30吨的收运量。2015年底达到每天150吨的规模，届时将基本覆盖主城区95%以上的酒店和餐馆。与其他城市相比，襄阳市政府的支出处于较低水平。以餐厨垃圾为例，国内大部分城市处理环节的补贴费用在每吨80元以上（不含运输补贴），有的甚至超过每吨200元。而襄阳市只有每吨67元，节省了财政支出。

2. 企业经济效益逐步显现

襄阳项目总投资1.8亿（包括收运系统）。2012年8月正式进入商业运营，截至2014年，共处理污泥及餐厨垃圾约24万吨，项目运行良好。以2014年8月为例，一天处理污泥350吨（其中历史遗留污泥150吨），处理餐厨垃圾20吨，每天的财务经营状况如表7-1所示。

项目每日财务经营状况　表7-1

	名称	金额（元/天）	折合到每吨的单价（元/吨）
收入	处理服务费	92120.00	248.97
	合计	92120.00	248.97
支出	厂外收运费	5280.00	14.27
	水电费	11380.00	30.76
	药剂消耗	12900.00	34.86
	人工及福利	8450.00	22.84
	检修维护费	4800.00	12.97
	运输费	1400.00	3.78
	管理费	6800.00	19.43
	其他费用	2800.00	7.57
	银行付息	16000.00	43.24
	折旧费用	21400.00	57.84
	合计	91210.00	247.56
毛利润		910.00	2.46

由于目前餐厨垃圾收运量小，收运成本高达264元/吨。项目每天实现利润为910元（2.46元/吨），项目盈利能力只是微利，但有机炭土、CNG燃气销售价格随着市场拓展将进一步提高，“移动森林”未来也会有较好的增值预期。因此，资源的深度循环利用将为项目提高盈利能力、进一步降低政府支付的费用。

3. 人居生态环境显著改善

污泥填埋导致的大气污染大幅度减少，周边居民反映强烈的恶臭气味完全消失，污泥填埋地点周边湖泊水质恶化问题得到根本遏制；餐厨垃圾逐步规范收运处理，解决了市民对“地沟油”、“垃圾猪”问题的担心。

四、有关经验

大力推动污泥和餐厨垃圾协同处理。一是将过去分属两个部门的工作统一起来，可以优化政府资源，提高管理效率，转变政府作风；二是技术成熟稳定，收运一体协同处理，可以节约土地、降低成本和政府支出；三是污泥和餐厨产生量一般大致相当，二者协同处理可以达到最优的技术经济综合效益（见表7-2）。

污泥和餐厨垃圾分别处理与协同处理效益对比　　表7-2

大力推动	分别处理			协同处理	比较
	污泥	餐厨	总计		
总处理	300t/d	300t/d	600t/d	600t/d	—
总投资	1.2亿	1.2亿	投资2.4亿	1.6亿	节约30%
占地	30亩	30亩	占地60亩	30亩	节约50%
产气量	40m^3/t	70m^3/t	平均55m^3/t	85m^3/t	提高50%
处理费	250元/吨	200元/吨	平均225元/吨	160元/吨	降低30%

第七节
企业投资经营　实现建筑垃圾全面循环利用

近年来，许昌金科建筑清运有限公司（以下简称公司）积极探索实践，实现了建筑垃圾变废为宝、化害为利，使许昌市建筑垃圾资源化率达到了95%，上缴税收2000多万元，政府没投一分钱，基本解决了建筑垃圾污染问题。

一、背景

1. 建筑垃圾问题突出

2001年以前，许昌市建筑垃圾随意倾倒问题突出，城市周边的坑沟、洼地都被填满，城乡接合部的道路、农田变成了建筑垃圾堆放场，时常出现一晚上把农民的麦田变成建筑垃圾场的情况。建筑垃圾清运市场也非常混乱，大量无牌无证甚至报废车辆，超高、超载、超速运输建筑垃圾，沿途抛撒污染道路，交通事故频发，噪声扰民，群众对此反映强烈。如果不加强管理，政府未来将付出更大的执法成本，长期背负沉重的负担。

2. 企业化挑战为机遇

公司有多年建筑垃圾运输经验，希望能在建筑垃圾资源利用领域有所作为。经过深入的调研分析后认为，要解决上述突出问题，建筑垃圾市场化、产业化、资源化是根本出路，这既是挑战，也是机遇。要实现建筑垃圾产业化发展，亟待解决4个方面的问题：一是要实现建筑垃圾统一收集、统一运输，为建筑垃圾资源化提供合格的原材料保障；二是要有足够的技术装备投入；三是要保证建筑垃圾再生产品的推广应用，在政府投资的市政工程上，要强力推广应用；四是要避免一哄而上、重复投资、恶性竞争，造成市场混乱。解决好四方面问题，关键在于政策支持。公司大胆向许昌市主管部门建议，实行建筑垃圾收集、运输、处置一体化独家特许经营，并向政府承诺，如公司中标，全部资金自筹并承担风险，不要政府投一分钱解决建筑垃圾污染问题，全面实现建筑垃圾循环利用。

二、做法

1. 授权特许经营

2008年，许昌市政府决定引入社会资本对建筑垃圾进行资源化处理，并依照相关法律法规在全国范围内公开招标。公司中标获得了期限为20年的全市特许经营权，享有独家收集运输建筑垃圾，投资、建设、运营、维护建筑垃圾资源化利用项目等权利。收集运输价格按照市物价局核定的价格执行，项目由公司自筹资金，自担风险、自享收益，政府收取的建筑垃圾处置费全额补贴给公司。政府负责为公司解决项目用地，为建筑垃圾再生产品推广应用提供政策支持。

2. 多方筹集资金

有了特许经营权后，公司敢于投入大量资金进行设备改造和产品研发，利用自身经营模式相对稳定及自主知识产权、核心技术优势，采用多种方式进行融资。一是采取老股东增资，吸收新的股东入股，先后融资近1.5亿元；二是引入战略投资者投入资金近6000万元；三是争取银行支持，先后获得银行项目贷款1.3亿元，流动资金贷款3600万元；四是争取国家和地方财政资金2800万元。

3. 突破技术瓶颈

一是投资2000万元建立了“河南省建筑废弃物再生利用工程技术研究中心”，进行工艺、技术、产品开发及应用研究。目前，已获得39项专利，其中发明专利9项。中心与德国、美国、日本等全球知名设备生产企业和美国混凝土协会合作，针对我国再生骨料的特性对国外生产设备进行了系列技术改造，以满足我国生产再生建材产品的要求。二是确定建筑垃圾再生产品的品种，据此制定适合建筑垃圾资源化利用的工艺路线，引进、消化、改进国外装备。在建筑垃圾处置及再生骨料生产环节，首创了利用进口履带移动式破碎机、筛分机，根据建筑垃圾的种类或需要的再生骨料规格，采用多种组合搭接方式，进行建筑垃圾处理和资源化再利用。三是在建筑垃圾的破碎、筛分环节做了突破性的革新：平推立取建筑垃圾和再生骨料，完成建筑垃圾的混料过程，减少了再生骨料的变异性；改变先破碎后筛分的传统工艺，增加重型筛分设备，采用了“筛分—破碎—再筛分”的新工艺，增加了再生骨料的品种，降低处理成本；在进口设备上加装轻质物风选设备，改变了利用水洗分选轻质物的传统工艺，节约了大量水资源，解决了二次污染问题。

4. 规范运输市场

一是整合运输队伍。对原有从事建筑垃圾清运的车辆进行整合，对人员进行培训并签订协议，使其成为公司的主要运输力量。二是规范运输作业。针对市民群众反映强烈的超高超载超速运输，沿途抛撒、带泥上路污染路面等问题，投资200万元对运输车辆进行了封闭，加装GPS监控、定位系统、限速系统，购置保洁车辆和装备，在工地出入口设置冲洗设施，未冲洗干净的车辆一律禁止上路。三是赢得理解支持。按市物价部门核定的运输价格是每吨15元，在实施特许经营初期，执行的运价平均每吨12元，而社会车辆的运价仅为每吨10元。表面上公司的运价高，但实际上公司是将建筑垃圾运到平均运距15公里外的处置厂，而社会车辆则是将建筑垃圾倾倒在运距不足3公里政府即将收储的土地上，造成了建筑垃圾多次倒运、多次付费，形成了“垃圾搬家”现象。以每年产生100万吨建筑垃圾倒运2次为例，每年要支付运输费用3000万元，而公司运输到处置厂支付的运费仅为1200万元，每年为社会节约运输费用1800万元。通过算账对比，各县区政府、建筑垃圾产生单位认识到了乱拉乱倒垃圾价格低的本质，取得了大家的支持，彻底解决了私拉乱倒、垃圾搬家的问题。

5. 寻求产品出路

大多数人对建筑垃圾再生产品有疑虑，给再生产品的推广应用带来了困难。为此，公司采取多种方式为再生产品找出路。一是主动开拓市场。公司邀请设计单位、施工单位的技术人员到研发中心，对再生产品的放射性、抗冻性、耐久性、抗压性能、抗折性能、耐磨性能等进行现场试验，让他们了解建筑垃圾再生产品的各项指标和性能。在产品销售过程中，重点讲解建筑垃圾再生产品的特性；在施工过程中，派专业技术人员到现场指导，解决施工中出现的问题，既保证产品质量也保证施工质量。目前，公司研发生产的8大类、50多种再生产品已广泛应用于城市道路、游园、广场、房屋、河道、水利等工程建设，从未出现任何问题。二是参与制定标准。公司先后参编了《再生骨料应用技术规程》、《循环再生建筑材料流通技术规范》等多部国家和行业标准，正在编写《建筑垃圾再生骨料砌墙砖》、《道路用建筑垃圾再生无机混合料》、《再生混凝土结构技术规程》等国家标准，主编了《再生骨料砌块》等多部企业标准，为建筑垃圾再生产品推广应用奠定了理论基础。

三、成效

许昌市建筑垃圾管理和资源化再利用项目取得了成功，获得了2012年度“中国人居环境范例奖”。目前，公司已中标河南省信阳市，安徽省淮南市、宿州市，广州市白云区，江苏省苏州市的建筑垃圾资源化利用项目，公司步入了快速、良性发展的轨道。

1. 促进节能减排

近10年来，累计将许昌市新增的4000多万吨建筑垃圾变废为宝，节约建筑垃圾堆放占地4000多亩；清理处置过去乱倒的建筑垃圾600万吨，清理出无序堆放占地近1000亩；代替烧结砖节约燃煤60万吨，减少砂石开采和运输过程中产生的大量PM2.5和PM10。公司委托相关机构作了测算，建筑垃圾资源化处理可代替天然砂石价值为40亿元，减少运输费用20亿元，节约燃油资金4.8亿元，减少公路投资2亿元，减少运输车辆投资16亿元，减少使用开采砂石投资5亿元，减少建筑垃圾“搬家”费用、城市道路保洁等费用近2亿元，累计为许昌城市建设减少资金投入近90亿元。

2. 综合效益显著

建筑垃圾规范管理及资源化利用，从根本解决了建筑垃圾乱拉乱倒、污染环境等问题，有效改善了城市市容和人居环境，生态效益明显。公司解决4000人就业，有效减少了砂石运输交通事故造成的死亡人数。

3. 实现持续盈利

实行特许经营后，盈利能力逐年增强，员工收入逐年提高，被河南省国家税务局、地方税务局评为AAA纳税企业，截至目前，公司已处理建筑垃圾约5000万吨，累计向国家缴纳企业所得税2500多万元。

第八节
企业投资建设和经营管理综合管廊的实践

2003年，昆明市委、市政府决定在昆明市彩云路、广福路启动综合管廊建设工程。截至2014年，已建成彩云路综合管廊22公里，投资4.27亿元，工程造价1900万元/公里；广福路综合管廊16公里，投资4.78亿元，工程造价2995万元/公里。两条管廊为现浇钢筋混凝土单孔矩形箱涵形式。建设初期，面临谁来投资、谁来建设、谁来管理的问题。经多方研究论证，采取专营公司独立运作，市场筹资建设，企业对企业销售，回收投资，物业化管理，运营收费，形成建、管、养良性运行机制，较好地解决了以上问题。

一、组建企业、授权建设经营

1. 成立专门公司

2003年8月，昆明市政府授权成立昆明城市管网设施综合开发有限责任公司（以下简称“管网公司”），隶属于昆明市城建投资开发有限责任公司，作为专门建设管理运营综合管廊的投资建设公司，注册资本金4.38亿元。成立管廊专营公司独立运作，负责投资、设计、建设和运行管理，协调管线敷设和建设融资。

2. 授权建设经营

政府授予独家建设经营权，不提供资金、财政担保。政策上，建设综合管廊的路段，不再审批新的管线路由，不再批准新的掘路申请。

二、筹措资金、建设管廊

1. 筹集资金

项目建设资金主要来源于自筹、银行贷款、直接融资和PPP模式融资。2014年，已实施的项目总投资9.05亿元，30%由管网公司资本金自筹，70%采取项目贷款、企业流动资金贷款、企业委贷、应收账款质押保理、融资租赁等多种方式筹集。

2. 建设方式

由管网公司对所建管廊进行统一规划、设计、施工。除了燃气、污水排放外，电力、通信、给水等管线，以及监控、火灾报警、安保监视、智能控制等辅助系统都入廊。建设期间，采取道路建设到哪里，管廊就同步建设到哪里的方式，分期分批分段建设。同时，为了保证城市后期发展空间的需要，在城市的主干道两侧预留衔接口，将当期建设与后期城市开发衔接起来。

三、确定售价、经营销售

1. 成本测算

根据综合管廊建设和运行维护发生的费用情况，明确管廊出售费用由使用费和维护管理费两部分组成，分别用于建设与养护管理。其中，管廊使用费由建安成本、财务成本、投资回报三部分组成。维护管理费由管廊设施设备维护管理费、设施设备维修与折旧、抢险处突预备金等组成，各管线单位分摊比例按使用费分摊比例执行。

2. 协商定价

按照“政府引导、企业协商”的原则，按各管线在管廊内空间占比、管廊附属设施需求、常规建设成本及行业特点等因素，采用市场定价办法，由城网公司与管线单位协商确定，而不是由物价部门定价。

3. 引导销售

通过与电力、通信、自来水在内的管线单位进行商洽，确定价格，签订协议，进行出售或租赁。广福路和彩云路管廊总投资9.05亿元，现已签订销售合同并回收资金7.12亿元。剩余部分作为企业产品库存待销售处理，将根据管线单位客户发展的需要，分路段再销售给管线单位。

四、市场化运营、物业化管理

1. 协议约定

管网公司负责综合管廊本体及附属公共设施的维护管理，各管线单位负责各自管线的维护管理。

2. 物业化服务

城网公司组建了自动控制中心作为物业管理机构，对综合管廊本体和附属公共设施设备实现物业化管理，督察管线运行状态，收取一定的物业费。

3. 信息化监控

自动控制中心建设了信息监控系统作为综合管廊管理的核心平台，具备五个系统的管理功能，即：井盖检测管理系统、感温报警管理系统、自动控制与通信管理系统、监控及网络管理系统、低压配电及照明管理系统。实现了管廊内的安全和维护工作的实时监控（包括电力、照明等）、安全报警、状态显示等功能。

4. 制度化管理

城网公司建立了综合管廊维护管理制度，配备专门人员进行日常巡护，定期进行检测维修。并与治安、消防部门和管线单位建立了信息共享、故障和事故处置联动机制，共同维护综合管廊的安全。

五、成效

一是解决了老百姓反映强烈的“马路拉链”问题。二是增加了道路地下空间断面，节约地下浅层空间。三是延长了管线寿命，降低了投资成本。四是减少了养护维修费用。

第九节 企业投资建设城市公园的实践

新乡市和谐公园，位于城市东区核心区的北端，总面积11.8万平方米，原为废弃砖瓦窑和垃圾填埋场。2008年新乡市拟在此规划建成一个综合性公园，拟命名为和谐公园，定位为东区的重要景观节点，惠及居民的绿色福利工程和带动区域发展的重点工程，项目概算投资6900万元。因财政资金紧张，政府面临着“钱从哪里来”的突出困难。经认真研究和多方论证，市委、市政府决定在和谐公园建设上大胆尝试，探索出了一条企业投资建设城市公园的新途径。

一、主要做法

1. 企业投资建设，政府分期回购

引入社会资金建设和谐公园的思路确定后，市政府研究决定按照三条标准严格筛选投资企业：一要有较强的经济实力，二要有突出的专业业绩，三要有良好的社会信誉。河南万绿园林股份有限公司主动向市政府提交了建设申请报告，并承诺：①公司全额投资建设，并保证工期、质量、安全和景观效果；②项目建成后管养一年，经验收合格后移交给政府。为慎重决策，市政府多方考察和认真论证，确定由河南万绿园林股份有限公司（以下简称“万绿园林”）承建和谐公园，并明确要求：项目工程质量要达到优良，验收移交后分三年按工程审定金额的35%、35%、30%分期支付建设投资。

2. 合同约定，维护双方权益

2008年5月8日，新乡市住建委代表市政府与万绿园林签订合同。合同约定：①2008年6月1日开工，工期11个月，竣工后养护管理一年，并确保施工安全和工程质量；②价款实行决算制，充分考虑企业投资回报；③竣工验收后由市审计局决算审计后，市政府履约付款；④如项目评价达到优良，企业可优先与市政府续签管养合同。

3. 全过程监管，严控风险与成本

新乡市政府成立了项目筹建小组，主要是对工程实施全过程监理，对项目资金投入、工程进度和安全、施工工艺和质量、竣工后的管养等实施监管和指导。同时协调项目建设中的征地、拆迁等问题。万绿园林也把该工程作为展示企业形象和实力的重要平台，严格遵照合同条款求精求细，保证每个工程环节符合设计要求，并通过细分工段、多工段并进、材料比价优选等缩短了工期、降低了成本。

4. 建管养并重，提高工程质量

为保证公园建成后的景观效果，市政府责成市住建委对和谐公园的养护进行跟踪监督。万绿园林专门成立养护队伍，精细养护花草树木、精心维护各类设施。养护一年期满移交后，政府各有关部门对工程质量和万绿园林的实力、诚信、管理等都高度肯定。万绿园林因此优先签订后续管养合同。

5. 严格验收审计，认真履约付款

和谐公园建设过程中，市政府委托的监理公司和审计单位全程跟踪监理，竣工后市政府组成评审组进行严格验收和审计，最终审定工程造价为4690万元，相比预算造价节省了2210万元。工程竣工验收合格，财务审计合规，市政府如约从2011年起分三年内付清了全部工程款。

二、取得的成效

1. 化腐朽为神奇

通过转变投资理念，将一个瓦砾砖头遍地的垃圾填埋场，建设成为一个景色优美、舒适宜人的城市公园，既解决了新乡市公园绿地分布不均的问题，又解决了要建公园没土地的难题，还带动了整个东区市政基础设施建设，促进了区域发展。

2. 群众称心满意

和谐公园建成，其周边10多万居民出门不到500米就能进公园休憩、娱乐和健身，老百姓交口称赞。现每年入园游人达38万人次，和谐公园已成为新乡市的一张亮丽名片。

3. 政府、企业、社会多方共赢

对市政府而言，一是比正常情况延后4年支付工程款且分期支付，大大减轻了资金压力；二是通过引入市场化机制，减少隐形成本，工程决算相比概算降低2210万元；三是和谐公园建成带动周边基础设施建设加快，周边土地大幅增值。对于万绿园林，和谐公园项目建成后，按期收回投资并获得预期利润，续签了后续管养合同；同时，因示范带动全省推广这一建设模式，其业务范围得以拓展和延伸，年收入从2009年的6000万元增加到2013年的4亿元。就社会效益来说，和谐公园比预期早4年建成，周边老百姓提前享受了绿色福利；昔日脏乱差的垃圾处理场如今变成了景色宜人的城市公园，人居生态环境明显改善，东区人气大幅提升。和谐公园之后，新乡市的牧野湖一、二期绿化工程等10多个大型园林绿化项目，都是引进社会资本、引入市场机制建成的。

河南全省正在全面总结、推广新乡市和谐公园建设经验。

附录

国务院关于投资体制改革的决定

（国发〔2004〕20号）

改革开放以来，国家对原有的投资体制进行了一系列改革，打破了传统计划经济体制下高度集中的投资管理模式，初步形成了投资主体多元化、资金来源多渠道、投资方式多样化、项目建设市场化的新格局。但是，现行的投资体制还存在不少问题，特别是企业的投资决策权没有完全落实，市场配置资源的基础性作用尚未得到充分发挥，政府投资决策的科学化、民主化水平需要进一步提高，投资宏观调控和监管的有效性需要增强。为此，国务院决定进一步深化投资体制改革。

一、深化投资体制改革的指导思想和目标

（一）深化投资体制改革的指导思想是：按照完善社会主义市场经济体制的要求，在国家宏观调控下充分发挥市场配置资源的基础性作用，确立企业在投资活动中的主体地位，规范政府投资行为，保护投资者的合法权益，营造有利于各类投资主体公平、有序竞争的市场环境，促进生产要素的合理流动和有效配置，优化投资结构，提高投资效益，推动经济协调发展和社会全面进步。

（二）深化投资体制改革的目标是：改革政府对企业投资的管理制度，按照“谁投资、谁决策、谁收益、谁承担风险”的原则，落实企业投资自主权；合理界定政府投资职能，提高投资决策的科学化、民主化水平，建立投资决策责任追究制度；进一步拓宽项目融资渠道，发展多种融资方式；培育规范的投资中介服务组织，加强行业自律，促进公平竞争；健全投资宏观调控体系，改进调控方式，完善调控手段；加快投资领域的立法进程；加强投资监管，维护规范的投资和建设市场秩序。通过深化改革和扩大开放，最终建立起市场引导投资、企业自主决策、银行独立审贷、融资方式多样、中介服务规范、宏观调控有效的新型投资体制。

二、转变政府管理职能，确立企业的投资主体地位

（一）改革项目审批制度，落实企业投资自主权。彻底改革现行不分投资主体、不分资金来源、不分项目性质，一律按投资规模大小分别由各级政府及有关部门审批的企业投资管理办法。对于企业不使用政府投资建设的项目，一律不再实行审批制，区别不同情况实行核准制和备案制。其中，政府仅对重大项目和限制类项目从维护社会公共利益角度进行核准，其他项目无论规模大小，均改为备案制，项目的市场前景、经济效益、资金来源和产品技术方案等均由企业自主决策、自担风险，并依法办理环境保护、土地使用、资源利用、安全生产、城市规划等许可手续和减免税确认手续。对于企业使用政府补助、转贷、贴息投资建设的项目，政府只审批资金申请报告。各地区、各部门要相应改进管理办法，规范管理行为，不得以任何名义截留下放给企业的投资决策权利。

（二）规范政府核准制。要严格限定实行政府核准制的范围，并根据变化的情况适时调整。《政府核准的投资项目目录》（以下简称《目录》）由国务院投资主管部门会同有关部门研究提出，报国务院批准后实施。未经国务院批准，各地区、各部门不得擅自增减《目录》规定的范围。

企业投资建设实行核准制的项目，仅需向政府提交项目申请报告，不再经过批准项目建议书、可行性研究报告和开工报告的程序。政府对企业提交的项目申请报告，主要从维护经济安全、合理开发利用资源、保护生态环境、优化重大布局、保障公共利益、防止出现垄断等方面进行核准。对于外商投资项目，政府还要从市场准入、资本项目管理等方面进行核准。政府有关部门要制定严格规范的核准制度，明确核准的范围、内容、申报程序和办理时限，并向社会公布，提高办事效率，增强透明度。

（三）健全备案制。对于《目录》以外的企业投资项目，实行备案制，除国家另有规定外，由企业按照属地原则向地方政府投资主管部门备案。备案制的具体实施办法由省级人民政府自行制定。国务院投资主管部门要对备案工作加强指导和监督，防止以备案的名义变相审批。

（四）扩大大型企业集团的投资决策权。基本建立现代企业制度的特大型企业集团，投资建设《目录》内的项目，可以按项目单独申报核准，也可编制中长期发展建设规划，规划经国务院或国务院投资主管部门批准后，规划中属于《目录》内的项目不再另行申报核准，只须办理备案手续。企业集团要及时向国务院有关部门报告规划执行和项目建设情况。

（五）鼓励社会投资。放宽社会资本的投资领域，允许社会资本进入法律法规未禁入的基础设施、公用事业及其他行业和领域。逐步理顺公共产品价格，通过注入资本金、贷款贴息、税收优惠等措施，鼓励和引导社会资本以独资、合资、合作、联营、项目融资等方式，参与经营性的公益事业、基础设施项目建设。对于涉及国家垄断资源开发利用、需要统一规划布局的项目，政府在确定建设规划后，可向社会公开招标选定项目业主。鼓励和支持有条件的各种所有制企业进行境外投资。

（六）进一步拓宽企业投资项目的融资渠道。允许各类企业以股权融资方式筹集投资资金，逐步建立起多种募集方式相互补充的多层次资本市场。经国务院投资主管部门和证券监管机构批准，选择一些收益稳定的基础设施项目进行试点，通过公开发行股票、可转换债券等方式筹集建设资金。在严格防范风险的前提下，改革企业债券发行管理制度，扩大企业债券发行规模，增加企业债券品种。按照市场化原则改进和完善银行的固定资产贷款审批和相应的风险管理制度，运用银团贷款、融资租赁、项目融资、财务顾问等多种业务方式，支持项目建设。允许各种所有制企业按照有关规定申请使用国外贷款。制定相关法规，组织建立中小企业融资和信用担保体系，鼓励银行和各类合格担保机构对项目融资的担保方式进行研究创新，采取多种形式增强担保机构资本实力，推动设立中小企业投资公司，建立和完善创业投资机制。规范发展各类投资基金。鼓励和促进保险资金间接投资基础设施和重点建设工程项目。

（七）规范企业投资行为。各类企业都应严格遵守国土资源、环境保护、安全生产、城市规划等法律法规，严格执行产业政策和行业准入标准，不得投资建设国家禁止发展的项目；应诚信守法，维护公共利益，确保工程质量，提高投资效益。国有和国有控股企业应按照国有资产管理体制改革和现代企业制度的要求，建立和完善国有资产出资人制度、投资风险约束机制、科学民主的投资决策制度和重大投资责任追究制度。严格执行投资项目的法人责任制、资本金制、招标投标制、工程监理制和合同管理制。

三、完善政府投资体制，规范政府投资行为

（一）合理界定政府投资范围。政府投资主要用于关系国家安全和市场不能有效配置资源的经济和社会领域，包括加强公益性和公共基础设施建设，保护和改善生态环境，促进欠发达地区的经济和社会发展，推进科技进步和

高新技术产业化。能够由社会投资建设的项目，尽可能利用社会资金建设。合理划分中央政府与地方政府的投资事权。中央政府投资除本级政权等建设外，主要安排跨地区、跨流域以及对经济和社会发展全局有重大影响的项目。

（二）健全政府投资项目决策机制。进一步完善和坚持科学的决策规则和程序，提高政府投资项目决策的科学化、民主化水平；政府投资项目一般都要经过符合资质要求的咨询中介机构的评估论证，咨询评估要引入竞争机制，并制定合理的竞争规则；特别重大的项目还应实行专家评议制度；逐步实行政府投资项目公示制度，广泛听取各方面的意见和建议。

（三）规范政府投资资金管理。编制政府投资的中长期规划和年度计划，统筹安排、合理使用各类政府投资资金，包括预算内投资、各类专项建设基金、统借国外贷款等。政府投资资金按项目安排，根据资金来源、项目性质和调控需要，可分别采取直接投资、资本金注入、投资补助、转贷和贷款贴息等方式。以资本金注入方式投入的，要确定出资人代表。要针对不同的资金类型和资金运用方式，确定相应的管理办法，逐步实现政府投资的决策程序和资金管理的科学化、制度化和规范化。

（四）简化和规范政府投资项目审批程序，合理划分审批权限。按照项目性质、资金来源和事权划分，合理确定中央政府与地方政府之间、国务院投资主管部门与有关部门之间的项目审批权限。对于政府投资项目，采用直接投资和资本金注入方式的，从投资决策角度只审批项目建议书和可行性研究报告，除特殊情况外不再审批开工报告，同时应严格政府投资项目的初步设计、概算审批工作；采用投资补助、转贷和贷款贴息方式的，只审批资金申请报告。具体的权限划分和审批程序由国务院投资主管部门会同有关方面研究制定，报国务院批准后颁布实施。

（五）加强政府投资项目管理，改进建设实施方式。规范政府投资项目的建设标准，并根据情况变化及时修订完善。按项目建设进度下达投资资金计划。加强政府投资项目的中介服务管理，对咨询评估、招标代理等中介机构实行资质管理，提高中介服务质量。对非经营性政府投资项目加快推行“代建制”，即通过招标等方式，选择专业化的项目管理单位负责建设实施，严格控制项目投资、质量和工期，竣工验收后移交给使用单位。增强投资风险意识，建立和完善政府投资项目的风险管理机制。

（六）引入市场机制，充分发挥政府投资的效益。各级政府要创造条件，利用特许经营、投资补助等多种方式，吸引社会资本参与有合理回报和一定投资回收能力的公益事业和公共基础设施项目建设。对于具有垄断性的项目，试行特许经营，通过业主招标制度，开展公平竞争，保护公众利益。已经建成的政府投资项目，具备条件的经过批准可以依法转让产权或经营权，以回收的资金滚动投资于社会公益等各类基础设施建设。

四、加强和改善投资的宏观调控

（一）完善投资宏观调控体系。国家发展和改革委员会要在国务院领导下会同有关部门，按照职责分工，密切配合、相互协作、有效运转、依法监督，调控全社会的投资活动，保持合理投资规模，优化投资结构，提高投资效益，促进国民经济持续快速协调健康发展和社会全面进步。

（二）改进投资宏观调控方式。综合运用经济的、法律的和必要的行政手段，对全社会投资进行以间接调控方式为主的有效调控。国务院有关部门要依据国民经济和社会发展中长期规划，编制教育、科技、卫生、交通、能源、农业、林业、水利、生态建设、环境保护、战略资源开发等重要领域的发展建设规划，包括必要的专项发展建设规划，明确发展的指导思想、战略目标、总体布局和主要建设项目等。按照规定程序批准的发展建设规划是投资决策的重要依据。各级政府及其有关部门要努力提高政府投资效益，引导社会投资。制定并适时调整国家固定资产投资指导目录、外商投资产业指导目录，明确国家鼓励、限制和禁止投资的项目。建立投资信息发布制度，及时发布政府对投资的调控目标、主要调控政策、重点行业投资状况和发展趋势等信息，引导全社会投资活动。建立科学的行业准入制度，规范重点行业的环保标准、安全标准、能耗水耗标准和产品技术、质量标准，防止低水平重复建设。

（三）协调投资宏观调控手段。根据国民经济和社会发展要求以及宏观调控需要，合理确定政府投资规模，保持国家对全社会投资的积极引导和有效调控。灵活运用投资补助、贴息、价格、利率、税收等多种手段，引导社会投资，优化投资的产业结构和地区结构。适时制定和调整信贷政策，引导中长期贷款的总量和投向。严格和规范土地使用制度，充分发挥土地供应对社会投资的调控和引导作用。

（四）加强和改进投资信息、统计工作。加强投资统计工作，改革和完善投资统计制度，进一步及时、准确、全面地反映全社会固定资产存量和投资的运行态势，并建立各类信息共享机制，为投资宏观调控提供科学依据。建立投资风险预警和防范体系，加强对宏观经济和投资运行的监测分析。

五、加强和改进投资的监督管理

（一）建立和完善政府投资监管体系。建立政府投资责任追究制度，工程咨询、投资项目决策、设计、施工、监理等部门和单位，都应有相应的责任约束，对不遵守法律法规给国家造成重大损失的，要依法追究有关责任人的行政和法律责任。完善政府投资制衡机制，投资主管部门、财政主管部门以及有关部门，要依据职能分工，对政府投资的管理进行相互监督。审计机关要依法全面履行职责，进一步加强对政府投资项目的审计监督，提高政府投资管理水平和投资效益。完善重大项目稽察制度，建立政府投资项目后评价制度，对政府投资项目进行全过程监管。建立政府投资项目的社会监督机制，鼓励公众和新闻媒体对政府投资项目进行监督。

（二）建立健全协同配合的企业投资监管体系。国土资源、环境保护、城市规划、质量监督、银行监管、证券监管、外汇管理、工商管理、安全生产监管等部门，要依法加强对企业投资活动的监管，凡不符合法律法规和国家政策规定的，不得办理相关许可手续。在建设过程中不遵守有关法律法规的，有关部门要责令其及时改正，并依法严肃处理。各级政府投资主管部门要加强对企业投资项目的事中和事后监督检查，对于不符合产业政策和行业准入标准的项目，以及不按规定履行相应核准或许可手续而擅自开工建设的项目，要责令其停止建设，并依法追究有关企业和人员的责任。审计机关依法对国有企业的投资进行审计监督，促进国有资产保值增值。建立企业投资诚信制度，对于在项目申报和建设过程中提供虚假信息、违反法律法规的，要予以惩处，并公开披露，在一定时间内限制其投资建设活动。

（三）加强对投资中介服务机构的监管。各类投资中介服务机构均须与政府部门脱钩，坚持诚信原则，加强自我约束，为投资者提供高质量、多样化的中介服务。鼓励各种投资中介服务机构采取合伙制、股份制等多种形式改组改造。健全和完善投资中介服务机构的行业协会，确立法律规范、政府监督、行业自律的行业管理体制。打破地区封锁和行业垄断，建立公开、公平、公正的投资中介服务市场，强化投资中介服务机构的法律责任。

（四）完善法律法规，依法监督管理。建立健全与投资有关的法律法规，依法保护投资者的合法权益，维护投资主体公平、有序竞争，投资要素合理流动、市场发挥配置资源的基础性作用的市场环境，规范各类投资主体的投资行为和政府的投资管理活动。认真贯彻实施有关法律法规，严格财经纪律，堵塞管理漏洞，降低建设成本，提高投资效益。加强执法检查，培育和维护规范的建设市场秩序。

北京市城市基础设施特许经营办法

（北京市人民政府令第 134 号）

第一条 为了推进本市城市基础设施建设运营市场化进程，扩大融资渠道，加快城市基础设施建设，提供优质的公共产品和服务，维护投资者、特许经营者和消费者的合法权益，制定本办法。

第二条 本办法所称城市基础设施特许经营，是指经行政特别许可，企业或者其他组织在一定期限和范围内经营下列城市基础设施：

（一）供水、供气、供热、排水；

（二）污水和固体废物处理；

（三）收费公路、地铁、城市铁路和其他城市公共交通；

（四）其他城市基础设施。

第三条 城市基础设施特许经营可以采取下列方式：

（一）在一定期限内，将项目授予特许经营者投资建设、运营，期限届满无偿移交；

（二）在一定期限内，将城市基础设施移交特许经营者运营，期限届满无偿移交；

（三）在一定期限内，将公共服务委托特许经营者提供；

（四）市人民政府同意的其他方式。

第四条 中华人民共和国境内外的企业和其他组织均可依照本办法平等参与竞争，获得本市城市基础设施的特许权。

授予特许权应当遵循公开、公正、公平的原则。

第五条 实行特许经营的城市基础设施项目（以下简称特许项目），根据本市城市建设发展需要和城市基础设施建设的规划确定。

具体项目由市发展改革部门会同城市基础设施行业主管部门和其他有关部门提出，报请市人民政府批准确定。

第六条 特许项目确定后，市城市基础设施行业主管部门应当拟定实施方案，经市发展改革部门组织财政、价格、规划、国土房管、建设、环保护等有关行政主管部门依照各自职责对实施方案审查修改后，报请市人民政府批准实施。

实施方案应当包括下列内容：

（一）项目名称；

（二）项目基本经济技术指标；

（三）选址和其他规划条件；

（四）特许期限；

（五）投资回报、价格及其测算；

（六）经营者应当具备的条件及选择方式；

（七）其他政府承诺；

（八）保障措施；

（九）特许权使用费及其减免；

（十）负责实施的单位。

第七条 特许经营者可以通过下列方式取得回报：

（一）对提供的公共产品和服务收费；

（二）享有与城市基础设施相关的其他开发经营权益；

（三）享有政府给予的相应补贴；

（四）市人民政府同意的其他方式。

第八条 政府承诺可以涉及与特许项目有关的土地使用、相关基础设施提供、防止不必要的重复性竞争项目建设、必要的补贴，但不承诺商业风险分担、固定投资回报率及法律、法规禁止的其他事项。

第九条 取得特许权的，应当支付特许权使用费。特许权使用费的标准由市人民政府根据特许项目的行业特点确定，对于微利或者享受财政补贴的特许项目，可以减免特许权使用费。

第十条 特许项目及其实施方案经市人民政府批准后，由市发展改革部门或者城市基础设施的行业主管部门发布推荐介绍项目的公告。

第十一条 特许项目由城市基础设施行业主管部门或者区、县人民政府或者市人民政府确定的其他部门（以下简称实施单位）负责具体实施。

实施单位的职责：

（一）负责拟订招标文件，组织招标投标；

（二）同中标人谈判并签订特许协议；

（三）按照特许协议约定承担协助项目实施的有关工作；

（四）监督特许协议实施；

（五）接收特许期满移交的城市基础设施。

第十二条 特许经营者应当通过招标投标的方式确定。现有城市基础设施拟采取本办法第三条第二项规定的特许经营方式运营的，经市人民政府批准，也可以采取直接委托的方式授予特许权，并由城市基础设施行业主管部门与特许经营者签订特许协议。

第十三条 特许项目的产品、服务价格的确定和调整，依照《价格法》的规定执行。

第十四条 特许经营者确定后，实施单位应当与特许经营者签订特许协议。特许协议包括下列内容：

（一）项目名称、内容；

（二）特许经营方式、期限；

（三）产品或者服务的数量、质量和标准；

（四）投融资期限和方式；

（五）收费或者补贴及其调整机制；

（六）政府的承诺和保障；

（七）特许经营者的权利和义务；

（八）特许期内的风险分担；

（九）特许期满项目移交的方式、程序；

（十）违约责任；

（十一）争议解决方式。

第十五条 签订特许协议后，特许经营者应当在规定的期限内注册成立项目公司，负责实施该特许项目。

第十六条 在特许项目实施过程中，有关行政主管部门应当根据各自的职责，按照实施方案的规定，为实施单位和项目公司提供相应的服务。

第十七条 特许期限内，项目公司应当按照特许协议的约定不间断地提供公共产品和服务，对实施特许经营的城市基础设施进行维修，保证设施的良好运转。

第十八条 特许期限内，有关行政主管部门有权对特许项目进行检查、评估、审计，对特许经营者违反法律、法规、规章规定和特许协议约定的行为应当予以纠正并依法处罚，直至依法收回特许权。

第十九条 特许期限内，因政策调整严重损害项目公司预期利益的，项目公司可以向城市基础设施行业主管部门提出补偿申请，城市基础设施行业主管部门应当在收到项目公司的补偿申请后6个月内调查核实，经市人民政府批准给予相应补偿。

第二十条 特许权不得转让。

第二十一条 项目公司有下列情形之一的，实施单位有权终止特许协议：

（一）不按照特许协议的约定提供公共产品或者服务，情节严重的；

（二）转让特许权的；

（三）擅自停业、歇业影响公共利益和公共安全的；

（四）因项目公司破产等原因导致特许协议不能履行的。

第二十二条 特许期限内，除本办法第二十一条规定的情形外，特许权不得收回，实施特许经营的城市基础设施不得被征用；但确因公共利益需要，经市人民政府批准收回特许权或者征用实施特许经营的城市基础设施的，应当给予相应补偿。

第二十三条 特许期限届满，项目公司可以申请延长特许期限。延长特许期限的申请应当在特许期满1年前向城市基础设施行业主管部门提出，经城市基础设施行业主管部门组织评审同意并报市人民政府批准后，可以延长。

第二十四条 特许权被收回的，项目公司应当按照特许协议约定或者市人民政府的规定移交城市基础设施，实施单位应当组织对设施及相关资产进行评估，对需要补偿的，依据特许协议的约定给予补偿。

第二十五条 有关行政主管部门违反本办法规定，不履行法定职责、干预项目公司正常经营活动、徇私舞弊、滥用职权的，项目公司有权举报和申诉，也可以依法申请行政复议或者提起行政诉讼。

第二十六条 本办法自2003年10月1日起施行。

北京市人民政府批转市发展改革委《关于本市深化城市基础设施投融资体制改革实施意见》的通知

（京政发〔2003〕30号）

各区、县人民政府，市政府各委、办、局，各市属机构：

市政府同意市发展改革委《关于本市深化城市基础设施投融资体制改革的实施意见》，现批转给你们，请认真贯彻实施。

各区、县政府和市政府各工作部门要解放思想，加强配合，共同做好本市城市基础设施投融资体制改革工作。对改革过程中出现的问题和情况，要及时向市政府报告，并提出改进和完善的意见。

北京市人民政府

二〇〇三年十二月十二日

关于本市深化城市基础设施投融资体制改革的实施意见

（市发展改革委2003年11月）

为适应首都经济社会发展和北京举办2008年奥运会的需要，加快本市城市基础设施建设，广泛吸引社会资本投入城市建设，努力提供优质的公共产品和服务，现就本市深化城市基础设施投融资体制改革提出以下意见：

一、改革的总体思路

按照“政府主导、社会参与、市场运作”的方针和“增量改革、存量试点”的原则，通过开放本市城市基础设施建设和经营市场，进一步整合城市基础设施资源，转变政府职能，改进管理方式，实行基础设施特许经营制度，打破行业垄断，形成有效竞争格局，逐步将政府资金从经营性城市基础设施项目中退出，集中投向非经营性城市基础设施项目，引进社会投资，盘活存量资产，加快首都城市基础设施建设。

二、开放城市基础设施建设和经营市场

（一）贯彻施行《北京市城市基础设施特许经营办法》（市政府令第134号）。实行特许经营的城市基础设施项目由市发展改革委会同市城市基础设施行业行政主管部门和其他有关部门提出，报市政府批准确定。市城市基础设施行业行政主管部门负责拟定特许经营项目实施方案，经市发展改革委组织财政、规划、国土房管、建设、环境保护等有关行政主管部门依法审查修改后，报市政府批准实施。

（二）在政府主导下，循序渐进，依法放开本市经营性城市基础设施建设和经营市场。2003年，选择京承高速公路二期工程、北苑污水处理厂等经营性项目面向社会投资者招标建设和运营；自2004年起，市政府将逐步减少对经营性城市基础设施项目的投资，对新建经营性城市基础设施项目依法向社

会投资者招标建设和运营；自2008年起，除国家法律法规规定外，全市经营性城市基础设施存量资产将全部向社会投资者开放。

（三）对有经营收入但不足以回收成本的轨道交通等城市基础设施项目，在政府资金引导下，采取PPP（公共部门与私人企业合作）模式吸引社会投资者合作建设，或给予政府补贴等优惠政策对社会投资者进行投资回报补偿。

（四）对城市道路等非经营性城市基础设施项目，以政府投资为主，逐步实行代建制；有条件的可按照BT（建设—移交）方式吸引社会建设资金，政府通过补偿机制和回购方式，回报投资者。

三、整合城市基础设施资源，转换企业经营机制

（一）通过行业资源整合，构建本市基础设施投融资平台，为城市基础设施建设和发展筹集资金。

2003年首先在轨道交通建设中试点，地铁4号线、10号线一期工程的建设和运营面向社会投资者招标。通过明确政府与社会投资7：3的基础比例，吸引社会投资者进入轨道交通建设和经营市场，缓解政府当期资金压力，解决运营中财政补贴高的问题。按照市、区共建的原则，采取土地一级开发、发展地铁站口经济圈等方式将政府资源转换为项目建设资金。

（二）搭建城市基础设施资产经营平台，对经营性城市基础设施中由政府投资形成的经营权、股权，按有关规定进行出让、转让，实现城市基础设施多元化投资经营。整合、盘活存量资产所回收资金纳入国有资本经营预算，按照本市统一规划，用于非经营性和有经营收入但不足以回收成本的城市基础设施项目的建设和运营。

鼓励市属国有投资公司通过资本市场、产权交易市场退出房地产、金融、高技术等竞争性行业和领域，调整资金投向，参与城市基础设施建设和经营。

（三）推动城市基础设施领域国有企业现代企业制度建设，实施企业股份制改造，规范法人治理结构，转换国有企业经营机制。实行主辅业分离，逐步将城市基础设施的工程设计、施工、监理和设备生产、供应等辅业从国有企业中剥离出来，实现社会化经营。

四、强化政府经济调节、市场监管和公共服务职能

（一）强化政府对城市基础设施的总体规划和市场监管职能，坚持“公

开、公正、公平”原则，对参与城市基础设施建设的国有资本、民间资本和外国资本一视同仁。建立重大城市基础设施项目规划、投融资方案的专家论证制度，增强制定规划的前瞻性、科学性和透明度；强化事前控制和事后评价机制，依法对企业的市场进入、价格决定、产品质量和服务条件等进行管理，实现政府由直接管理经营者向市场监管者的转变。建立城市基础设施投资信息发布制度，完善“投资北京”平台。

（二）改革城市基础设施项目行政审批制度。公开投资审批程序，简化审批手续，提高审批效率。自2004年起，对符合国家产业政策、城市总体规划和环保要求的非政府投资项目立项与可行性研究报告的审批逐步实行备案制。

（三）编制土地年度供应计划，合理调控土地使用，将土地一级开发作为政府调控土地资源、完善城市管理和服务职能的重要手段。市发展改革委、市规划委、市国土房管局等部门要严格控制本市重要城市基础设施项目周边土地开发，由此带来的政府增值收益专项用于城市基础设施建设。

（四）改革完善城市基础设施产品定价体系。建立城市基础设施项目价格制定和调整的专家论证、价格听证、定期审价制度。在综合考虑市场资源合理配置和保证社会公共利益的前提下，建立与物价总水平、居民收入水平以及企业运营成本相适应的价格联动机制。改革高速公路收费方式，运用价格调控杠杆，逐步理顺交通、水、电、气、热等城市基础设施产品价格，定期公布总体价格走势预报。

（五）完善城市基础设施项目投资补偿机制。认真贯彻执行《北京市人民政府批转市计委关于对经营性基础设施项目投资实行回报补偿意见的通知》（京政发［2000］30号）。市发展改革委要会同有关行业行政主管部门及单位，建立各类城市基础设施项目投资收益模型。对有经营收入但不足以回收成本的轨道交通等城市基础设施项目，在价格改革没有到位的情况下，可通过适当补贴和相关政策对投资者给予投资补偿，保障其合理收益；随着价格逐步到位，减少或取消上述投资补偿。

（六）依法竞价出让公交线路专营权以及道路、广场、绿地、桥梁、停车场等公共设施的广告权、冠名权和收费权，所得收入用于城市基础设施建设。

（七）充分发挥金融机构和社会中介服务体系作用，形成良好的投融资综合环境。综合利用信贷、债券、信托、股权融资等多种金融工具，满足城市基础设施建设资金需要。

五、组织领导

（一）建立联席会议制度，统一协调本市城市基础设施投融资体制改革工作。市发展改革委主要负责人任召集人，成员由市委组织部、市委宣传部、市委统战部、市发展改革委、市国资委、市规划委、市市政管委、市交通委、市建委、市财政局、市劳动保障局、市审计局、市监察局、市国土房管局、市政府金融办、市政府法制办负责人组成。

（二）高度重视，密切配合，共同做好本市城市基础设施投融资体制改革工作。市有关部门要加快研究制定本市城市基础设施市场准入、重要城市基础设施项目周边土地增值收益回收办法等配套政策规定，研究提出城市基础设施项目相关产品及服务的定价、调价指导性意见，进一步完善有关政策措施，报市政府批准后认真组织实施。要充分发挥宣传舆论的监督引导作用，及时报道改革进程，推动本市城市基础设施投融资体制改革顺利进行。

北京市城市基础设施特许经营条例

北京市人民代表大会常务委员会公告（第42号）

《北京市城市基础设施特许经营条例》已由北京市第十二届人民代表大会常务委员会第二十四次会议于2005年12月1日通过，现予公布，自2006年3月1日起施行。

北京市第十二届人民代表大会常务委员会

2005年12月1日

北京市城市基础设施特许经营条例

第一章　总则

第一条　为了规范本市城市基础设施特许经营活动，扩大融资渠道，保障社会公共利益和公共安全，保证公共产品和服务的质量，保护特许经营者的合法权益，根据有关法律、法规，制定本条例。

第二条　本条例所称城市基础设施特许经营，是指中华人民共和国境内外的企业和其他经济组织依法取得政府授予的特许经营权，在一定期限和范围内经营城市基础设施，提供公共产品或者公共服务。

第三条　本市城市基础设施实施特许经营的，适用本条例。下列城市基础设施项目可以实施特许经营：

（一）供水、供气、供热；

（二）污水和固体废物处理；

（三）城市轨道交通和其他公共交通；

（四）市人民政府确定的其他城市基础设施。

第四条　城市基础设施特许经营可以采取下列方式：

（一）在一定期限内，城市基础设施项目由特许经营者投资建设、运营，期限届满无偿移交回政府；

（二）在一定期限内，城市基础设施由政府移交特许经营者运营，期限届满无偿移交回政府；

（三）市人民政府同意的其他方式。

第五条　城市基础设施实施特许经营，应当遵循公平、诚信和公共利益优先原则。

第六条　市发展改革部门负责本市城市基础设施特许经营的总体规划、综合平衡、协调和监督。市城市基础设施行业主管部门，区、县人民政府，以及市或者区、县人民政府指定的部门（以下统称实施机关）负责本市城市基础设施项目的具体实施和监督管理工作。规划、土地、建设、环保、财政、审计、监察等相关行政部门在各自职责范围内依法履行监督管理职责。

第二章 特许经营权的授予

第七条 拟实施特许经营的城市基础设施项目，可以由市发展改革部门、市城市基础设施行业主管部门或者区、县人民政府提出。

第八条 城市基础设施特许经营项目应当符合本市经济和社会发展规划、城市总体规划、城市基础设施行业发展规划和城市发展需要。

市发展改革部门确定市级实施特许经营的城市基础设施项目。重大项目应当报市人民政府批准。

区、县人民政府在固定资产投资项目审批权限范围内确定本区、县实施特许经营的城市基础设施项目。

第九条 城市基础设施特许经营项目确定后，实施机关应当拟定实施方案。

城市基础设施特许经营项目实施方案应当包括下列内容：

（一）项目名称；

（二）项目的实施机关；

（三）特许经营者应当具备的条件及选择方式；

（四）项目基本经济技术指标；

（五）选址和其他规划条件；

（六）特许经营权条款及特许经营期限；

（七）投资回报和价格的测算；

（八）特许经营权使用费及其减免；

（九）保障措施；

（十）其他政府承诺。

第十条 市发展改革部门组织市规划、土地、建设、环保、财政等有关行政主管部门依照各自职责对市级城市基础设施特许经营项目的实施方案进行审查，有关行政主管部门应当分别出具审定意见。市发展改革部门会同实施机关将修改审定的实施方案报市人民政府批准。区、县城市基础设施特许经营项目的实施方案由区、县人民政府确定。重大的城市基础设施特许经营项目的实施方案，应当组织专家进行可行性论证。

第十一条 实施机关按照实施方案，通过招标等公平竞争方式确定特许经营者并与之签订特许经营协议。

第十二条 特许经营协议应当包括下列内容：

（一）项目名称、内容；

（二）特许经营方式、区域、范围、期限；

（三）是否成立项目公司以及项目公司的经营范围、注册资本、股东出资方式、出资比例、股权转让等；

（四）产品或者服务的数量、质量和标准；

（五）投融资期限和方式；

（六）投资回报方式以及确定、调整机制；

（七）特许经营权使用费及其减免；

（八）特许经营者的权利和义务；

（九）履约担保；

（十）特许经营期内的风险分担；

（十一）政府承诺和保障；

（十二）应急预案；

（十三）特许经营期满后，项目移交的方式、程序；

（十四）违约责任；

（十五）争议解决方式；

（十六）需要约定的其他事项。

特许经营协议内容应当符合城市基础设施特许经营项目实施方案。

第十三条 特许经营协议中约定的特许经营期限根据行业特点、经营规模、经营方式等因素确定，但最长不得超过三十年。

第十四条 依据特许经营协议需要成立项目公司的，特许经营者应当在规定的期限内注册成立项目公司，并由实施机关确认其承担特许经营者的权利和义务。特许经营协议可以约定限制项目公司的股权变更。

第十五条 特许经营协议可以约定特许经营者通过下列方式取得回报：

（一）对提供的公共产品或者服务收费；

（二）政府授予与城市基础设施相关的其他开发经营权益；

（三）政府给予相应补贴；

（四）市人民政府同意的其他方式。

第十六条 对于微利或者享受财政补贴的项目，特许经营协议中可以约定减免特许经营权使用费。

第十七条 特许经营协议中政府承诺的内容可以涉及与特许经营项目有关的土地使用、相关城市基础设施的提供、防止不必要的重复性竞争项目建设、必要合理的补贴、产品或者服务的政府采购，但政府不承诺商业风险分担、固定投资回报率及法律、法规禁止的其他事项。

第十八条 特许经营协议签订后，特许经营者应当持特许经营协议和其他有关文件到有关行政主管部门办理相关手续。

有关行政主管部门在办理特许经营项目相关手续时，对已经出具审定意见的内容，不再作重复审查；对其他内容的审查结果不应当导致特许经营协议内容的实质性变更。

第三章 权利和义务

第十九条 实施机关应当按照特许经营协议履行相关义务。

有关行政主管部门按照各自职责范围履行特许经营协议中的相关政府承诺。

特许经营者应当按照特许经营协议提供安全、合格的产品和优质、持续、高效的服务。

第二十条 特许经营者应当按照规划，在特许经营协议约定的服务区域内向消费者普遍地、无歧视地提供公共产品或者服务。特许经营者不得对新增用户连接特许经营的供水、供气、供热、污水处理等设施收取设施投资补偿费等接入费用。

第二十一条 按照市和区、县人民政府的决定或者特许经营协议约定由实施机关接管城市基础设施的，特许经营者应当在完成接管前善意履行看守职责，维持正常的经营服务。

第二十二条 特许经营期限届满一年前，特许经营者可以向实施机关申请延期，经实施机关组织评审并报本级人民政府批准后，可以延期。

第二十三条 特许经营者向公众提供产品或者服务的价格应当执行由价格主管部门制定的政府定价或者政府指导价。

第二十四条 特许经营者应当按照特许经营协议的约定缴纳特许经营权使用费。

第二十五条 未经实施机关同意，特许经营者不得擅自转让、出租、质押、抵押或者以其他方式处分特许经营权和特许经营项目资产。在特许经营期限内，特许经营者不得将特许经营项目的设施及相关土地用于特许经营项目之外。

第二十六条 特许经营者应当对城市基础设施定期检修保养和更新改造，保证设施良好运转，并将运行情况报告实施机关。

第二十七条 特许经营者应当对城市基础设施建设、运营、维修、保养过程中的有关资料进行收集、归类、整理和归档，并按照协议约定的方式、程序和期限完整移交给实施机关。

第二十八条 特许经营者应当将年度经营报告、年度财务报告以及其他重大事项的报告，及时、完整地报送实施机关备案。

第二十九条 实施机关及其工作人员对在实施特许经营活动和监督管理工作中知悉的特许经营者的商业秘密、技术秘密负有保密义务。

第三十条 因政策调整损害特许经营者预期利益的，政府应当给予相应补偿。

第三十一条 特许经营期限内，特许经营协议的任何一方不得擅自变更或者解除原协议。一方认为需要变更或者解除协议的，应当与另一方进行协商。经双方协商一致的，可以变更或者解除协议；协商不一致产生争议的，可以按照协议约定的争议解决方式处理。

第三十二条 任何单位或者个人不得违反法律、法规以及本条例的规定收回或者限制特许经营者的特许经营权。确因公共利益需要，政府可以收回特许经营权、终止特许经营协议、征用实施特许经营的城市基础设施、指令特许经营者提供公共产品或者服务，但是应当按照特许经营协议的约定给予相应补偿。

第三十三条 特许经营者对市和区、县人民政府及其有关行政主管部门作出的具体行政行为，认为侵犯其合法权益的，有陈述、申辩的权利，并可以依法申请行政复议或者提起行政诉讼。

第三十四条 实施机关与特许经营者应当制定应急预案，在突发自然灾害、战争灾害、事故灾害以及公共卫生、社会治安等公共事件时，最大限度保证城市基础设施的正常运转。

第四章　监督管理

第三十五条 特许经营期限内，有关行政主管部门应当按照各自职责对特许经营项目进行检查、评估、审计，对特许经营者违反法律、法规、规章规定的行为予以纠正并依法处理。

第三十六条 实施机关应当建立并保存城市基础设施特许经营项目档案。实施机关应当及时监测、分析城市基础设施特许经营项目实施情况，并定期会同有关部门组织专业机构对项目实施情况进行综合评估。评估周期一般不短于两年，必要时可以实施年度评估。监测、评估不得妨碍特许经营项目的正常经营活动。

第三十七条 政府价格主管部门制定的特许经营项目政府定价或者政府指导价应当遵循补偿成本、合理收益、节约资源和与社会承受力相适应的原则。与特许经营产品、服务无关的费用，不得列入特许经营成本。

第三十八条 价格主管部门应当建立定期审价制度，建立成本资料数据库，对产品或者服务价格进行有效的监督管理。

第三十九条 特许经营者应当将城市基础设施特许经营项目的质量、技术标准以及其他关系公共利益、公共安全的信息及时向社会公告。

第五章 法律责任

第四十条 特许经营者有下列情形之一的，由实施机关责令限期改正；拒不改正的，可以收回特许经营权、终止特许经营协议，并实施临时接管：

（一）违反法律、法规的规定或者特许经营协议的约定，情节严重的；

（二）不履行检修保养和更新改造义务，危害公共利益和公共安全的；

（三）擅自转让、出租、质押、抵押或者以其他方式擅自处分特许经营权或者特许经营项目资产的；

（四）擅自停业、歇业的；

（五）法律、法规规定或者特许经营协议约定的其他情形。

第四十一条 以欺骗、贿赂等不正当手段获得特许经营权的，实施机关应当撤销特许经营权，终止特许经营协议。被撤销特许经营权的企业或者其他经济组织，三年内不得参与竞争本市城市基础设施特许经营权。

第四十二条 有关行政主管部门及其工作人员违反本条例规定，不履行法定职责、干预特许经营者正常经营活动、徇私舞弊、滥用职权的，由监察机关依法追究有关责任人员的行政责任；构成犯罪的，依法追究刑事责任。

第六章 附则

第四十三条 本条例自2006年3月1日起施行。2003年8月28日市人民政府公布的《北京市城市基础设施特许经营办法》同时废止。

国务院关于创新重点领域投融资机制鼓励社会投资的指导意见

（国发〔2014〕60号）

各省、自治区、直辖市人民政府，国务院各部委、各直属机构：

为推进经济结构战略性调整，加强薄弱环节建设，促进经济持续健康发展，迫切需要在公共服务、资源环境、生态建设、基础设施等重点领域进一步创新投融资机制，充分发挥社会资本特别是民间资本的积极作用。为此，特提出以下意见。

一、总体要求

（一）指导思想。全面贯彻落实党的十八大和十八届三中、四中全会精神，按照党中央、国务院决策部署，使市场在资源配置中起决定性作用和更好发挥政府作用，打破行业垄断和市场壁垒，切实降低准入门槛，建立公平开放透明的市场规则，营造权利平等、机会平等、规则平等的投资环境，进一步鼓励社会投资特别是民间投资，盘活存量、用好增量，调结构、补短板，服务国家生产力布局，促进重点领域建设，增加公共产品有效供给。

（二）基本原则。实行统一市场准入，创造平等投资机会；创新投资运营机制，扩大社会资本投资途径；优化政府投资使用方向和方式，发挥引导带动作用；创新融资方式，拓宽融资渠道；完善价格形成机制，发挥价格杠杆作用。

二、创新生态环保投资运营机制

（三）深化林业管理体制改革。推进国有林区和国有林场管理体制改革，完善森林经营和采伐管理制度，开展森林科学经营。深化集体林权制度改革，稳定林权承包关系，放活林地经营权，鼓励林权依法规范流转。鼓励荒山荒地造林和退耕还林林地林权依法流转。减免林权流转税费，有效降低流转成本。

（四）推进生态建设主体多元化。在严格保护森林资源的前提下，鼓励社会资本积极参与生态建设和保护，支持符合条件的农民合作社、家庭农场（林场）、专业大户、林业企业等新型经营主体投资生态建设项目。对社会资本利用荒山荒地进行植树造林的，在保障生态效益、符合土地用途管制要求的前提下，允许发展林下经济、森林旅游等生态产业。

（五）推动环境污染治理市场化。在电力、钢铁等重点行业以及开发区（工业园区）污染治理等领域，大力推行环境污染第三方治理，通过委托治理服务、托管运营服务等方式，由排污企业付费购买专业环境服务公司的治污减排服务，提高污染治理的产业化、专业化程度。稳妥推进政府向社会购买环境监测服务。建立重点行业第三方治污企业推荐制度。

（六）积极开展排污权、碳排放权交易试点。推进排污权有偿使用和交易试点，建立排污权有偿使用制度，规范排污权交易市场，鼓励社会资本参与污染减排和排污权交易。加快调整主要污染物排污费征收标准，实行差别化排污收费政策。加快在国内试行碳排放权交易制度，探索森林碳汇交易，发展碳排放权交易市场，鼓励和支持社会投资者参与碳配额交易，通过金融市场发现价格的功能，调整不同经济主体利益，有效促进环保和节能减排。

三、鼓励社会资本投资运营农业和水利工程

（七）培育农业、水利工程多元化投资主体。支持农民合作社、家庭农场、专业大户、农业企业等新型经营主体投资建设农田水利和水土保持设施。允许财政补助形成的小型农田水利和水土保持工程资产由农业用水合作组织持有和管护。鼓励社会资本以特许经营、参股控股等多种形式参与具有一定收益的节水供水重大水利工程建设运营。社会资本愿意投入的重大水利工程，要积极鼓励社会资本投资建设。

（八）保障农业、水利工程投资合理收益。社会资本投资建设或运营管理农田水利、水土保持设施和节水供水重大水利工程的，与国有、集体投资项目享有同等政策待遇，可以依法获取供水水费等经营收益；承担公益性任务的，政府可对工程建设投资、维修养护和管护经费等给予适当补助，并落实优惠政策。社会资本投资建设或运营管理农田水利设施、重大水利工程等，可依法继承、转让、转租、抵押其相关权益；征收、征用或占用的，要按照

国家有关规定给予补偿或者赔偿。

（九）通过水权制度改革吸引社会资本参与水资源开发利用和保护。加快建立水权制度，培育和规范水权交易市场，积极探索多种形式的水权交易流转方式，允许各地通过水权交易满足新增合理用水需求。鼓励社会资本通过参与节水供水重大水利工程投资建设等方式优先获得新增水资源使用权。

（十）完善水利工程水价形成机制。深入开展农业水价综合改革试点，进一步促进农业节水。水利工程供非农业用水价格按照补偿成本、合理收益、优质优价、公平负担的原则合理制定，并根据供水成本变化及社会承受能力等适时调整，推行两部制水利工程水价和丰枯季节水价。价格调整不到位时，地方政府可根据实际情况安排财政性资金，对运营单位进行合理补偿。

四、推进市政基础设施投资运营市场化

（十一）改革市政基础设施建设运营模式。推动市政基础设施建设运营事业单位向独立核算、自主经营的企业化管理转变。鼓励打破以项目为单位的分散运营模式，实行规模化经营，降低建设和运营成本，提高投资效益。推进市县、乡镇和村级污水收集和处理、垃圾处理项目按行业“打包”投资和运营，鼓励实行城乡供水一体化、厂网一体投资和运营。

（十二）积极推动社会资本参与市政基础设施建设运营。通过特许经营、投资补助、政府购买服务等多种方式，鼓励社会资本投资城镇供水、供热、燃气、污水垃圾处理、建筑垃圾资源化利用和处理、城市综合管廊、公园配套服务、公共交通、停车设施等市政基础设施项目，政府依法选择符合要求的经营者。政府可采用委托经营或转让—经营—转让（TOT）等方式，将已经建成的市政基础设施项目转交给社会资本运营管理。

（十三）加强县城基础设施建设。按照新型城镇化发展的要求，把有条件的县城和重点镇发展为中小城市，支持基础设施建设，增强吸纳农业转移人口的能力。选择若干具有产业基础、特色资源和区位优势的县城和重点镇推行试点，加大对市政基础设施建设运营引入市场机制的政策支持力度。

（十四）完善市政基础设施价格机制。加快改进市政基础设施价格形成、调整和补偿机制，使经营者能够获得合理收益。实行上下游价格调整联动机制，价格调整不到位时，地方政府可根据实际情况安排财政性资金对企业运营进行合理补偿。

五、改革完善交通投融资机制

（十五）加快推进铁路投融资体制改革。用好铁路发展基金平台，吸引社会资本参与，扩大基金规模。充分利用铁路土地综合开发政策，以开发收益支持铁路发展。按照市场化方向，不断完善铁路运价形成机制。向地方政府和社会资本放开城际铁路、市域（郊）铁路、资源开发性铁路和支线铁路的所有权、经营权。按照构建现代企业制度的要求，保障投资者权益，推进蒙西至华中、长春至西巴彦花铁路等引进民间资本的示范项目实施。鼓励按照“多式衔接、立体开发、功能融合、节约集约”的原则，对城市轨道交通站点周边、车辆段上盖进行土地综合开发，吸引社会资本参与城市轨道交通建设。

（十六）完善公路投融资模式。建立完善政府主导、分级负责、多元筹资的公路投融资模式，完善收费公路政策，吸引社会资本投入，多渠道筹措建设和维护资金。逐步建立高速公路与普通公路统筹发展机制，促进普通公路持续健康发展。

（十七）鼓励社会资本参与水运、民航基础设施建设。探索发展“航电结合”等投融资模式，按相关政策给予投资补助，鼓励社会资本投资建设航电枢纽。鼓励社会资本投资建设港口、内河航运设施等。积极吸引社会资本参与盈利状况较好的枢纽机场、干线机场以及机场配套服务设施等投资建设，拓宽机场建设资金来源。

六、鼓励社会资本加强能源设施投资

（十八）鼓励社会资本参与电力建设。在做好生态环境保护、移民安置和确保工程安全的前提下，通过业主招标等方式，鼓励社会资本投资常规水电站和抽水蓄能电站。在确保具备核电控股资质主体承担核安全责任的前提下，引入社会资本参与核电项目投资，鼓励民间资本进入核电设备研制和核电服务领域。鼓励社会资本投资建设风光电、生物质能等清洁能源项目和背压式热电联产机组，进入清洁高效煤电项目建设、燃煤电厂节能减排升级改造领域。

（十九）鼓励社会资本参与电网建设。积极吸引社会资本投资建设跨区输电通道、区域主干电网完善工程和大中城市配电网工程。将海南联网Ⅱ回线路和滇西北送广东特高压直流输电工程等项目作为试点，引入社会资本。鼓励社会资本投资建设分布式电源并网工程、储能装置和电动汽车充换电设施。

（二十）鼓励社会资本参与油气管网、储存设施和煤炭储运建设运营。支持民营企业、地方国有企业等参股建设油气管网主干线、沿海液化天然气（LNG）接收站、地下储气库、城市配气管网和城市储气设施，控股建设油气管网支线、原油和成品油商业储备库。鼓励社会资本参与铁路运煤干线和煤炭储配体系建设。国家规划确定的石化基地炼化一体化项目向社会资本开放。

（二十一）理顺能源价格机制。进一步推进天然气价格改革，2015年实现存量气和增量气价格并轨，逐步放开非居民用天然气气源价格，落实页岩气、煤层气等非常规天然气价格市场化政策。尽快出台天然气管道运输价格政策。按照合理成本加合理利润的原则，适时调整煤层气发电、余热余压发电上网标杆电价。推进天然气分布式能源冷、热、电价格市场化。完善可再生能源发电价格政策，研究建立流域梯级效益补偿机制，适时调整完善燃煤发电机组环保电价政策。

七、推进信息和民用空间基础设施投资主体多元化

（二十二）鼓励电信业进一步向民间资本开放。进一步完善法律法规，尽快修订电信业务分类目录。研究出台具体试点办法，鼓励和引导民间资本投资宽带接入网络建设和业务运营，大力发展宽带用户。推进民营企业开展移动通信转售业务试点工作，促进业务创新发展。

（二十三）吸引民间资本加大信息基础设施投资力度。支持基础电信企业引入民间战略投资者。推动中国铁塔股份有限公司引入民间资本，实现混合所有制发展。

（二十四）鼓励民间资本参与国家民用空间基础设施建设。完善民用遥感卫星数据政策，加强政府采购服务，鼓励民间资本研制、发射和运营商业遥感卫星，提供市场化、专业化服务。引导民间资本参与卫星导航地面应用系统建设。

八、鼓励社会资本加大社会事业投资力度

（二十五）加快社会事业公立机构分类改革。积极推进养老、文化、旅游、体育等领域符合条件的事业单位，以及公立医院资源丰富地区符合条件的医疗事业单位改制，为社会资本进入创造条件，鼓励社会资本参与公立机构改革。将符合条件的国有单位培训疗养机构转变为养老机构。

（二十六）鼓励社会资本加大社会事业投资力度。通过独资、合资、合作、联营、租赁等途径，采取特许经营、公建民营、民办公助等方式，鼓励社会资本参与教育、医疗、养老、体育健身、文化设施建设。尽快出台鼓励社会力量兴办教育、促进民办教育健康发展的意见。各地在编制城市总体规划、控制性详细规划以及有关专项规划时，要统筹规划、科学布局各类公共服务设施。各级政府逐步扩大教育、医疗、养老、体育健身、文化等政府购买服务范围，各类经营主体平等参与。将符合条件的各类医疗机构纳入医疗保险定点范围。

（二十七）完善落实社会事业建设运营税费优惠政策。进一步完善落实非营利性教育、医疗、养老、体育健身、文化机构税收优惠政策。对非营利性医疗、养老机构建设一律免征有关行政事业性收费，对营利性医疗、养老机构建设一律减半征收有关行政事业性收费。

（二十八）改进社会事业价格管理政策。民办教育、医疗机构用电、用水、用气、用热，执行与公办教育、医疗机构相同的价格政策。养老机构用电、用水、用气、用热，按居民生活类价格执行。除公立医疗、养老机构提供的基本服务按照政府规定的价格政策执行外，其他医疗、养老服务实行经营者自主定价。营利性民办学校收费实行自主定价，非营利性民办学校收费政策由地方政府按照市场化方向根据当地实际情况确定。

九、建立健全政府和社会资本合作（PPP）机制

（二十九）推广政府和社会资本合作（PPP）模式。认真总结经验，加强政策引导，在公共服务、资源环境、生态保护、基础设施等领域，积极推广PPP模式，规范选择项目合作伙伴，引入社会资本，增强公共产品供给能力。政府有关部门要严格按照预算管理有关法律法规，完善财政补贴制度，切实控制和防范财政风险。健全PPP模式的法规体系，保障项目顺利运行。鼓励通过PPP方式盘活存量资源，变现资金要用于重点领域建设。

（三十）规范合作关系保障各方利益。政府有关部门要制定管理办法，尽快发布标准合同范本，对PPP项目的业主选择、价格管理、回报方式、服务标准、信息披露、违约处罚、政府接管以及评估论证等进行详细规定，规范合作关系。平衡好社会公众与投资者利益关系，既要保障社会公众利益不受损害，又要保障经营者合法权益。

（三十一）健全风险防范和监督机制。政府和投资者应对PPP项目可能产

生的政策风险、商业风险、环境风险、法律风险等进行充分论证，完善合同设计，健全纠纷解决和风险防范机制。建立独立、透明、可问责、专业化的PPP项目监管体系，形成由政府监管部门、投资者、社会公众、专家、媒体等共同参与的监督机制。

（三十二）健全退出机制。政府要与投资者明确PPP项目的退出路径，保障项目持续稳定运行。项目合作结束后，政府应组织做好接管工作，妥善处理投资回收、资产处理等事宜。

十、充分发挥政府投资的引导带动作用

（三十三）优化政府投资使用方向。政府投资主要投向公益性和基础性建设。对鼓励社会资本参与的生态环保、农林水利、市政基础设施、社会事业等重点领域，政府投资可根据实际情况给予支持，充分发挥政府投资“四两拨千斤”的引导带动作用。

（三十四）改进政府投资使用方式。在同等条件下，政府投资优先支持引入社会资本的项目，根据不同项目情况，通过投资补助、基金注资、担保补贴、贷款贴息等方式，支持社会资本参与重点领域建设。抓紧制定政府投资支持社会投资项目的管理办法，规范政府投资安排行为。

十一、创新融资方式拓宽融资渠道

（三十五）探索创新信贷服务。支持开展排污权、收费权、集体林权、特许经营权、购买服务协议预期收益、集体土地承包经营权质押贷款等担保创新类贷款业务。探索利用工程供水、供热、发电、污水垃圾处理等预期收益质押贷款，允许利用相关收益作为还款来源。鼓励金融机构对民间资本举办的社会事业提供融资支持。

（三十六）推进农业金融改革。探索采取信用担保和贴息、业务奖励、风险补偿、费用补贴、投资基金，以及互助信用、农业保险等方式，增强农民合作社、家庭农场（林场）、专业大户、农林业企业的贷款融资能力和风险抵御能力。

（三十七）充分发挥政策性金融机构的积极作用。在国家批准的业务范围内，加大对公共服务、生态环保、基础设施建设项目的支持力度。努力为生态环保、农林水利、中西部铁路和公路、城市基础设施等重大工程提供长期

稳定、低成本的资金支持。

（三十八）鼓励发展支持重点领域建设的投资基金。大力发展股权投资基金和创业投资基金，鼓励民间资本采取私募等方式发起设立主要投资于公共服务、生态环保、基础设施、区域开发、战略性新兴产业、先进制造业等领域的产业投资基金。政府可以使用包括中央预算内投资在内的财政性资金，通过认购基金份额等方式予以支持。

（三十九）支持重点领域建设项目开展股权和债权融资。大力发展债权投资计划、股权投资计划、资产支持计划等融资工具，延长投资期限，引导社保资金、保险资金等用于收益稳定、回收期长的基础设施和基础产业项目。支持重点领域建设项目采用企业债券、项目收益债券、公司债券、中期票据等方式通过债券市场筹措投资资金。推动铁路、公路、机场等交通项目建设企业应收账款证券化。建立规范的地方政府举债融资机制，支持地方政府依法依规发行债券，用于重点领域建设。

创新重点领域投融资机制对稳增长、促改革、调结构、惠民生具有重要作用。各地区、各有关部门要从大局出发，进一步提高认识，加强组织领导，健全工作机制，协调推动重点领域投融资机制创新。各地政府要结合本地实际，抓紧制定具体实施细则，确保各项措施落到实处。国务院各有关部门要严格按照分工，抓紧制定相关配套措施，加快重点领域建设，同时要加强宣传解读，让社会资本了解参与方式、运营方式、盈利模式、投资回报等相关政策，进一步稳定市场预期，充分调动社会投资积极性，切实发挥好投资对经济增长的关键作用。发展改革委要会同有关部门加强对本指导意见落实情况的督促检查，重大问题及时向国务院报告。

国务院关于加强城市基础设施建设的意见

（国发〔2013〕36号）

各省、自治区、直辖市人民政府，国务院各部委、各直属机构：

城市基础设施是城市正常运行和健康发展的物质基础，对于改善人居环境、增强城市综合承载能力、提高城市运行效率、稳步推进新型城镇化、确保2020年全面建成小康社会具有重要作用。当前，我国城市基础设施仍存在总量不足、标准不高、运行管理粗放等问题。加强城市基础设施建设，有利于推动经济结构调整和发展方式转变，拉动投资和消费增长，扩大就业，促进节能减排。为加强和改进城市基础设施建设，现提出以下意见：

一、总体要求

（一）指导思想。以邓小平理论、“三个代表”重要思想、科学发展观为指导，围绕推进新型城镇化的重大战略部署，立足于稳增长、调结构、促改革、惠民生，科学研究、统筹规划，提升城市基础设施建设和管理水平，提高城镇化质量；深化投融资体制改革，充分发挥市场配置资源的基础性作用；着力抓好既利当前、又利长远的重点基础设施项目建设，提高城市综合承载能力；保障城市运行安全，改善城市人居生态环境，推动城市节能减排，促进经济社会持续健康发展。

（二）基本原则。

规划引领。坚持先规划、后建设，切实加强规划的科学性、权威性和严肃性。发挥规划的控制和引领作用，严格依据城市总体规划和土地利用总体规划，充分考虑资源环境影响和文物保护的要求，有序推进城市基础设施建设工作。

民生优先。坚持先地下、后地上，优先加强供水、供气、供热、电力、通信、公共交通、物流配送、防灾避险等与民生密切相关的基础设施建设，加强老旧基础设施改造。保障城市基础设施和公共服务设施供给，提高设施水平和服务质量，满足居民基本生活需求。

安全为重。提高城市管网、排水防涝、消防、交通、污水和垃圾处理等基础设施的建设质量、运营标准和管理水平，消除安全隐患，增强城市防灾减灾能力，保障城市运行安全。

机制创新。在保障政府投入的基础上，充分发挥市场机制作用，进一步完善城市公用事业服务价格形成、调整和补偿机制。加大金融机构支持力度，鼓励社会资金参与城市基础设施建设。

绿色优质。全面落实集约、智能、绿色、低碳等生态文明理念，提高城市基础设施建设工业化水平，优化节能建筑、绿色建筑发展环境，建立相关标准体系和规范，促进节能减排和污染防治，提升城市生态环境质量。

二、围绕重点领域，促进城市基础设施水平全面提升

当前，要围绕改善民生、保障城市安全、投资拉动效应明显的重点领域，加快城市基础设施转型升级，全面提升城市基础设施水平。

（一）加强城市道路交通基础设施建设。

公共交通基础设施建设。鼓励有条件的城市按照“量力而行、有序发展”的原则，推进地铁、轻轨等城市轨道交通系统建设，发挥地铁等作为公共交通的骨干作用，带动城市公共交通和相关产业发展。到2015年，全国轨道交通新增运营里程1000公里。积极发展大容量地面公共交通，加快调度中心、停车场、保养场、首末站以及停靠站的建设；推进换乘枢纽及充电桩、充电站、公共停车场等配套服务设施建设，将其纳入城市旧城改造和新城建设规划同步实施。

城市道路、桥梁建设改造。加快完善城市道路网络系统，提升道路网络密度，提高城市道路网络连通性和可达性。加强城市桥梁安全检测和加固改造，限期整改安全隐患。加快推进城市桥梁信息系统建设，严格落实桥梁安全管理制度，保障城市路桥的运行安全。各城市应尽快完成城市桥梁的安全检测并及时公布检测结果，到2015年，力争完成对全国城市危桥加固改造，地级以上城市建成桥梁信息管理系统。

城市步行和自行车交通系统建设。城市交通要树立行人优先的理念，改善居民出行环境，保障出行安全，倡导绿色出行。设市城市应建设城市步行、自行车“绿道”，加强行人过街设施、自行车停车设施、道路林荫绿化、照明等设施建设，切实转变过度依赖小汽车出行的交通发展模式。

（二）加大城市管网建设和改造力度。

市政地下管网建设改造。加强城市供水、污水、雨水、燃气、供热、通信等各类地下管网的建设、改造和检查，优先改造材质落后、漏损严重、影响安全的老旧管网，确保管网漏损率控制在国家标准以内。到2015年，完成全国城镇燃气8万公里、北方采暖地区城镇集中供热9.28万公里老旧管网改造任务，管网事故率显著降低；实现城市燃气普及率94%、县城及小城镇燃气普及率65%的目标。开展城市地下综合管廊试点，用3年左右时间，在全国36个大中城市全面启动地下综合管廊试点工程；中小城市因地制宜建设一批综合管廊项目。新建道路、城市新区和各类园区地下管网应按照综合管廊模式进行开发建设。

城市供水、排水防涝和防洪设施建设。加快城镇供水设施改造与建设，积极推进城乡统筹区域供水，力争到2015年实现全国城市公共供水普及率95%和水质达标双目标；加强饮用水水源建设与保护，合理利用水资源，限期关闭城市公共供水管网覆盖范围内的自备水井，切实保障城市供水安全。在全面普查、摸清现状基础上，编制城市排水防涝设施规划。加快雨污分流管网改造与排水防涝设施建设，解决城市积水内涝问题。积极推行低影响开发建设模式，将建筑、小区雨水收集利用、可渗透面积、蓝线划定与保护等要求作为城市规划许可和项目建设的前置条件，因地制宜配套建设雨水滞渗、收集利用等削峰调蓄设施。加强城市河湖水系保护和管理，强化城市蓝线保护，坚决制止因城市建设非法侵占河湖水系的行为，维护其生态、排水防涝和防洪功能。完善城市防洪设施，健全预报预警、指挥调度、应急抢险等措施，到2015年，重要防洪城市达到国家规定的防洪标准。全面提高城市排水防涝、防洪减灾能力，用10年左右时间建成较完善的城市排水防涝、防洪工程体系。

城市电网建设。将配电网发展纳入城乡整体规划，进一步加强城市配电网建设，实现各电压等级协调发展。到2015年，全国中心城市基本形成500（或330）千伏环网网架，大部分城市建成220（或110）千伏环网网架。推进城市电网智能化，以满足新能源电力、分布式发电系统并网需求，优化需求侧管理，逐步实现电力系统与用户双向互动。以提高电力系统利用率、安全可靠水平和电能质量为目标，进一步加强城市智能配电网关键技术研究与试点示范。

（三）加快污水和垃圾处理设施建设。

城市污水处理设施建设。以设施建设和运行保障为主线，加快形成“厂网并举、泥水并重、再生利用”的建设格局。优先升级改造落后设施，确保城市污水处理厂出水达到国家新的环保排放要求或地表水Ⅳ类标准。到2015年，36个重点城市城区实现污水“全收集、全处理”，全国所有设市城市实现污水集中处理，城市污水处理率达到85%，建设完成污水管网7.3万公里。按照“无害化、资源化”要求，加强污泥处理处置设施建设，城市污泥无害化处置率达到70%左右；加快推进节水城市建设，在水资源紧缺和水环境质量差的地区，加快推动建筑中水和污水再生利用设施建设。到2015年，城镇污水处理设施再生水利用率达到20%以上；保障城市水安全、修复城市水生态，消除劣Ⅴ类水体，改善城市水环境。

城市生活垃圾处理设施建设。以大中城市为重点，建设生活垃圾分类示范城市（区）和生活垃圾存量治理示范项目。加大处理设施建设力度，提升生活垃圾处理能力。提高城市生活垃圾处理减量化、资源化和无害化水平。到2015年，36个重点城市生活垃圾全部实现无害化处理，设市城市生活垃圾无害化处理率达到90%左右；到2017年，设市城市生活垃圾得到有效处理，确保垃圾处理设施规范运行，防止二次污染，摆脱“垃圾围城”困境。

（四）加强生态园林建设。

城市公园建设。结合城乡环境整治、城中村改造、弃置地生态修复等，加大社区公园、街头游园、郊野公园、绿道绿廊等规划建设力度，完善生态园林指标体系，推动生态园林城市建设。到2015年，确保老城区人均公园绿地面积不低于5平方米、公园绿地服务半径覆盖率不低于60%。加强运营管理，强化公园公共服务属性，严格绿线管制。

提升城市绿地功能。到2015年，设市城市至少建成一个具有一定规模，水、气、电等设施齐备，功能完善的防灾避险公园。结合城市污水管网、排水防涝设施改造建设，通过透水性铺装，选用耐水湿、吸附净化能力强的植物等，建设下沉式绿地及城市湿地公园，提升城市绿地汇聚雨水、蓄洪排涝、补充地下水、净化生态等功能。

三、科学编制规划，发挥调控引领作用

（一）科学编制城市总体规划。牢固树立规划先行理念，遵循城镇化和城乡发展客观规律，以资源环境承载力为基础，科学编制城市总体规划，做好与土地利用总体规划的衔接，统筹安排城市基础设施建设。突出民生为本，节约集约利用土地，严格禁止不切实际的“政绩工程”、“形象工程”和滋生腐败的“豆腐渣工程”。强化城市总体规划对空间布局的统筹协调。严格按

照规划进行建设，防止各类开发活动无序蔓延。开展地下空间资源调查与评估，制定城市地下空间开发利用规划，统筹地下各类设施、管线布局，实现合理开发利用。

（二）完善和落实城市基础设施建设专项规划。城市基础设施建设要着力提高科学性和前瞻性，避免盲目和无序建设。尽快编制完成城市综合交通、电力、排水防涝和北方采暖地区集中供热老旧管网改造规划。抓紧落实已明确的污水处理及再生利用、生活垃圾处理设施建设、城镇供水、城镇燃气等“十二五”规划。所有建设行为应严格执行建筑节能标准，落实《绿色建筑行动方案》。

（三）加强公共服务配套基础设施规划统筹。城市基础设施规划建设过程中，要统筹考虑城乡医疗、教育、治安、文化、体育、社区服务等公共服务设施建设。合理布局和建设专业性农产品批发市场、物流配送场站等，完善城市公共厕所建设和管理，加强公共消防设施、人防设施以及防灾避险场所等设施建设。

四、抓好项目落实，加快基础设施建设进度

（一）加快在建项目建设。各地要统筹组织协调在建基础设施项目，加快施工建设进度。通过建立城市基础设施建设项目信息系统，全面掌握在建项目进展情况。对城市道路和公共交通设施建设、市政地下管网建设、城市供水设施建设和改造、城市污水处理设施建设和改造、城市生活垃圾处理设施建设、消防设施建设等在建项目，要确保工程建设在规定工期内完成。各地要列出在建项目的竣工时间表，倒排工期，分项、分段落实；要采取有效措施，确保建设资金、材料、人工、装备设施等及时或提前到位；要优化工程组织设计，充分利用新理念、新技术、新工艺，推进在建项目实施。

（二）积极推进新项目开工。根据城市基础设施建设专项规划落实具体项目，科学论证，加快项目立项、规划、环保、用地等前期工作。进一步优化简化城市基础设施建设项目审批流程，减少和取消不必要的行政干预，逐步转向备案、核准与审批相结合的专业化管理模式。要强化部门间的分工合作，做好环境、技术、安全等领域审查论证，对重大基础设施建设项目探索建立审批“绿色通道”，提高效率。在完善规划的基础上，对经审核具备开工条件的项目，要抓紧落实招投标、施工图设计审查、确定施工及监理单位等配套工作，尽快开工建设。

（三）做好后续项目储备。按照城市总体规划和基础设施专项规划要求，超前谋划城市基础设施建设项目。各级发展改革、住房城乡建设、规划和国土资源等部门要解放思想，转变职能和工作作风，通过统筹研究、做好用地规划安排、提前下拨项目前期可研经费、加快项目可行性研究等措施，实现储备项目与年度建设计划有效对接。对2016年、2017年拟安排建设的项目，要抓紧做好前期准备工作，建立健全统一、完善的城市基础设施项目储备库。

五、确保政府投入，推进基础设施建设投融资体制和运营机制改革

（一）确保政府投入。各级政府要把加强和改善城市基础设施建设作为重点工作，大力推进。中央财政通过中央预算内投资以及城镇污水管网专项等现有渠道支持城市基础设施建设，地方政府要确保对城市基础设施建设的资金投入力度。各级政府要充分考虑和优先保障城市基础设施建设用地需求。对于符合《划拨用地目录》的项目，应当以划拨方式供应建设用地。基础设施建设用地要纳入土地利用年度计划和建设用地供应计划，确保建设用地供应。

（二）推进投融资体制和运营机制改革。建立政府与市场合理分工的城市基础设施投融资体制。政府应集中财力建设非经营性基础设施项目，要通过特许经营、投资补助、政府购买服务等多种形式，吸引包括民间资本在内的社会资金，参与投资、建设和运营有合理回报或一定投资回收能力的可经营性城市基础设施项目，在市场准入和扶持政策方面对各类投资主体同等对待。创新基础设施投资项目的运营管理方式，实行投资、建设、运营和监管分开，形成权责明确、制约有效、管理专业的市场化管理体制和运行机制。改革现行城市基础设施建设事业单位管理模式，向独立核算、自主经营的企业化管理模式转变。进一步完善城市公用事业服务价格形成、调整和补偿机制。积极创新金融产品和业务，建立完善多层次、多元化的城市基础设施投融资体系。研究出台配套财政扶持政策，落实税收优惠政策，支持城市基础设施投融资体制改革。

六、科学管理，明确责任，加强协调配合

（一）提升基础设施规划建设管理水平。城市规划建设管理要保持城市基础设施的整体性、系统性，避免条块分割、多头管理。要建立完善城市基

础设施建设法律法规、标准规范和质量评价体系。建立健全以城市道路为核心、地上和地下统筹协调的基础设施管理体制机制。重点加强城市管网综合管理，尽快出台相关法规，统一规划、建设、管理，规范城市道路开挖和地下管线建设行为，杜绝“拉链马路”、窨井伤人现象。在普查的基础上，整合城市管网信息资源，消除市政地下管网安全隐患。建立城市基础设施电子档案，实现设市城市数字城管平台全覆盖。提升城市管理标准化、信息化、精细化水平，提升数字城管系统，推进城市管理向服务群众生活转变，促进城市防灾减灾综合能力和节能减排功能提升。

（二）落实地方政府责任。省级人民政府要把城市基础设施建设纳入重要议事日程，加大监督、指导和协调力度，结合已有规划和各地实际，出台具体政策措施并抓好落实。城市人民政府是基础设施建设的责任主体，要切实履行职责，抓好项目落实，科学确定项目规模和投资需求，公布城市基础设施建设具体项目和进展情况，接受社会监督，做好城市基础设施建设各项具体工作。对涉及民生和城市安全的城市管网、供水、节水、排水防涝、防洪、污水垃圾处理、消防及道路交通等重点项目纳入城市人民政府考核体系，对工作成绩突出的城市予以表彰奖励；对质量评价不合格、发生重大事故的政府负责人进行约谈，限期整改，依法追究相关责任。

（三）加强部门协调配合。住房城乡建设部会同有关部门加强对城市基础设施建设的监督指导；发展改革委、财政部、住房城乡建设部会同有关部门研究制定城市基础设施建设投融资、财政等支持政策；人民银行、银监会会同有关部门研究金融支持城市基础设施建设的政策措施；住房城乡建设部、发展改革委、财政部等有关部门定期对城市基础设施建设情况进行检查。

国家发展改革委关于开展政府和社会资本合作的指导意见

（发改投资〔2014〕2724号）

各省、自治区、直辖市及计划单列市、新疆生产建设兵团发展改革委：

为贯彻落实《国务院关于创新重点领域投融资机制鼓励社会投资的指导意见》（国发〔2014〕60号）有关要求，鼓励和引导社会投资，增强公共产品供给能力，促进调结构、补短板、惠民生，现就开展政府和社会资本合作提出如下指导意见。

一、充分认识政府和社会资本合作的重要意义

政府和社会资本合作（PPP）模式是指政府为增强公共产品和服务供给能力、提高供给效率，通过特许经营、购买服务、股权合作等方式，与社会资本建立的利益共享、风险分担及长期合作关系。开展政府和社会资本合作，有利于创新投融资机制，拓宽社会资本投资渠道，增强经济增长内生动力；有利于推动各类资本相互融合、优势互补，促进投资主体多元化，发展混合所有制经济；有利于理顺政府与市场关系，加快政府职能转变，充分发挥市场配置资源的决定性作用。

二、准确把握政府和社会资本合作的主要原则

（一）转变职能，合理界定政府的职责定位。开展政府和社会资本合作，对转变政府职能、提高管理水平提出了更高要求。政府要牢固树立平等意识及合作观念，集中力量做好政策制定、发展规划、市场监管和指导服务，从公共产品的直接“提供者”转变为社会资本的“合作者”以及PPP项目的“监管者”。

（二）因地制宜，建立合理的投资回报机制。根据各地实际，通过授予特许经营权、核定价费标准、给予财政补贴、明确排他性约定等，稳定社会资

本收益预期。加强项目成本监测，既要充分调动社会资本积极性，又要防止不合理让利或利益输送。

（三）合理设计，构建有效的风险分担机制。按照风险收益对等原则，在政府和社会资本间合理分配项目风险。原则上，项目的建设、运营风险由社会资本承担，法律、政策调整风险由政府承担，自然灾害等不可抗力风险由双方共同承担。

（四）诚信守约，保证合作双方的合法权益。在平等协商、依法合规的基础上，按照权责明确、规范高效的原则订立项目合同。合同双方要牢固树立法律意识、契约意识和信用意识，项目合同一经签署必须严格执行，无故违约必须承担相应责任。

（五）完善机制，营造公开透明的政策环境。从项目选择、方案审查、伙伴确定、价格管理、退出机制、绩效评价等方面，完善制度设计，营造良好政策环境，确保项目实施决策科学、程序规范、过程公开、责任明确、稳妥推进。

三、合理确定政府和社会资本合作的项目范围及模式

（一）项目适用范围。PPP模式主要适用于政府负有提供责任又适宜市场化运作的公共服务、基础设施类项目。燃气、供电、供水、供热、污水及垃圾处理等市政设施，公路、铁路、机场、城市轨道交通等交通设施，医疗、旅游、教育培训、健康养老等公共服务项目，以及水利、资源环境和生态保护等项目均可推行PPP模式。各地的新建市政工程以及新型城镇化试点项目，应优先考虑采用PPP模式建设。

（二）操作模式选择。

1. 经营性项目。对于具有明确的收费基础，并且经营收费能够完全覆盖投资成本的项目，可通过政府授予特许经营权，采用建设—运营—移交（BOT）、建设—拥有—运营—移交（BOOT）等模式推进。要依法放开相关项目的建设、运营市场，积极推动自然垄断行业逐步实行特许经营。

2. 准经营性项目。对于经营收费不足以覆盖投资成本、需政府补贴部分资金或资源的项目，可通过政府授予特许经营权附加部分补贴或直接投资参股等措施，采用建设—运营—移交（BOT）、建设—拥有—运营（BOO）等模式推进。要建立投资、补贴与价格的协同机制，为投资者获得合理回报积极创造条件。

3. 非经营性项目。对于缺乏“使用者付费”基础、主要依靠“政府付费”回收投资成本的项目，可通过政府购买服务，采用建设—拥有—运营（BOO）、委托运营等市场化模式推进。要合理确定购买内容，把有限的资金用在刀刃上，切实提高资金使用效益。

（三）积极开展创新。各地可以根据当地实际及项目特点，积极探索、大胆创新，通过建立合理的“使用者付费”机制等方式，增强吸引社会资本能力，并灵活运用多种PPP模式，切实提高项目运作效率。

四、建立健全政府和社会资本合作的工作机制

（一）健全协调机制。按照部门联动、分工明确、协同推进等要求，与有关部门建立协调推进机制，推动规划、投资、价格、土地、金融等部门密切配合、形成合力，保障政府和社会资本合作积极稳妥推进。

（二）明确实施主体。按照地方政府的相关要求，明确相应的行业管理部门、事业单位、行业运营公司或其他相关机构，作为政府授权的项目实施机构，在授权范围内负责PPP项目的前期评估论证、实施方案编制、合作伙伴选择、项目合同签订、项目组织实施以及合作期满移交等工作。

（三）建立联审机制。为提高工作效率，可会同相关部门建立PPP项目的联审机制，从项目建设的必要性及合规性、PPP模式的适用性、财政承受能力以及价格的合理性等方面，对项目实施方案进行可行性评估，确保“物有所值”。审查结果作为项目决策的重要依据。

（四）规范价格管理。按照补偿成本、合理收益、节约资源以及社会可承受的原则，加强投资成本和服务成本监测，加快理顺价格水平。加强价格行为监管，既要防止项目法人随意提价损害公共利益、不合理获利，又要规范政府价格行为，提高政府定价、调价的科学性和透明度。

（五）提升专业能力。加强引导，积极发挥各类专业中介机构在PPP项目的资产评估、成本核算、经济补偿、决策论证、合同管理、项目融资等方面的积极作用，提高项目决策的科学性、项目管理的专业性以及项目实施效率。加强PPP相关业务培训，培养专业队伍和人才。

五、加强政府和社会资本合作项目的规范管理

（一）项目储备。根据经济社会发展需要，按照项目合理布局、政府投

资有效配置等原则，切实做好PPP项目的总体规划、综合平衡和储备管理。从准备建设的公共服务、基础设施项目中，及时筛选PPP模式的适用项目，按照PPP模式进行培育开发。各省区市发展改革委要建立PPP项目库，并从2015年1月起，于每月5日前将项目进展情况按月报送国家发展改革委（具体要求见附件1）。

（二）项目遴选。会同行业管理部门、项目实施机构，及时从项目储备库或社会资本提出申请的潜在项目中筛选条件成熟的建设项目，编制实施方案并提交联审机制审查，明确经济技术指标、经营服务标准、投资概算构成、投资回报方式、价格确定及调价方式、财政补贴及财政承诺等核心事项。

（三）伙伴选择。实施方案审查通过后，配合行业管理部门、项目实施机构，按照《招标投标法》、《政府采购法》等法律法规，通过公开招标、邀请招标、竞争性谈判等多种方式，公平择优选择具有相应管理经验、专业能力、融资实力以及信用状况良好的社会资本作为合作伙伴。

（四）合同管理。项目实施机构和社会资本依法签订项目合同，明确服务标准、价格管理、回报方式、风险分担、信息披露、违约处罚、政府接管以及评估论证等内容。各地可参考《政府和社会资本合作项目通用合同指南》（见附件2），细化完善合同文本，确保合同内容全面、规范、有效。

（五）绩效评价。项目实施过程中，加强工程质量、运营标准的全程监督，确保公共产品和服务的质量、效率和延续性。鼓励推进第三方评价，对公共产品和服务的数量、质量以及资金使用效率等方面进行综合评价，评价结果向社会公示，作为价费标准、财政补贴以及合作期限等调整的参考依据。项目实施结束后，可对项目的成本效益、公众满意度、可持续性等进行后评价，评价结果作为完善PPP模式制度体系的参考依据。

（六）退出机制。政府和社会资本合作过程中，如遇不可抗力或违约事件导致项目提前终止时，项目实施机构要及时做好接管，保障项目设施持续运行，保证公共利益不受侵害。政府和社会资本合作期满后，要按照合同约定的移交形式、移交内容和移交标准，及时组织开展项目验收、资产交割等工作，妥善做好项目移交。依托各类产权、股权交易市场，为社会资本提供多元化、规范化、市场化的退出渠道。

六、强化政府和社会资本合作的政策保障

（一）完善投资回报机制。深化价格管理体制改革，对于涉及中央定价的

PPP项目，可适当向地方下放价格管理权限。依法依规为准经营性、非经营性项目配置土地、物业、广告等经营资源，为稳定投资回报、吸引社会投资创造条件。

（二）加强政府投资引导。优化政府投资方向，通过投资补助、基金注资、担保补贴、贷款贴息等多种方式，优先支持引入社会资本的项目。合理分配政府投资资金，优先保障配套投入，确保PPP项目如期、高效投产运营。

（三）加快项目前期工作。联合有关部门建立并联审批机制，在科学论证、遵守程序的基础上，加快推进规划选址、用地预审、环评审批、审批核准等前期工作。协助项目单位解决前期工作中的问题和困难，协调落实建设条件，加快项目建设进度。

（四）做好综合金融服务。鼓励金融机构提供财务顾问、融资顾问、银团贷款等综合金融服务，全程参与PPP项目的策划、融资、建设和运营。鼓励项目公司或合作伙伴通过成立私募基金、引入战略投资者、发行债券等多种方式拓宽融资渠道。

七、扎实有序开展政府和社会资本合作

（一）做好示范推进。各地可选取市场发育程度高、政府负债水平低、社会资本相对充裕的市县，以及具有稳定收益和社会效益的项目，积极推进政府和社会资本合作，并及时总结经验、大力宣传，发挥好示范带动作用。国家发展改革委将选取部分推广效果显著的省区市和重点项目，总结典型案例，组织交流推广。

（二）推进信用建设。按照诚信践诺的要求，加强全社会信用体系建设，保障政府和社会资本合作顺利推进。政府要科学决策，保持政策的连续性和稳定性；依法行政，防止不当干预和地方保护；认真履约，及时兑现各类承诺和合同约定。社会资本要守信自律，提高诚信经营意识。

（三）搭建信息平台。充分利用并切实发挥好信息平台的桥梁纽带作用。可以利用现代信息技术，搭建信息服务平台，公开PPP项目的工作流程、评审标准、项目信息、实施情况、咨询服务等相关信息，保障信息发布准确及时、审批过程公正透明、建设运营全程监管。

（四）加强宣传引导。大力宣传政府和社会资本合作的重大意义，做好政策解读，总结典型案例，回应社会关切，通过舆论引导，培育积极的合作理

念，建立规范的合作机制，营造良好的合作氛围，充分发挥政府、市场和社会资本的合力作用。

开展政府和社会资本合作是创新投融资机制的重要举措，各地要高度重视，切实加强组织领导，抓紧制定具体的政策措施和实施办法。各级发展改革部门要按照当地政府的统一部署，认真做好PPP项目的统筹规划、综合协调等工作，会同有关部门积极推动政府和社会资本合作顺利实施。

关于推广运用政府和社会资本合作模式有关问题的通知

（财金〔2014〕76 号）

各省、自治区、直辖市、计划单列市财政厅（局），新疆生产建设兵团财务局：

为贯彻落实党的十八届三中全会关于“允许社会资本通过特许经营等方式参与城市基础设施投资和运营”精神，拓宽城镇化建设融资渠道，促进政府职能加快转变，完善财政投入及管理方式，尽快形成有利于促进政府和社会资本合作模式（Public-Private Partnership，PPP）发展的制度体系，现就有关问题通知如下：

一、充分认识推广运用政府和社会资本合作模式的重要意义

政府和社会资本合作模式是在基础设施及公共服务领域建立的一种长期合作关系。通常模式是由社会资本承担设计、建设、运营、维护基础设施的大部分工作，并通过“使用者付费”及必要的“政府付费”获得合理投资回报；政府部门负责基础设施及公共服务价格和质量监管，以保证公共利益最大化。当前，我国正在实施新型城镇化发展战略。城镇化是现代化的要求，也是稳增长、促改革、调结构、惠民生的重要抓手。立足国内实践，借鉴国际成功经验，推广运用政府和社会资本合作模式，是国家确定的重大经济改革任务，对于加快新型城镇化建设、提升国家治理能力、构建现代财政制度具有重要意义。

（一）推广运用政府和社会资本合作模式，是促进经济转型升级、支持新型城镇化建设的必然要求。政府通过政府和社会资本合作模式向社会资本开放基础设施和公共服务项目，可以拓宽城镇化建设融资渠道，形成多元化、可持续的资金投入机制，有利于整合社会资源，盘活社会存量资本，激发民间投资活力，拓展企业发展空间，提升经济增长动力，促进经济结构调整和转型升级。

（二）推广运用政府和社会资本合作模式，是加快转变政府职能、提升国家治理能力的一次体制机制变革。规范的政府和社会资本合作模式能够将政府的发展规划、市场监管、公共服务职能，与社会资本的管理效率、技术创新动力有机结合，减少政府对微观事务的过度参与，提高公共服务的效率与质量。政府和社会资本合作模式要求平等参与、公开透明，政府和社会资本按照合同办事，有利于简政放权，更好地实现政府职能转变，弘扬契约文化，体现现代国家治理理念。

（三）推广运用政府和社会资本合作模式，是深化财税体制改革、构建现代财政制度的重要内容。根据财税体制改革要求，现代财政制度的重要内容之一是建立跨年度预算平衡机制、实行中期财政规划管理、编制完整体现政府资产负债状况的综合财务报告等。政府和社会资本合作模式的实质是政府购买服务，要求从以往单一年度的预算收支管理，逐步转向强化中长期财政规划，这与深化财税体制改革的方向和目标高度一致。

二、积极稳妥做好项目示范工作

当前推广运用政府和社会资本合作模式，首先要做好制度设计和政策安排，明确适用于政府和社会资本合作模式的项目类型、采购程序、融资管理、项目监管、绩效评价等事宜。

（一）开展项目示范。地方各级财政部门要向本级政府和相关行业主管部门大力宣传政府和社会资本合作模式的理念和方法，按照政府主导、社会参与、市场运作、平等协商、风险分担、互利共赢的原则，科学评估公共服务需求，探索运用规范的政府和社会资本合作模式新建或改造一批基础设施项目。财政部将统筹考虑项目成熟度、可示范程度等因素，在全国范围内选择一批以“使用者付费”为基础的项目进行示范，在实践的基础上不断总结、提炼、完善制度体系。

（二）确定示范项目范围。适宜采用政府和社会资本合作模式的项目，具有价格调整机制相对灵活、市场化程度相对较高、投资规模相对较大、需求长期稳定等特点。各级财政部门要重点关注城市基础设施及公共服务领域，如城市供水、供暖、供气、污水和垃圾处理、保障性安居工程、地下综合管廊、轨道交通、医疗和养老服务设施等，优先选择收费定价机制透明、有稳定现金流的项目。

（三）加强示范项目指导。财政部将通过建立政府和社会资本合作项目库为地方提供参考案例。对政府和社会资本合作示范项目，财政部将在项目论证、交易结构设计、采购和选择合作伙伴、融资安排、合同管理、运营监管、绩效评价等工作环节，为地方财政部门提供全方位的业务指导和技术支撑。

（四）完善项目支持政策。财政部将积极研究利用现有专项转移支付资金渠道，对示范项目提供资本投入支持。同时，积极引入信誉好、有实力的运营商参与示范项目建设和运营。鼓励和支持金融机构为示范项目提供融资、保险等金融服务。地方各级财政部门可以结合自身财力状况，因地制宜地给予示范项目前期费用补贴、资本补助等多种形式的资金支持。在与社会资本协商确定项目财政支出责任时，地方各级财政部门要对各种形式的资金支持给予统筹，综合考虑项目风险等因素合理确定资金支持方式和力度，切实考虑社会资本合理收益。

三、切实有效履行财政管理职能

政府和社会资本合作项目从明确投入方式、选择合作伙伴、确定运营补贴到提供公共服务，涉及预算管理、政府采购、政府性债务管理，以及财政支出绩效评价等财政职能。推广运用政府和社会资本合作模式对财政管理提出了更高要求。地方各级财政部门要提高认识，勇于担当，认真做好相关财政管理工作。

（一）着力提高财政管理能力。政府和社会资本合作项目建设周期长、涉及领域广、复杂程度高，不同行业的技术标准和管理要求差异大，专业性强。地方各级财政部门要根据财税体制改革总体方案要求，按照公开、公平、公正的原则，探索项目采购、预算管理、收费定价调整机制、绩效评价等有效管理方式，规范项目运作，实现中长期可持续发展，提升资金使用效益和公共服务水平。同时，注重体制机制创新，充分发挥市场在资源配置中的决定性作用，按照“风险由最适宜的一方来承担”的原则，合理分配项目风险，项目设计、建设、财务、运营维护等商业风险原则上由社会资本承担，政策、法律和最低需求风险等由政府承担。

（二）认真做好项目评估论证。地方各级财政部门要会同行业主管部门，根据有关政策法规要求，扎实做好项目前期论证工作。除传统的项目评估论证外，还要积极借鉴物有所值（Value for Money，VFM）评价理念和方法，对拟采用政府和社会资本合作模式的项目进行筛选，必要时可委托专业机构进行项目评估论证。评估论证时，要与传统政府采购模式进行比较分析，确保从项目全生命周期看，采用政府和社会资本合作模式后能够提高服务质量和运营效率，或者降低项目成本。项目评估时，要综合考虑公共服务需要、责任风险分担、产出标准、关键绩效指标、支付方式、融资方案和所需要的财政补贴等要素，平衡好项目财务效益和社会效益，确保实现激励相容。

（三）规范选择项目合作伙伴。地方各级财政部门要依托政府采购信息平台，加强政府和社会资本合作项目政府采购环节的规范与监督管理。财政部将围绕实现“物有所值”价值目标，探索创新适合政府和社会资本合作项目采购的政府采购方式。地方各级财政部门要会同行业主管部门，按照《政府采购法》及有关规定，依法选择项目合作伙伴。要综合评估项目合作伙伴的专业资质、技术能力、管理经验和财务实力等因素，择优选择诚实守信、安全可靠的合作伙伴，并按照平等协商原则明确政府和项目公司间的权利与义务。可邀请有意愿的金融机构及早进入项目磋商进程。

（四）细化完善项目合同文本。地方各级财政部门要会同行业主管部门协商订立合同，重点关注项目的功能和绩效要求、付款和调整机制、争议解决程序、退出安排等关键环节，积极探索明确合同条款内容。财政部将在结合国际经验、国内实践的基础上，制定政府和社会资本合作模式操作指南和标准化的政府和社会资本合作模式项目合同文本。在订立具体合同时，地方各级财政部门要会同行业主管部门、专业技术机构，因地制宜地研究完善合同条款，确保合同内容全面、规范、有效。

（五）完善项目财政补贴管理。对项目收入不能覆盖成本和收益，但社会效益较好的政府和社会资本合作项目，地方各级财政部门可给予适当补贴。财政补贴要以项目运营绩效评价结果为依据，综合考虑产品或服务价格、建造成本、运营费用、实际收益率、财政中长期承受能力等因素合理确定。地方各级财政部门要从“补建设”向“补运营”逐步转变，探索建立动态补贴机制，将财政补贴等支出分类纳入同级政府预算，并在中长期财政规划中予以统筹考虑。

（六）健全债务风险管理机制。地方各级财政部门要根据中长期财政规划和项目全生命周期内的财政支出，对政府付费或提供财政补贴等支持的项目进行财政承受能力论证。在明确项目收益与风险分担机制时，要综合考虑政府风险转移意向、支付方式和市场风险管理能力等要素，量力而行，减少政府不必要的财政负担。省级财政部门要建立统一的项目名录管理制度和财政补贴支出统计监测制度，按照政府性债务管理要求，指导下级财政部门合理确定补贴金额，依法严格控制政府或有债务，重点做好融资平台公司项目向政府和社会资本合作项目转型的风险控制工作，切实防范和控制财政风险。

（七）稳步开展项目绩效评价。省级财政部门要督促行业主管部门，加强对项目公共产品或服务质量和价格的监管，建立政府、服务使用者共同参与的综合性评价体系，对项目的绩效目标实现程度、运营管理、资金使用、公共服务质量、公众满意度等进行绩效评价。绩效评价结果应依法对外公开，接受社会监督。同时，要根据评价结果，依据合同约定对价格或补贴等进行调整，激励社会资本通过管理创新、技术创新提高公共服务质量。

四、加强组织和能力建设

（一）推动设立专门机构。省级财政部门要结合部门内部职能调整，积极研究设立专门机构，履行政府和社会资本合作政策制订、项目储备、业务指导、项目评估、信息管理、宣传培训等职责，强化组织保障。

（二）持续开展能力建设。地方各级财政部门要着力加强政府和社会资本合作模式实施能力建设，注重培育专业人才。同时，大力宣传培训政府和社会资本合作的工作理念和方法，增进政府、社会和市场主体共识，形成良好的社会氛围。

（三）强化工作组织领导。地方各级财政部门要进一步明确职责分工和工作目标要求。同时，要与有关部门建立高效、顺畅的工作协调机制，形成工作合力，确保顺利实施。对工作中出现的新情况、新问题，应及时报告财政部。

住房城乡建设部关于印发进一步鼓励和引导民间资本进入市政公用事业领域的实施意见的通知

（建城〔2012〕89号）

各省、自治区住房和城乡建设厅，直辖市建（交）委，北京市市政市容委、园林绿化局、水务局，天津市市容园林委、水务局，上海市绿化和市容管理局、水务局，重庆市市政委、园林事业管理局，海南省水务厅，各计划单列市建委（建设局），新疆生产建设兵团建设局，有关单位：

为了落实《国务院关于鼓励和引导民间投资健康发展的若干意见》（国发〔2010〕13号）要求，支持民间资本参与市政公用事业建设，促进市政公用事业健康发展，现将《关于进一步鼓励和引导民间资本进入市政公用事业领域的实施意见》印发你们，请认真贯彻执行。

附件：关于进一步鼓励和引导民间资本进入市政公用事业领域的实施意见

中华人民共和国住房和城乡建设部

二○一二年六月八日

附件：关于进一步鼓励和引导民间资本进入市政公用事业领域的实施意见

为贯彻落实《国务院关于鼓励和引导民间投资健康发展的若干意见》(国发〔2010〕13号)要求，支持民间资本参与市政公用事业建设，深化市政公用事业改革，促进市政公用事业又好又快发展，现制定以下实施意见：

一、充分认识民间资本进入市政公用事业的重要意义

市政公用事业是为城镇居民生产生活提供必需的普遍服务的行业，是城市重要的基础设施，是有限的公共资源，直接关系到社会公众利益和人民群众生活质量，关系到城市经济和社会的可持续发展。进一步鼓励和引导民间资本进入市政公用事业，是适应城镇化快速发展的需要，是加快和完善市政公用设施建设、推进市政公用事业健康持续发展的需要。

进一步鼓励和引导民间资本进入市政公用事业，有利于完善社会主义市场经济体制，充分发挥市场配置资源的基础性作用，建立公平竞争的市场环境；有利于充分发挥民间资本的积极作用，加快形成市政公用事业多元化投资格局，完善市场竞争机制，进一步增强企业活力，提高运行效率和产品服务质量；有利于加快城市基础设施建设，提高城镇建设质量，改善人居生态环境，更好地满足城镇居民和社会生产生活需要。

二、进一步鼓励引导民间资本参与市政公用事业建设

（一）鼓励和引导民间资本进入市政公用事业领域的基本原则。坚持公平竞争。民间资本参与市政公用事业建设，应与其他投资主体同等对待，不对民间投资另设附加条件。凡是实行优惠政策的投资领域，其优惠政策同样适用于民间投资。

实行分类指导。根据不同地区、不同行业、不同业务环节的实际，采用合适的途径和方式，有序推进民间资本进入市政公用事业领域。

强化政府责任。确保政府对市政管网设施、市政公用公益性设施和服务

等领域的必要投入。加强行业监管，切实保障社会公共利益和投资者利益。

（二）民间资本进入市政公用事业领域的途径和方式。要进一步打破垄断，引入市场竞争机制，开放市政公用事业投资、建设和运营市场，鼓励民间资本参与市政公用设施的建设和运营。允许跨地区、跨行业参与市政公用设施的建设与运营。

鼓励民间资本采取独资、合资合作、资产收购等方式直接投资城镇供气、供热、污水处理厂、生活垃圾处理设施等项目的建设和运营。鼓励民间资本以合资、合作等方式参与城市道路、桥梁、轨道交通、公共停车场等交通设施建设。

鼓励民间资本通过政府购买服务的模式，进入城镇供水、污水处理、中水回用、雨水收集、环卫保洁、垃圾清运、道路、桥梁、园林绿化等市政公用事业领域的运营和养护。

鼓励民间资本通过购买地方政府债券、投资基金、股票等间接参与市政公用设施的建设和运营。

鼓励民间资本通过参与企业改制重组、股权认购等进入市政公用事业领域。根据行业特点和不同地区的实际，政府可采取控股或委派公益董事等方法，保持必要的调控能力。

（三）营造公平竞争的制度环境。各地要严格贯彻执行《市政公用事业特许经营管理办法》（建设部令第126号），坚持公开、公正、公平的原则，及时、广泛、充分发布特许经营项目的相关信息，在招标、评标等环节中，平等对待民间资本，严格按照招投标程序，择优选择特许经营者，为民间资本创造良好的公平竞争环境。

（四）完善价格和财政补贴机制。逐步理顺市政公用产品和服务的价格形成机制，制定合理的价格，使经营者能够补偿合理成本、取得合理收益。研究建立城镇供水、供气行业上下游价格联动机制。实行煤热联动机制，全面推行按用热量计价收费。建立并规范城镇污水处理和生活垃圾处理运营费按月核拨制度。对民间资本进入微利或非营利市政公用事业领域的，城市人民政府应建立相应的激励和补贴机制，鼓励民间资本为社会提供服务。

（五）加强财税、土地等政策扶持。坚持市政公用事业公益性和公用性的性质，民营企业与国有企业享有同样的税收和土地等优惠政策。市政公用行业事业单位改制为企业的，按照国家税收政策的有关规定，享受既有优惠政策。政府投资可采取补助、贴息或参股等形式，加大对民间投资的引导力度，降低民间资本投资风险。要保障市政公用设施建设用地，符合《划拨用地目录》的，应准予划拨使用。

（六）拓宽融资渠道。深化市政公用事业投融资体制改革，进一步拓宽融资渠道。鼓励金融机构支持民间资本投资市政公用设施建设。积极利用地方政府债券用于市政项目建设。支持符合条件的市政公用企业发行企业债券。

（七）加强技术指导服务。各级政府要发挥科研院所、大专院校和国有企业的科研、人才、技术等优势，为进入市政公用事业领域的民营企业提供技术推广、技术咨询、员工培训等服务，提升民间资本公平竞争的能力。各级市政公用行业学会协会要发挥桥梁纽带作用，吸纳民营企业入会，建立民间资本反映诉求和信息沟通渠道。

（八）完善信息公开制度。充分发挥行业信息对投资的导向作用，积极为民间资本投资者提供宏观政策和国内外市政公用事业领域的市场信息，及时发布行业政策、市场需求、建设项目、行业发展规划、国内外行业动态等信息，增加政策透明度，保障民营企业及时享有相关信息。鼓励民间资本参与国际竞争，承揽国外市政公用设施工程和服务，提高国际知名度和竞争力。

三、落实政府责任，促进民间投资健康发展

（九）完善法规政策体系。各地要加快制定鼓励和引导民间资本进入市政公用事业领域的实施细则和相关政策，进一步清理和修订不利于民间资本发展的法规和政策性规定。在政策制定过程中，要充分听取民间资本投资者的意见建议，反映其合理要求。积极研究《市政公用事业特许经营条例》等立法工作。

（十）确保政府投入。要加大对市政公用事业的必要投入，加快完善基础设施，确保对城市供水、供气、供热、污水管网以及生活垃圾处理、园林绿化等公益性基础设施建设、改造和维护的投入。充分发挥政府投资的导向作用，引导民间资本健康有序发展。对国有企事业单位改组改制的，涉及转让、出让市政公用企业国有资产的价款，除用于原有职工的安置和社会保障费用外，应主要用于市政公用事业的发展。城市人民政府应采取必要的措施，保障城市低收入家庭和特殊困难群体享用基本的市政公用产品和服务。

（十一）落实政府监管责任。各地要严格贯彻执行《关于加强市政公用事业监管的意见》（建城〔2005〕154号），切实加强对市政公用事业的投资、建设、生产、运营及其相关活动的管理和监督，确保市政公用产品与服务质量。

健全市政公用产品、服务质量和工程验收等标准规范，组织有关部门定期对市政公用产品和服务质量进行检验、检测和检查。严格按照有关产品和服务

质量标准的要求，对企业提供的产品和服务质量实施定点、定时监测。监测结果要按有关规定报上级主管部门，必要时应通过适当的途径向社会公布。

完善特许经营制度，严格组织实施。要严格按照特许经营制度的要求，规范市场准入，完善退出机制，认真签订和执行特许经营项目协议，加强项目实施和运行情况监管，确保项目运行质量和服务水平。

组织编制市政公用事业近、远期发展规划和市政公用基础设施年度投资建设计划，组织并督促有关方面和相关市政公用企业予以实施。

加强对市政公用产品和服务的价格、成本监管，通过产品和服务成本定期监审制度，及时掌握企业经营成本状况，为政府定价提供基础依据，形成科学合理的价格形成机制，防止成本和价格不合理上涨。

城市人民政府及其有关部门要切实加强对生产运营和作业单位安全生产的监管，监督企业建立和完善各项安全保障制度，严格执行安全操作规程，消除各种安全隐患。

（十二）建立预警和应急机制。要建立健全安全预警和应急救援工作机制，提高应对突发事件的应急反应能力，妥善应对重大安全和突发事件，防范和及时化解运营风险。要制定特殊情况下临时接管的应急预案。实施临时接管的，必须报当地政府批准，并向上一级主管部门报告。必要时，上一级主管部门可跨区域组织技术力量，为临时接管提供支持和保障，确保市政公用事业生产、供应和服务的连续性、稳定性。

（十三）健全公众参与和社会监督制度。按照政务公开的要求，鼓励公众参与监督，完善公众咨询、投诉和处理机制，建立及时畅通的信息渠道，尊重公众的知情权。有关主管部门和企业要将特许经营协议执行情况、产品和服务的质量信息、企业经营状况等关系公众利益的重要信息，以适当的方式予以公开，自觉接受公众的监督。推进信用体系建设，建立诚信管理体系和诚信信息发布平台，建立黑名单制度和失信惩戒机制，引导民间投资健康发展。

（十四）加强组织领导。城市人民政府及其有关管理部门要依据有关法律法规，认真履行职责，加强对民间资本进入市政公用事业领域投资、建设、生产、运营活动的管理和监督，抓好有关扶持政策的落实。理顺管理体制机制，落实管理机构和人员，维护市场秩序，保障社会公众利益和民间资本的合法权益，确保市政公用行业安全高效运行。各省、自治区、直辖市市政公用行业主管部门负责本辖区内相关工作的指导和监管。住房城乡建设部负责鼓励和引导民间资本进入市政公用事业领域工作的指导、协调和监督，会同国家发展改革委、财政部等有关部门研究制定相关引导和扶持政策。

基础设施和公用事业特许经营管理办法

中华人民共和国国家发展和改革委员会
中华人民共和国财政部
中华人民共和国住房和城乡建设部
中华人民共和国交通运输部
中华人民共和国水利部
中国人民银行
令
第25号

《基础设施和公用事业特许经营管理办法》业经国务院同意，现予以发布，自2015年6月1日起施行。

2015年4月25日

基础设施和公用事业特许经营管理办法

第一章 总则

第一条 为鼓励和引导社会资本参与基础设施和公用事业建设运营，提高公共服务质量和效率，保护特许经营者合法权益，保障社会公共利益和公共安全，促进经济社会持续健康发展，制定本办法。

第二条 中华人民共和国境内的能源、交通运输、水利、环境保护、市政工程等基础设施和公用事业领域的特许经营活动，适用本办法。

第三条 本办法所称基础设施和公用事业特许经营，是指政府采用竞争方式依法授权中华人民共和国境内外的法人或者其他组织，通过协议明确权利义务和风险分担，约定其在一定期限和范围内投资建设运营基础设施和公用事业并获得收益，提供公共产品或者公共服务。

第四条 基础设施和公用事业特许经营应当坚持公开、公平、公正，保护各方信赖利益，并遵循以下原则：

（一）发挥社会资本融资、专业、技术和管理优势，提高公共服务质量效率；

（二）转变政府职能，强化政府与社会资本协商合作；

（三）保护社会资本合法权益，保证特许经营持续性和稳定性；

（四）兼顾经营性和公益性平衡，维护公共利益。

第五条 基础设施和公用事业特许经营可以采取以下方式：

（一）在一定期限内，政府授予特许经营者投资新建或改扩建、运营基础设施和公用事业，期限届满移交政府；

（二）在一定期限内，政府授予特许经营者投资新建或改扩建、拥有并运营基础设施和公用事业，期限届满移交政府；

（三）特许经营者投资新建或改扩建基础设施和公用事业并移交政府后，由政府授予其在一定期限内运营；

（四）国家规定的其他方式。

第六条 基础设施和公用事业特许经营期限应当根据行业特点、所提供公共产品或服务需求、项目生命周期、投资回收期等综合因素确定，最长不超过30年。

对于投资规模大、回报周期长的基础设施和公用事业特许经营项目（以下简称特许经营项目）可以由政府或者其授权部门与特许经营者根据项目实际情况，约定超过前款规定的特许经营期限。

第七条 国务院发展改革、财政、国土、环保、住房城乡建设、交通运输、水利、能源、金融、安全监管等有关部门按照各自职责，负责相关领域基础设施和公用事业特许经营规章、政策制定和监督管理工作。

县级以上地方人民政府发展改革、财政、国土、环保、住房城乡建设、交通运输、水利、价格、能源、金融监管等有关部门根据职责分工，负责有关特许经营项目实施和监督管理工作。

第八条 县级以上地方人民政府应当建立各有关部门参加的基础设施和公用事业特许经营部门协调机制，负责统筹有关政策措施，并组织协调特许经营项目实施和监督管理工作。

第二章 特许经营协议订立

第九条 县级以上人民政府有关行业主管部门或政府授权部门（以下简称项目提出部门）可以根据经济社会发展需求，以及有关法人和其他组织提出的特许经营项目建议等，提出特许经营项目实施方案。

特许经营项目应当符合国民经济和社会发展总体规划、主体功能区规划、区域规划、环境保护规划和安全生产规划等专项规划、土地利用规划、城乡规划、中期财政规划等，并且建设运营标准和监管要求明确。

项目提出部门应当保证特许经营项目的完整性和连续性。

第十条 特许经营项目实施方案应当包括以下内容：

（一）项目名称；

（二）项目实施机构；

（三）项目建设规模、投资总额、实施进度，以及提供公共产品或公共服务的标准等基本经济技术指标；

（四）投资回报、价格及其测算；

（五）可行性分析，即降低全生命周期成本和提高公共服务质量效率的分析估算等；

（六）特许经营协议框架草案及特许经营期限；

（七）特许经营者应当具备的条件及选择方式；

（八）政府承诺和保障；

（九）特许经营期限届满后资产处置方式；

（十）应当明确的其他事项。

第十一条 项目提出部门可以委托具有相应能力和经验的第三方机构，开展特许经营可行性评估，完善特许经营项目实施方案。

需要政府提供可行性缺口补助或者开展物有所值评估的，由财政部门负责开展相关工作。具体办法由国务院财政部门另行制定。

第十二条 特许经营可行性评估应当主要包括以下内容：

（一）特许经营项目全生命周期成本、技术路线和工程方案的合理性，可能的融资方式、融资规模、资金成本，所提供公共服务的质量效率，建设运营标准和监管要求等；

（二）相关领域市场发育程度，市场主体建设运营能力状况和参与意愿；

（三）用户付费项目公众支付意愿和能力评估。

第十三条 项目提出部门依托本级人民政府根据本办法第八条规定建立的部门协调机制，会同发展改革、财政、城乡规划、国土、环保、水利等有关部门对特许经营项目实施方案进行审查。经审查认为实施方案可行的，各部门应当根据职责分别出具书面审查意见。

项目提出部门综合各部门书面审查意见，报本级人民政府或其授权部门审定特许经营项目实施方案。

第十四条 县级以上人民政府应当授权有关部门或单位作为实施机构负责特许经营项目有关实施工作，并明确具体授权范围。

第十五条 实施机构根据经审定的特许经营项目实施方案，应当通过招标、竞争性谈判等竞争方式选择特许经营者。

特许经营项目建设运营标准和监管要求明确、有关领域市场竞争比较充分的，应当通过招标方式选择特许经营者。

第十六条 实施机构应当在招标或谈判文件中载明是否要求成立特许经营项目公司。

第十七条 实施机构应当公平择优选择具有相应管理经验、专业能力、融资实力以及信用状况良好的法人或者其他组织作为特许经营者。鼓励金融机构与参与竞争的法人或其他组织共同制定投融资方案。

特许经营者选择应当符合内外资准入等有关法律、行政法规规定。

依法选定的特许经营者，应当向社会公示。

第十八条 实施机构应当与依法选定的特许经营者签订特许经营协议。

需要成立项目公司的，实施机构应当与依法选定的投资人签订初步协议，约定其在规定期限内注册成立项目公司，并与项目公司签订特许经营协议。

特许经营协议应当主要包括以下内容：

（一）项目名称、内容；

（二）特许经营方式、区域、范围和期限；

（三）项目公司的经营范围、注册资本、股东出资方式、出资比例、股权转让等；

（四）所提供产品或者服务的数量、质量和标准；

（五）设施权属，以及相应的维护和更新改造；

（六）监测评估；

（七）投融资期限和方式；

（八）收益取得方式，价格和收费标准的确定方法以及调整程序；

（九）履约担保；

（十）特许经营期内的风险分担；

（十一）政府承诺和保障；

（十二）应急预案和临时接管预案；

（十三）特许经营期限届满后，项目及资产移交方式、程序和要求等；

（十四）变更、提前终止及补偿；

（十五）违约责任；

（十六）争议解决方式；

（十七）需要明确的其他事项。

第十九条 特许经营协议根据有关法律、行政法规和国家规定，可以约定特许经营者通过向用户收费等方式取得收益。

向用户收费不足以覆盖特许经营建设、运营成本及合理收益的，可由政府提供可行性缺口补助，包括政府授予特许经营项目相关的其他开发经营权益。

第二十条 特许经营协议应当明确价格或收费的确定和调整机制。特许经营项目价格或收费应当依据相关法律、行政法规规定和特许经营协议约定予以确定和调整。

第二十一条 政府可以在特许经营协议中就防止不必要的同类竞争性项目建设、必要合理的财政补贴、有关配套公共服务和基础设施的提供等内容做出承诺，但不得承诺固定投资回报和其他法律、行政法规禁止的事项。

第二十二条 特许经营者根据特许经营协议，需要依法办理规划选址、用地和项目核准或审批等手续的，有关部门在进行审核时，应当简化审核内容，优化办理流程，缩短办理时限，对于本部门根据本办法第十三条出具书面审查意见已经明确的事项，不再作重复审查。

实施机构应当协助特许经营者办理相关手续。

第二十三条 国家鼓励金融机构为特许经营项目提供财务顾问、融资顾问、银团贷款等金融服务。政策性、开发性金融机构可以给予特许经营项目差异化信贷支持，对符合条件的项目，贷款期限最长可达30年。探索利用特许经营项目预期收益质押贷款，支持利用相关收益作为还款来源。

第二十四条 国家鼓励通过设立产业基金等形式入股提供特许经营项目资本金。鼓励特许经营项目公司进行结构化融资，发行项目收益票据和资产支持票据等。

国家鼓励特许经营项目采用成立私募基金，引入战略投资者，发行企业债券、项目收益债券、公司债券、非金融企业债务融资工具等方式拓宽投融资渠道。

第二十五条 县级以上人民政府有关部门可以探索与金融机构设立基础设施和公用事业特许经营引导基金，并通过投资补助、财政补贴、贷款贴息等方式，支持有关特许经营项目建设运营。

第三章 特许经营协议履行

第二十六条 特许经营协议各方当事人应当遵循诚实信用原则，按照约定全面履行义务。

除法律、行政法规另有规定外，实施机构和特许经营者任何一方不履行特许经营协议约定义务或者履行义务不符合约定要求的，应当根据协议继续履行、采取补救措施或者赔偿损失。

第二十七条 依法保护特许经营者合法权益。任何单位或者个人不得违反法律、行政法规和本办法规定，干涉特许经营者合法经营活动。

第二十八条 特许经营者应当根据特许经营协议，执行有关特许经营项目投融资安排，确保相应资金或资金来源落实。

第二十九条 特许经营项目涉及新建或改扩建有关基础设施和公用事业的，应当符合城乡规划、土地管理、环境保护、质量管理、安全生产等有关法律、行政法规规定的建设条件和建设标准。

第三十条 特许经营者应当根据有关法律、行政法规、标准规范和特许经营协议，提供优质、持续、高效、安全的公共产品或者公共服务。

第三十一条 特许经营者应当按照技术规范，定期对特许经营项目设施进行检修和保养，保证设施运转正常及经营期限届满后资产按规定进行移交。

第三十二条 特许经营者对涉及国家安全的事项负有保密义务，并应当建立和落实相应保密管理制度。

实施机构、有关部门及其工作人员对在特许经营活动和监督管理工作中知悉的特许经营者商业秘密负有保密义务。

第三十三条 实施机构和特许经营者应当对特许经营项目建设、运营、维修、保养过程中有关资料，按照有关规定进行归档保存。

第三十四条 实施机构应当按照特许经营协议严格履行有关义务，为特许经营者建设运营特许经营项目提供便利和支持，提高公共服务水平。

行政区划调整，政府换届、部门调整和负责人变更，不得影响特许经营协议履行。

第三十五条 需要政府提供可行性缺口补助的特许经营项目，应当严格按照预算法规定，综合考虑政府财政承受能力和债务风险状况，合理确定财政付费总额和分年度数额，并与政府年度预算和中期财政规划相衔接，确保资金拨付需要。

第三十六条 因法律、行政法规修改，或者政策调整损害特许经营者预期利益，或者根据公共利益需要，要求特许经营者提供协议约定以外的产品或服务的，应当给予特许经营者相应补偿。

第四章 特许经营协议变更和终止

第三十七条 在特许经营协议有效期内，协议内容确需变更的，协议当事人应当在协商一致基础上签订补充协议。如协议可能对特许经营项目的存续债务产生重大影响的，应当事先征求债权人同意。特许经营项目涉及直接融资行为的，应当及时做好相关信息披露。

特许经营期限届满后确有必要延长的，按照有关规定经充分评估论证，协商一致并报批准后，可以延长。

第三十八条 在特许经营期限内，因特许经营协议一方严重违约或不可抗力等原因，导致特许经营者无法继续履行协议约定义务，或者出现特许经营协议约定的提前终止协议情形的，在与债权人协商一致后，可以提前终止协议。

特许经营协议提前终止的，政府应当收回特许经营项目，并根据实际情况和协议约定给予原特许经营者相应补偿。

第三十九条 特许经营期限届满终止或提前终止的，协议当事人应当按照特许经营协议约定，以及有关法律、行政法规和规定办理有关设施、资料、档案等的性能测试、评估、移交、接管、验收等手续。

第四十条 特许经营期限届满终止或者提前终止，对该基础设施和公用事业继续采用特许经营方式的，实施机构应当根据本办法规定重新选择特许经营者。

因特许经营期限届满重新选择特许经营者的，在同等条件下，原特许经营者优先获得特许经营。

新的特许经营者选定之前，实施机构和原特许经营者应当制定预案，保障公共产品或公共服务的持续稳定提供。

第五章　监督管理和公共利益保障

第四十一条 县级以上人民政府有关部门应当根据各自职责，对特许经营者执行法律、行政法规、行业标准、产品或服务技术规范，以及其他有关监管要求进行监督管理，并依法加强成本监督审查。

县级以上审计机关应当依法对特许经营活动进行审计。

第四十二条 县级以上人民政府及其有关部门应当根据法律、行政法规和国务院决定保留的行政审批项目对特许经营进行监督管理，不得以实施特许经营为名违法增设行政审批项目或审批环节。

第四十三条 实施机构应当根据特许经营协议，定期对特许经营项目建设运营情况进行监测分析，会同有关部门进行绩效评价，并建立根据绩效评价结果、按照特许经营协议约定对价格或财政补贴进行调整的机制，保障所提供公共产品或公共服务的质量和效率。

实施机构应当将社会公众意见作为监测分析和绩效评价的重要内容。

第四十四条 社会公众有权对特许经营活动进行监督，向有关监管部门投诉，或者向实施机构和特许经营者提出意见建议。

第四十五条 县级以上人民政府应当将特许经营有关政策措施、特许经营部门协调机制组成以及职责等信息向社会公开。

实施机构和特许经营者应当将特许经营项目实施方案、特许经营者选择、特许经营协议及其变更或终止、项目建设运营、所提供公共服务标准、监测分析和绩效评价、经过审计的上年度财务报表等有关信息按规定向社会公开。

特许经营者应当公开有关会计数据、财务核算和其他有关财务指标，并依法接受年度财务审计。

第四十六条 特许经营者应当对特许经营协议约定服务区域内所有用户普遍地、无歧视地提供公共产品或公共服务，不得对新增用户实行差别待遇。

第四十七条 实施机构和特许经营者应当制定突发事件应急预案，按规定报有关部门。突发事件发生后，及时启动应急预案，保障公共产品或公共服务的正常提供。

第四十八条 特许经营者因不可抗力等原因确实无法继续履行特许经营协议的，实施机构应当采取措施，保证持续稳定提供公共产品或公共服务。

第六章 争议解决

第四十九条 实施机构和特许经营者就特许经营协议履行发生争议的，应当协商解决。协商达成一致的，应当签订补充协议并遵照执行。

第五十条 实施机构和特许经营者就特许经营协议中的专业技术问题发生争议的，可以共同聘请专家或第三方机构进行调解。调解达成一致的，应当签订补充协议并遵照执行。

第五十一条 特许经营者认为行政机关做出的具体行政行为侵犯其合法权益的，有陈述、申辩的权利，并可以依法提起行政复议或者行政诉讼。

第五十二条 特许经营协议存续期间发生争议，当事各方在争议解决过程中，应当继续履行特许经营协议义务，保证公共产品或公共服务的持续性和稳定性。

第七章 法律责任

第五十三条 特许经营者违反法律、行政法规和国家强制性标准，严重危害公共利益，或者造成重大质量、安全事故或者突发环境事件的，有关部门应当责令限期改正并依法予以行政处罚；拒不改正、情节严重的，可以终止特许经营协议；构成犯罪的，依法追究刑事责任。

第五十四条 以欺骗、贿赂等不正当手段取得特许经营项目的，应当依法收回特许经营项目，向社会公开。

第五十五条 实施机构、有关行政主管部门及其工作人员不履行法定职责、干预特许经营者正常经营活动、徇私舞弊、滥用职权、玩忽职守的，依法给予行政处分；构成犯罪的，依法追究刑事责任。

第五十六条 县级以上人民政府有关部门应当对特许经营者及其从业人员的不良行为建立信用记录，纳入全国统一的信用信息共享交换平台。对严重违法失信行为依法予以曝光，并会同有关部门实施联合惩戒。

第八章 附则

第五十七条 基础设施和公用事业特许经营涉及国家安全审查的，按照国家有关规定执行。

第五十八条 法律、行政法规对基础设施和公用事业特许经营另有规定的，从其规定。

本办法实施之前依法已经订立特许经营协议的，按照协议约定执行。

第五十九条 本办法由国务院发展改革部门会同有关部门负责解释。

第六十条 本办法自2015年6月1日起施行。

参考文献

[1] 余晖．论行政体制改革中的政府管制［J］．江海学刊，2004，1.
[2] 王俊豪. 中国城市基础设施产业政府管制体制改革[J]. 经济与管理研究，2001，6.
[3] 余晖．中国的政府管制制度［J］．改革，1998，3.
[4] 王华．在放松管制与强化管制之间——论新时期中国政府管制的路径选择［J］．江苏社会科学，2004，3.
[5] 邵标章．我国城市基础设施投融资体制存在问题及对策［J］．宁波大学学报（人文科学版），2004，5.
[6] 郭爱琴．政府部门在城市基础设施管理中的主要职责和任务［J］．城市管理与科技，2002，3.
[7] 黄庆杰．转型时期水务产业的经济性管制改革：问题、经验与政策［OL］．水信息网，2004，12，2.
[8] 杨毅．探讨市场经济制度下政府对建设工程质量的管制模式［J］．工程质量，2004，11.
[9] 王俊豪．政府管制经济学导论［M］．北京：商务印书馆，2001.
[10] 王俊豪．中国政府管制体制改革研究［M］．北京：经济科学出版社，1999.
[11] 余池明、张海荣．城市基础设施投融资［M］．北京：中国计划出版社，2004.
[12] 华奎元．城市基础设施管理概论［M］．北京：中国建筑工业出版社，1989.
[13] [美]丹尼尔·F·史普博著，余辉等译. 管制与市场[M]. 上海：上海人民出版社、上海三联书店出版社，1999.
[14] 张仲敏等．投资学［M］．大连：东北财经大学出版社，2000.
[15] 卢石泉等．投资项目的评估［M］．大连：东北财经大学出版社，2000.
[16] 田江海等．转轨期投资宏观调控［M］．北京：经济管理出版社，1996.
[17] 巴曙松．构建多元化的城市基础设施融资框架［R］．第五届中国城市论坛北京峰会的演讲，2004，9.
[18] 戎刚. 发达国家城市基础设施建设的特点及借鉴[J]. 中国城市经济，2002，3.
[19] 何建文．英国城市基础设施投融资市场化改革的启示［J］．学习与实践，2005，2.
[20] 张天保．城市基础设施市场化与投融资改革研究［J］．投资研究，2004，9.
[21] 和宏明．论政府在城市基础设施投融资中的多元化角色［J］．广东社会科学，2003，4.

[22] 世界银行. 世界发展报告（1994 年）：为发展提供基础设施［M］. 北京：中国财政经济出版社，1994.

[23] 欧锡贤，骆珣. 关于基础设施项目融资方式的探析［J］. 北京理工大学学报（社会科学版），2004，2.

[24]安义宽，王志玉. 利用市政债券促进城市基础设施建设［J］. 中国投资，2000，9.

[25] 唐东方，张建武. 大型运动会对区域经济发展的影响［J］. 体育科学，2002，5.

[26] 王学庆. 垄断性行业的政府管制问题研究综述［J］. 国家计委宏观经济研究院研究报告经济，2002，7.

[27] 胡彬. 我国城市基础设施建设与城市增长问题的研究［J］. 财经研究，1999，2.

[28] 王灏. 加快 PPP 模式的研究与应用，推动轨道交通市场化进程［J］. 宏观经济研究，2004，1.

[29] 王德. 日本基础设施建设财政制度［J］. 国外城市规划，2001，2.

[30] WorldBank. Reforming Infrastructure：Privatization，Regulation，and Competition [R]. 2004.

[31] 国务院关于投资体制改革的决定［OL］. 新华网，2004，7.

[32] 谢池. 政府规制经济学［M］. 北京：高等教育出版社，2003.

[33] 住房和城乡建设部. 中国城市建设统计年鉴（2013）［M］. 北京：中国统计出版社，2014.

[34] 国家新型城镇化规划（2014—2020 年）［OL］. 新华网，2014，3.